清史稿

趙爾巽等撰

第三一册

卷二二五至卷二三七（傳）

中華書局

清史稿卷二百二十五

列傳十二

額亦都 費英東 子索海 孫倭黑 何和禮 子多積禮 和碩圖 都類
安費揚古 扈爾漢

額亦都，鈕祜祿氏，世居長白山。以貲雄鄉里。祖阿陵阿拜顏，移居英峩峪。父都陵阿巴圖魯。歲壬戌，額亦都生。幼時，父母爲仇家所殺，匿鄰村以免。年十三，手刃其仇。有姑嫁嘉木瑚寨長穆通阿，往依焉。穆通阿子哈思護，長額亦都二歲，相得甚懽。居數歲，庚辰，太祖行經嘉木瑚寨，宿穆通阿家。額亦都與太祖語，心知非常人，遂請從，其姑止之，額亦都曰：「大丈夫生世間，能以碌碌終乎？此行任所之，誓不貽姑憂。」翌日，遂從太祖行。是歲太祖年二十二，額亦都年十九。太祖爲族人所惎，數見侵侮，矢及於戶，額亦都護左右，卒弭其難。

居三年，歲癸未，太祖起兵，額亦都從，討尼堪外蘭，攻圖倫城，先登；攻色克濟城，掩敵無備，取之，獲其牛馬、甲士；又別將兵攻舒勒克布占，克其城。額亦都驍果善戰，挽强弓十石，能以少擊衆，所向克捷，太祖知其能，日見信任。歲丁亥八月，令將兵取巴爾達城。至渾河，秋水方至，不能涉，以繩約軍士，魚貫而渡，夜薄其城，率驍卒先登，城兵驚起拒，跨堞而戰，飛矢貫股著於堞，揮刀斷矢，戰益力，被五十餘創，不退，卒拔其城。師還，太祖迎於郊，燕勞，其所俘獲悉畀之，號爲「巴圖魯」。薩克察來攻，額亦都率數卒出禦，爲所敗；夜入其城，進攻克尼瑪蘭、章家二城，索爾瑚寨。師還，太祖迎勞如初。界藩有科什者，以勇聞，盜九馬以遁，額亦都單騎追斬之，盡返所盜馬。嘉木瑚人貝揮巴顏謀叛附哈達，太祖命額亦都討之，誅其父子五人以徇。

歲癸巳九月，葉赫等九部合師來侵，攻我黑濟格城，太祖親禦之，陣於古勒山。令額亦都以百騎挑戰，敵悉衆來犯，奮擊，殪九人，敵卻，我師乘之，擒葉赫貝勒布寨。九部師皆潰，遂乘勝略諸賽寨及兆佳村。有齊法罕者，戰沒，額亦都直入敵陣，以其尸還。訥殷路者，九部之一也，其長搜穩塞克什，既敗歸，復聚七寨之衆守佛多和山自固。太祖命額亦都偕噶蓋、安費揚古，以兵千人圍其寨，克之，斬搜穩塞克什，太祖以所乘馬賜之。歲己亥秋，從征哈達，滅之。

歲丁未五月，從貝勒巴雅喇等伐東海渥集部，取赫席黑、俄漠和蘇魯、佛訥赫拖克索等三路，俘二千人。九月，從征輝發，滅之。歲庚戌十一月，太祖命將兵千，撫渥集部那木都魯、綏分、寧古塔、尼瑪察四路，降其長康古禮等十九人。旋乘勝取雅攬路，俘萬人。歲辛亥，太祖命偕何和禮、扈爾漢將兵二千伐渥集部虎爾哈路，圍札庫塔城三日，招之不下，遂攻克其城，斬千級，俘二千人。環近各路悉降，令其長土勒伸、額勒伸護其民五百戶以還。歲癸丑，從征烏拉，滅之。

歲乙卯，定旗制，額亦都隸滿洲鑲黃旗。天命建元，置五大臣，以命額亦都，國語謂之「達拉哈轄」。二年，命偕安費揚古攻明馬根單、花豹衝、三岔兒諸堡，皆克之。四年，明經略楊鎬大舉來侵，總兵杜松軍自撫順入。三月甲申朔，諸貝勒帥師出禦。日過午，師至太蘭岡，大貝勒代善以太祖未至，議駐軍以竢。太宗時號四貝勒，謂：「界藩有我築城夫役，宜急護之！何爲次，且示弱？」額亦都大言曰：「四貝勒之言是也！」師遂進。師至界藩，築城夫役騰躍下山赴戰，太祖亦至，指揮夾擊，松軍遂覆，還破馬林於尙間崖、劉綎於阿布達里岡，額亦都並爲軍鋒。

太祖有所征討，額亦都皆在行間，未嘗挫衄。每克敵受賜，輒散給將士之有功者，不以自私。太祖厚遇之，始妻以族妹，後以和碩公主降焉。

額亦都次子達啓，少材武，太祖育於宮中，長使尙皇女。達啓怙寵而驕，遇諸皇子無禮，額亦都患之。一日，集諸子讌別墅，酒行，忽起，命執達啓，衆皆愕。額亦都抽刃而言曰：「天下安有父殺子者？顧此子傲慢，及今不治，他日必負國敗門戶，不從者血此刃！」衆乃懼，引達啓入室，以被覆殺之。額亦都詣太祖謝，太祖驚惋久之，乃嗟歎，謂額亦都爲國深慮，不可及也。

累官至左翼總兵官、一等大臣，給以百人廩食，食三世。分所部爲世管牛彔三，分隸鑲黃、正白二旗。六年，克遼陽，賜第一區。六月，卒，年六十，太祖臨哭者三。天聰元年，追封弘毅公。崇德初，配享太廟。順治十一年，世祖命立碑旌功，親爲製文，詳著其戰閥，以爲「忠勇忘身，有始有卒，開拓疆土，厥積懋焉」。

額亦都子十六人，其知名者，徹爾格、圖爾格、伊爾登、超哈爾、遏必隆，皆自有傳。四子韓代，五子阿達海，及阿達海之子阿哈尼堪，並以從征戰死。七子謨海，蚤歲從軍，屢立戰功，仕至都統，亦戰死。十五子索渾，從太宗戰伐有功，授世管牛彔額眞，累遷至議政大臣。

額亦都初授一等總兵官，康熙間改襲一等精奇尼哈番，乾隆元年改一等子。圖爾格別封公爵，以其從孫阿里衮及阿里衮子豐昇額父子相繼有功，進一等果毅繼勇公。高宗諭：

「額亦都後已進一等公，其初封子爵仍紹封如故。」

費英東，瓜爾佳氏，蘇完部人。父索爾果，爲部長。太祖起兵之六年，歲戊子，索爾果率所部五百戶來歸。費英東時年二十有五，善射，引强弓十餘石。忠直敢言，太祖使佐理政事，授一等大臣，以皇長子台吉褚英女妻焉。兌沁巴顏者，費英東女兄之夫也，有逆謀，費英東擒而誅之。旋授扎爾固齊，扎爾固齊職聽訟治民。

太祖命費英東伐瓦爾喀部，取噶嘉路，殺其酋阿球，降其衆以歸。歲戊戌正月，太祖命費英東從台吉褚英、巴雅喇，伐瓦爾喀部安褚拉庫路，將兵千，克屯寨二十餘，收所屬村落。歲己亥秋九月，哈達、葉赫二部搆兵，哈達貝勒孟格布祿乞援於太祖，太祖命費英東及噶蓋將兵二千戍哈達；既而貳於明，費英東等以其謀聞，哈達以是亡。

歲丁未春正月，瓦爾喀部蜚悠城長策穆特黑請徙所部屬太祖，太祖命費英東從貝勒舒爾哈齊等將兵三千以往，收環城居民五百戶，分兵三百授扈爾漢，使護之先行。烏喇貝勒布占泰發兵萬人要諸途，費英東從諸貝勒督後軍至，大敗烏喇兵。夏五月，太祖命費英東從貝勒巴雅喇伐渥集部，略赫席黑等路，俘二千人以還。歲辛亥秋七月，渥集部烏爾古宸、木倫二路掠他路太祖所賜甲，太祖命費英東從台吉阿巴泰將千人討之，俘千餘人以還。

歲癸丑，從太祖伐烏喇，滅之。

歲乙卯，太祖將建號，設八旗，命費英東隸鑲黃旗，爲左翼固山額眞；置五大臣輔政，以命費英東，仍領一等大臣、扎爾固齊如故。明年歲丙辰，太祖遂建國，改元天命。三年，始用兵於明，費英東從攻撫順。明總兵張承廕以萬騎來援，據險而陣，火器競發。費英東馬驚旁逸，諸軍爲之卻，費英東旋馬大呼，麾諸軍並進，遂破之。太祖歎曰：「此眞萬人敵也！」四年，明大舉來侵，分道深入。明總兵杜松屯薩爾滸山巔，費英東所部屬左翼，合諸旗奮擊破之，松戰死，明師以是沮敗。秋八月，太祖伐葉赫，費英東從，薄其城，城人飛石投火。太祖命且退，費英東曰：「我兵已薄城，安可退也？」又命之，費英東曰：「城垂克，必毋退！」遂拔其城。太宗諭金台石降，費英東在側，相與詰責，卒獲金台石，葉赫以是破。

費英東事太祖，轉戰，每遇敵，身先士卒，戰必勝，攻必克，摧鋒陷陣，當者輒披靡；國事有闕失，輒强諫，毅然不稍撓：佐太祖成帝業，功最高。五年春三月，太祖定武功爵，授費英東三等總兵官。是月，費英東卒，年五十有七。方疾革，日向西，雲起，有聲鏗鍧，雷電雨雹交至，不移時而霽。太祖將臨喪，諸貝勒以日晏諫，太祖曰：「吾股肱大臣，與同休戚，今先彫喪，吾能無悲乎？」遂往，哭之慟，至夜分始還。秋九月，太祖祭貝勒穆爾哈齊墓，出郊，因至費英東墓，躬奠酒者三，泣數行下。

天聰六年，太宗命追封直義公。崇德元年，始建太廟，以費英東配享。太宗嘗諭羣臣曰：「費英東見人不善，必先自斥責而後劾之；見人之善，必先自奬勸而後舉之：被劾者無怨言，被舉者亦無驕色。朕未聞諸臣以善惡直奏如斯人者也！」順治十六年，世祖詔曰：「費英東事太祖，參贊廟謨，恢擴疆土，爲開創佐命第一功臣。延世之賞，勿稱其勳，命進爵爲三等公。」康熙九年，聖祖親爲文勒碑墓道，稱其功冠諸臣，爲一代元勳。雍正九年，世宗命加封號曰信勇。乾隆四十三年，高宗復命進爵爲一等公。費英東子十，圖賴自有傳。

索海，費英東第六子，襲總兵官。旋坐事，奪職。太宗天聰五年，初置六部，授刑部承政。七年，與兵部承政車爾格偵明邊，至錦州，有所俘馘，命管牛彔事。崇德三年，更定部院官制，改都察院左參政。十月，從太宗伐明，略大凌河，下屯堡十四，復授刑部承政。

四年，索倫部博木博果爾等降而復叛，命索海及工部承政薩木什喀帥師往討之，克雅克薩、兀庫爾二城。進攻鐸陳城，博木博果爾以六千人來援，乘我師後，索海設伏以待，破敵，俘四百，乘勝入其壘，博木博果爾遁去。索海率諸將攻掛喇爾屯，攻克之，屯兵五百，斬級二百，俘百三十還。逐敵額蘇里屯西、額爾圖屯東，俘六千九百五十六人，牛羊駝馬稱是。師還，命貝勒杜度、阿巴泰迎勞，太宗幸實勝寺，賜宴。敍功，授二等甲喇章京。兵部劾索海行軍不立寨，俘有逋者，當奪賞，命貰之。

六年春，從睿親王多爾袞等出師圍錦州，坐私遣官兵歸，離城遠屯，徵還，與譚泰、阿山、葉克書等皆罰鍰。夏，復從多爾袞等出師圍錦州，城兵出行汲小凌河，索海以兵四百邀擊，斬九十餘級，遂從攻松山，擊破明軍。時有敏惠恭和元妃之喪，索海召降將祖大樂俳優至其帳歌舞，刑部論索海當死，削職。上使諭之曰：「爾既躭逸樂，姑自娛於家，自今毋至篤恭殿及大清門前。」索海遂坐廢，終太宗世不復用。世祖順治二年，以副都統從征四川，卒於軍。子多頗羅，以從入關擊流賊有勞，授牛彔章京，進一等甲喇章京。十四年，從信郡王多尼征雲南，戰死磨盤山。

倭黑，費英東諸孫。父察哈尼。方索海嗣父爵而黜也，太宗以納海、圖賴分襲，既又以事奪爵，復以察哈尼襲。尋改三等昂邦章京。卒，子倭黑，襲。世祖初元，從入關。四年，復更定爵秩，改三等精奇尼哈番，遇恩詔累進一等。十六年，進三等公，並授內大臣。康熙八年，聖祖譴鼇拜，吏部議倭黑與同族，當黜，命罷內大臣，隸驍騎營。

吳三桂反，倭黑從征。十三年，命以署副都統率兗州駐防兵，佐定南將軍希爾根進討，敗耿精忠將左宗邦於分宜，敗吳三桂將朱君聘、黃乃忠於袁州，遂收安福。擊賊鸞石嶺、白水口，屢捷。十五年，加太子太保。從大將軍安親王岳樂復萍鄉，至長沙，擊敗吳三桂兵。十六年，岳樂分兵授倭黑，令駐茶陵。十七年，移屯攸縣。十八年，從大將軍貝子彰泰下雲南，授鑲黃旗蒙古副都統。雲南平，二十一年，擢都統。議政大臣議諸將帥功罪，以倭黑擊賊長沙嘗引退，當譴，命罷太子太保。三十年，卒。子傅爾丹，自有傳。

何和禮，棟鄂氏，其先自瓦爾喀遷於棟鄂，別爲一部，因以地爲姓。何和禮祖曰克徹巴顏，父曰額勒吉，兄曰屯珠魯巴顏，世爲其部長。何和禮年二十六，代兄長其部。棟鄂部素强，克徹巴顏與章甲城長阿哈納相仇怨。阿哈納，興祖諸孫，爲「寧古塔」六貝勒之一。棟鄂屢侵寧古塔，寧古塔借兵哈達伐棟鄂，互攻掠。

太祖初起兵，聞何和禮所部兵馬精壯，乃加禮招致之。歲戊子，太祖納哈達女爲妃，何和禮率三十騎衞行。比還，遂以所部來附，太祖以長女妻焉。何和禮故有妻，挾所部留故地者，求與何和禮戰，太祖面諭之，乃罷兵降。旗制初定，何和禮所部隸紅旗，爲本旗總管。歲戊申，從太祖征烏喇，率本旗兵破敵有功。歲辛亥，太祖命與額亦都、扈爾漢將兵伐渥集部虎爾哈路，克扎庫塔城。歲癸丑，從太祖再征烏喇。太祖招諭布占泰，猶冀其悛悔，何和禮與諸貝勒力請進攻，遂滅烏喇。天命建元，旗制更定，何和禮所部隸正紅旗。置五大臣，何和禮與焉。四年，從破明經略楊鎬。六年，下瀋陽、遼陽，何和禮皆在行間，敍功，授三等總兵官。九年八月，卒，年六十有四。時費英東、額亦都、安費揚古、扈爾漢皆前卒，太祖哭之慟，曰：「朕所與並肩友好諸大臣，何不遺一人以送朕老耶？」太宗朝，進爵爲三等公。順治十二年，追謚溫順，勒石紀功。雍正九年，加封號曰勇勤。子六。

多積禮，何和禮次子。初授牛彔額眞。事四貝勒，從伐烏拉。天聰間，擢甲喇額眞。從伐錦州，圍大淩河，授游擊世職。崇德元年，帥師伐東海瓦爾喀部，俘壯丁三百餘，擢本旗梅勒額眞。四年，與鎭國公扎喀納率兵屯藩、屛二城間，卒竊馬遁去，追之勿及。論罪，奪世職，籍沒，上命留弓矢、甲冑及三馬，仍領梅勒額眞事。六年，從擊洪承疇，率騎兵循海追捕，斬獲甚衆。七年，以老罷。順治五年，卒。

和碩圖，何和禮四子。初襲三等總兵官。太祖以大貝勒代善女妻焉，號和碩額駙。太宗卽位，授正紅旗固山額眞。天聰元年，從擊朝鮮，又從伐明，攻錦州、寧遠有功。二年，從貝勒阿巴泰帥師破錦州、杏山、松山諸路。九月，復伐察哈爾，克其四路軍。以功加五牛彔，進爵三等公。三年，從貝勒岳託帥師攻大安口，敗明戍兵於馬蘭峪，再敗明援兵於石門寨。復從太宗攻遵化，率本旗兵攻其城西北，克之。師薄燕京，結營土城關，明兵來攻，擊卻之。復敗明師於盧溝橋，與副都統阿山等陣斬明武經略滿桂、總兵孫祖壽，獲黑雲龍、麻登雲。師旋，克永平，帥騎兵守灤州。五年，從圍大淩河城，以本旗兵當其西北。明兵突圍出，與都統葉臣等夾擊破之，追奔及城壕而還。七年，上詢伐明及朝鮮、察哈爾三國何先，和碩圖疏言：「宜先葺治諸城堡，乃覘明邊，乘瑕而入。若天佑我，各城納款，勢不能速歸，南界六城，立界屯耕，修築可差後。慮我兵既出，敵伺其隙，鞭長不及，難爲援也。瀋陽、牛莊、耀州三城宜先繕完，庶邊界內外皆可長驅。」七月，和碩圖卒，上親臨哭之。順治十二年，追謚端恪。

都類，何和禮第五子，公主出也。初爲牛彔額眞，洊擢本旗固山額眞。以公主子，增領兩牛彔。崇德元年，從太宗伐朝鮮，薄漢城，先登，城潰，率阿禮哈超哈兵入城搜剿。以失察所部違法亂行，罰鍰，奪所分俘獲。三年，從貝勒岳託伐明，次密雲牆子嶺。明將以三千人來拒，都類與譚泰督部將夾擊，大敗之，獲馬百、駝二十。軍分四道進，所當輒摧破，略地至濟南而還。四年，從鄭親王濟爾哈朗圍錦州，坐所部退縮，又受蒙古餽遺，罰鍰。未幾，所部訐告都類在山東時，縱廝養盜馬，私發明德王埋藏珍物，坐論死，上貸之，奪職，籍沒。八年，復起爲固山額眞，鎭錦州。順治三年，從肅親王豪格征張獻忠，分兵定慶陽，會師西充，擊殺獻忠，與貝勒尼堪等戡定川北州縣。師還，論功，並遇恩詔，累進二等伯。十三年，卒。

安費揚古，覺爾察氏，世居瑚濟寨。父完布祿，事太祖，有章甲、尼麻喇人誘之叛，不從，又劫其孫以要之，終無貳志。安費揚古少事太祖。旗制定，隸滿洲鑲藍旗。

歲癸未，太祖兵初起，仇尼堪外蘭，克圖倫城，攻甲版。薩爾滸城長諾米訥、柰喀達陰助尼堪外蘭，漏師期，尼堪外蘭得遁去。太祖憾諾米訥、柰喀達，執而殺之，使安費揚古率兵取其城。康嘉者，太祖再從兄弟也，甚太祖英武，與羣從謀以哈達兵至，俾兆佳城長李岱爲導，劫瑚濟寨。既，引去，安費揚古方獵，聞有兵，與巴遜以十二人追及，擊破之。歲甲申正月，從太祖攻兆佳城，獲李岱。其黨李古里扎泰走附汪泰，安費揚古以太祖命往諭，並汪泰降之。六月，從太祖攻馬兒墩寨，寨負險，守者甚備，矢石雜下，攻三日不克。安費揚古夜率兵自間道攀崖而上，拔其寨。歲丁亥六月，太祖伐哲陳部，八月，克洞城，歲戊子九月，克王甲城，安費揚古皆從戰有功。尋攻克章甲、尼麻喇、赫徹穆諸城，又取香潭寨；其長李墩拜湖遁走，追及於碩郭之陽，俘以獻。歲癸巳六月，太祖略哈達富爾佳齊寨。師還，太祖躬勒兵以殿，哈達貝勒孟格布祿率騎追至，一騎出太祖前，太祖方引弓射，復有三騎突至，太祖馬幾墜，三騎揮刀來犯，安費揚古截擊，盡斬之；太祖亦射孟格布祿中馬踣，敵騎敗走。太祖嘉其勇，賜號碩翁科羅巴圖魯。九月，太祖既破九部師，閏十一月，命與額亦都、噶蓋等攻訥殷路佛多和山寨，斬其長搜穩塞克什。歲己亥九月，從太祖滅哈達。

歲辛亥七月，命與台吉阿巴泰等伐渥集部烏爾古宸、木倫二路，取其地，俘其人以歸。

歲癸丑正月，從太祖滅烏喇，師薄城，安費揚古執纛先登。尋置五大臣，安費揚古與焉。天命元年七月，命與扈爾漢帥師伐東海薩哈連部，至兀爾簡河，刳木爲舟，水陸並進，取河南北三十六寨。八月丁巳，師至黑龍江之陽，江水常以九月始冰，是日當駐師處獨冰，寬將六十步，若浮梁。安費揚古曰：「此天佑我國也！」策騎先涉，衆競從之，師畢渡，冰旋解，遂取江北十一寨，降使犬、諾洛、石拉忻三路。三年四月，太祖取撫順，明總兵張承廕等赴援，分爲三營，安費揚古擊其左營，大破之，遂乘勝取三岔兒諸堡。四年，破明經略楊鎬，滅葉赫。六年，取瀋陽、遼陽。安費揚古皆在行間。

七年七月，卒，年六十四。順治十六年，追謚敏壯，立碑紀其功。太宗嘗諭羣臣曰：「昔達海、庫爾纒勸朕用漢衣冠，朕謂非用武所宜。我等寬袍大袖，有如安費揚古、勞薩其人者，挺身突入，能禦之乎？」當日猛士如雲，而二人尤傑出云。

子達爾岱、阿爾岱、碩爾輝。達爾岱以甲喇額眞事太宗。伐明，攻大凌河，守臧家堡，取錦州、寧遠，征朝鮮，皆有功。順治二年，授拖沙喇哈番。七年，追敍安費揚古功，進一等阿達哈哈番。康熙五十二年，聖祖念安費揚古開國勳，別授三等阿達哈哈番，令其孫明岱分襲。阿爾岱子都爾德及碩爾輝孫遜塔，皆有功，受爵世祖朝，別有傳。

扈爾漢，佟佳氏，世居雅爾古寨。父扈喇虎，與族人相仇，率所部來歸，是歲戊子，太祖起兵之六年也，扈爾漢年十三，太祖養以爲子。稍長，使爲侍衞。旗制定，隸滿洲正白旗。扈爾漢感太祖撫育恩，誓效死，戰輒爲前鋒。

瓦爾喀部蜚悠城初屬烏喇，貝勒布占泰待之虐，丁未正月，城長策穆特黑請徙附太祖，太祖命貝勒舒爾哈齊等將三千人迎之，扈爾漢從。既至蜚悠城，收環城屯寨凡五百戶，使扈爾漢與揚古利率兵三百，護以前行。布占泰發兵萬人邀諸路，扈爾漢結寨山巔，使蜚悠城來附者五百戶入保，分兵百人衞之。自率二百人與烏喇兵萬人各據山爲陣，相持，使馳告後軍。翌日，烏喇悉衆來戰，揚古利迎擊，烏喇兵稍退，會後軍至，奮擊，大破之。夏五月，太祖命貝勒巴雅喇將千人伐渥集部，扈爾漢從，取赫席黑、俄漠和蘇魯、佛訥赫拕克索三路，俘二千人。己酉冬十二月，復命扈爾漢將千人伐渥集部，取滹野路，收二千戶以還，太祖嘉其功，賚甲胄及馬，賜號「達爾漢」。辛亥冬十二月，復命扈爾漢及何和禮、額亦都將二千人伐渥集部虎爾哈路，克扎庫塔城，斬千餘級，俘二千人；撫環近諸路，收五百戶以還。癸丑，太祖討烏喇，扈爾漢及諸將皆從戰，奪門入，遂滅烏喇。太祖置五大臣，扈爾漢與焉。

先是太祖與明盟，畫界，戒民毋竊踰，違者殺毋赦。至天命初將十年，明民越境採參鑿礦，取樹木果蔬，殆歲有之。太祖使扈爾漢行邊，遇明民踰塞，取而殺之，凡五十餘輩。太祖遣綱古里、方吉納如廣寧，廣寧巡撫李維翰縶諸獄，而使來責言，且求殺踰塞民者，太祖拒不許。既乃取葉赫俘十人戮撫順關下，明亦釋使者。是年秋七月，太祖命扈爾漢及安費揚古將二千人伐薩哈連部，道收兀爾簡河南北三十六寨；遂進攻薩哈連部，取十一寨，降其三路。語詳安費揚古傳。

四年春二月，明經略楊鎬大舉四道來侵，三月，太祖督軍禦之，扈爾漢從貝勒阿敏先行，與明游擊喬一琦遇，擊敗之。時朝鮮出軍助明，其帥姜弘立屯孤拉庫嶺，一琦收殘卒匿朝鮮營。扈爾漢從諸貝勒擊明軍，戰於薩爾滸，破明將杜松等；戰於尙間崖，破明將馬林等：扈爾漢皆在行間。明將劉綎自寬奠入董鄂路，牛彔額眞托保等戰不利。扈爾漢帥師與托保合軍，憑隘爲伏，諸貝勒軍出瓦爾喀什林。劉綎將率兵登阿布達里岡爲陣，扈爾漢引軍扼其衝，諸貝勒繼至，東西夾擊，破之，綎戰死，明兵遂熸。五年，太祖取瀋陽，扈爾漢從擊明總兵賀世賢等，敗之。歷加世職至三等總兵官。八年冬十月，卒，年甫四十八，太祖親臨其喪。

扈爾漢諸子：渾塔襲三等總兵官，其後不著；準塔別有傳；阿拉密襲準塔世職，附見準塔傳。

論曰：國初置五大臣以理政聽訟，有征伐則帥師以出，蓋實兼將帥之重焉。額亦都歸太祖最早，巍然元從，戰閥亦最多。費英東尤以忠讜著，歷朝褒許，稱佐命第一。何和禮、安費揚古、扈爾漢後先奔走，共成肇路藍縷之烈，積三十年，輔成大業，功施爛然。太祖建號後，諸子皆長且才，故五大臣沒而四大貝勒執政。他塔喇希福祖羅屯，傳言列五大臣，或初闕員時嘗簡補歟？草昧傳聞，蓋不可深考矣。

清史稿卷二百二十六

列傳十三

揚古利　勞薩子程尼　圖魯什子巴什泰　覺羅拜山子顧納岱　顧納岱子莫洛渾
西喇布子馬喇希　阿蘭珠　阿蘭珠弟布爾堪　納爾察　納爾察子瑚沙
達音布　朗格　朗格子和託　從弟雍舜　瑪爾當圖　瑪爾當圖子烏庫理
喀喇　喀喇孫舒里渾　洛多歡　崆古圖　巴篤理　穆克譚　穆克譚子愛音塔穆
達珠瑚　達珠瑚子翁阿岱

揚古利，舒穆祿氏，世居渾春。父郎柱，爲庫爾喀部長，率先附太祖，時通往來，太祖遇之厚，命揚古利入侍。郎柱爲部人所戕，其妻襁負幼子納穆泰於背，屬鞬佩刀，左右射，奪門出，以其族來歸。部人尋亦附太祖。揚古利手刃殺父者，割耳鼻生啖之，時年甫十四，太祖深異焉。日見信任，妻以女，號爲「額駙」。旗制定，隸滿洲正黃旗。

太祖令揚古利守汛鴨綠江，警備嚴密，無敢犯者。伐輝發多璧城，阻水不得進，揚古利亂流而濟，衆從之，遂薄城，多所俘馘。歲癸巳，略朱舍里路、訥殷路，戊戌，略安褚拉庫路，皆有功。歲己亥，從克哈達，揚古利先登，擒貝勒孟格布祿。歲丁未正月，徙蜚悠城衆，揚古利與扈爾漢率兵三百護行，烏喇以萬人要諸路。揚古利勵衆曰：「吾儕平居相謂死於疾寧死於敵，此非臨敵時乎？」持矛突陣，殺烏喇兵七，敵稍卻。夾河相持，諸貝勒軍總至，大破之。五月，從貝勒巴雅喇等伐渥集部，取赫席黑路，爲前鋒。馬兒古里村人驚兵至，走負山，因攻據其山巔，馳下擊之，盡殲丁壯，俘子女以歸。九月，伐輝發，越柵二重，先入，奪其城。歲庚戌七月，從台吉阿巴泰等伐渥集部，略木倫路，克吳兒瑚麻村，望林中烟起，即馳赴之，往復者三，俘獲甚衆。歲壬子九月，從討烏喇，攻金州城，城中迎射拒，揚古利冒矢攻克之。歲癸丑正月，再討烏喇，揚古利先衆進戰。攻青河，烏喇貝勒布占泰兵甚銳，太祖傳矢命諸將退，揚古利持不可，麾衆迫城，聚一隅疾攻，遂拔之。

天命四年三月，明經略楊鎬大舉來侵，總兵杜松等攻界凡，大貝勒代善等帥師禦之。我軍屯吉林崖，明軍屯薩爾滸山，兩軍相薄，揚古利與貝勒阿巴泰等爭先赴敵，破其軍，松等皆戰死。是夕，明總兵馬林以兵至，營於尙間崖。翌旦，移兵往攻，太祖命被創者勿往，揚古利裹創繫腕，率十牛彔兵，憑高馳擊，林兵大潰。七月，攻鐵嶺，遇蒙古貝勒介賽兵，擊破之，遂獲介賽。六年三月，從太祖攻瀋陽，壕深塹堅，衆難之；揚古利拔刀揮本旗兵先登，奪敵所植竹籤以阻軍者，遂克之。進攻遼陽，復先登陷陣，破其步卒，奪河橋，與明兵戰於沙嶺，大敗之。遼陽既拔，太祖嘉其戰多屢受創，命位亞八貝勒，統左翼兵，授一等總兵官，誡勿更臨陣。

十年，揚古利守耀州，明將毛文龍遣兵三百來攻，略城南蕎麥衝，揚古利率兵追擊，盡殲之。旋進三等公。天聰三年九月，同阿山等捕逃人，至雅爾古，遇文龍所部越塞採葠者，擊殺九十六人，獲千總三及其從者十六人以還。十月，從伐明，薄明都，擊敗滿桂兵於城北，礮兵陷敵伏中，揚古利率親軍十餘人奪圍入，悉出之。軍還，從貝勒阿巴泰等略通州，焚舟千餘。攻薊州，明軍來援，太宗督右翼三旗攻其西，貝勒代善等督左翼四旗攻其東，右翼兩紅旗兵少卻，揚古利率正黃旗兵直前突陣，敵敗走。太宗命兩紅旗將佐納鍰自贖，以賜揚古利，揚古利分界將士，不自私。六年，太宗伐察哈爾，命貝勒阿巴泰等及揚古利居守，明兵來侵，諸貝勒禦之。錦州戰，明兵銳甚，六旗俱卻，揚古利大怒，獨率本旗兵奮擊破之。旋復從太宗入明邊，攻大同、宣府，與貝勒阿巴泰等拔靈丘，隳王家莊，取之。

七年六月，太宗諮諸將兵事，揚古利言：「用兵不可曠隔，若踰年不用，敵以其時乘間修備，慮誤我再舉。我暇，一年再征；不暇，亦一年一征：乃爲善策。我今當深入敵境克城堡，貝勒諸將已痘者駐守，未痘者從上還都。不克，則縱兵焚其村聚；民降者編伍，拒者俘以還。各旗獻俘，視牛彔爲多寡，兵士所獲聽自取。若此，則人人貪得，不待驅迫，爭出私財買馬，兵氣益揚矣。戍邊，貝勒許番代，他將卒不許番代。不耐勞苦，豈有能拓地成功業者乎？或謂用兵數，且妨農。婦子相隨，且行且穫，何妨農之有？朝鮮、察哈爾宜且置之，山海關外寧遠、錦州亦當緩圖，但深入腹地。腹地既得，朝鮮、察哈爾自來附矣。」時諸大臣所見亦略同，太宗遂定策伐明。八年五月，復錄揚古利前後戰功，進超品公，位亞貝勒，帽頂嵌珠。

崇德元年五月，命武英郡王阿濟格，饒餘貝勒阿巴泰及揚古利帥師伐明，入邊，克畿內諸州縣凡十二城，五十八戰皆捷，獲總兵巢丕昌等，俘十餘萬。出邊，擊敗三屯營、山海關援兵。九月，師還，太宗出都十里迎勞。獻捷，設宴，親酌巵酒賜三帥。十一月，論伐明諸將違律，阿濟格出邊不親爲殿，揚古利坐不諍，罰土黑勒威勒。

十二月，太宗親伐朝鮮，揚古利從。二年正月，師濟漢江，屯江岸，朝鮮全羅、忠清二道兵來援，營漢城南。是月丁未，太宗命豫親王多鐸及揚古利擊之，值雪，陰晦，敵陣於山下，縱兵進擊，自麓至其巔，多鐸鳴角，招揚古利登山督戰。揚古利將馳赴，朝鮮敗卒伏崖側，竊發鳥鎗，中揚古利，創重，遂卒，時年六十六。明日，多鐸率兵逼敵營，朝鮮兵已夜遁，得揚古利尸以歸。太宗親臨哭奠，賜御用冠服以殮。喪還，太宗迎於郊，命陪葬福陵。葬日，太宗復親奠。

揚古利初事太祖，凡在行間，率先破敵，衝鋒挫銳，所向披靡。太宗誡不令臨陣，而遇敵忘軀，奮發不自已。行軍四十餘年，大小百餘戰，功業絕特，而持身尤敬慎。太宗嘗命本牛彔護軍爲之守門，賜豹尾槍二，以親軍二十人爲衞。其葬，以本牛彔八戶守冢。是年十一月，追封武勳王，立碑墓道。順治中，世祖命配享太廟。康熙三十七年，聖祖巡盛京謁陵，親奠其墓。三十九年，復建碑爲文表績。雍正九年，定世爵爲一等英誠公。

揚古利子二：長，阿哈旦，以軍功授拖沙喇哈番；次，塔瞻，襲超品公，擢內大臣。崇德六年八月，太宗親將禦明洪承疇，戰於錦州，敵遁，命塔瞻設伏追擊，斬獲甚衆。尋移營松山，明總兵曹變蛟夜率兵突近御營，塔瞻不能禦，降一等公。順治四年，卒，以其子愛星阿襲，愛星阿自有傳。

勞薩，瓜爾佳氏，世居安褚拉庫。太祖伐瓦爾喀部，取安褚拉庫，勞薩來歸。旗制定，隸滿洲鑲紅旗。天命六年，從伐明，克遼東，授游擊。天聰二年，從伐蒙古多特羅部，進二等參將。三年，從伐明，薄明都，與圖魯什等敗敵德勝門外，斬五十餘級，獲馬數十，進一等參將。八旗選精銳爲前鋒，號「噶布什賢」。勞薩驍勇善戰，使爲將，號「噶喇依章京」。每出師，前行偵敵，所向有功。五年八月，從伐明，圍大凌河城。上聞明援兵自錦州至，遣勞薩與圖魯什以兵二百偵敵，上與貝勒多鐸以兵二百繼其後。明兵至，逐勞薩等至小凌河，突近上前，上渡河躬陷陣，後軍亦至，共擊敗之。時我將覺善被圍，又有裨將與敵戰，敵揮刃將及，勞薩直前奮擊，悉拯之出，還，白上，上親酌金卮以勞。明監軍道張春等合馬步兵四萬，渡小凌河，嚴屯拒戰，勞薩受上指，領纛而前，力戰破敵壘。十月，復與圖魯什往錦州松山偵敵，遇明兵，奔寧遠，斬其執纛者十餘人。

十一月，聞察哈爾兵至，勞薩率兵百偵敵。會察哈爾兵引去，追擊之，逾興安嶺，勿及，甲仗、駝馬委於道者，悉收以還。六年四月，從伐察哈爾，師次博羅額爾吉，勞薩率兵前行，收蒙古流散者二百餘人。五月，與阿山率兵百至喀喇莽柰偵敵，遇察哈爾邏卒，逐而斬之。我國諜者劉哈爲敵困，敵兵殆百人，勞薩以七騎大呼破圍入，挾之出，敵披靡敗走。尋偵察哈爾汗棄地，遁已遠，還白上，上乃自布龍圖班師，至枯橐，勞薩還與大軍會。

七年，上命勞薩與圖魯什等將三百人略寧遠，分其兵兩翼突入沙河所，斬三百人，獲裨將一、牲畜二百七十。八年二月，復略錦州松山邊境，往錦州投書明總兵祖大壽。五月，與圖爾格率兵出邊，渡遼河，沿張古台河屯戍，衞蒙古，扼明兵。勞薩屢以寡勝衆，功多，進三等副將，賜號碩翁科洛巴圖魯。十二月，察哈爾部衆來歸，命勞薩將百人迎護。九年四月，從貝勒多爾袞收降察哈爾部衆。師還，略明邊，勞薩夜率兵進敗寧武關兵，遂毁關入，進略代州；復進略忻州，度黑峯口，遇明邏卒四十人，悉擊斬之，獲其馬。

崇德元年，偕吳松等齎書諭明松棚路潘家口諸戍將，因偵敵邊隘，多所俘馘。上伐朝鮮，命勞薩與戶部承政馬福塔以兵三百先爲賈人裝，晝夜行，將至朝鮮，其戍將出禦，力戰，盡殪其衆。朝鮮國王李倧使勞師郊外，以其間走南漢山城。師還，吏議勞薩備不嚴，使倧得走，當奪世職論罰，上命毋奪職。二年，授議政大臣。三年二月，從伐喀爾喀，上使勞薩齎書諭明宣府將吏歸歲幣、開市。勞薩獲喀爾喀四十餘人，收其財物、牲畜，縱使去。師還，吏議勞薩罪當死，上特命宥之。八月，從貝勒岳託、杜度伐明，自密雲牆子嶺口入。岳託奏言：「噶布什賢將領勞薩等逐潰兵，得明邏卒，詗知牆子嶺堅不易拔，嶺東西高處可越。」分軍四路深入，明兵合馬步八千人拒戰，阿蘭泰所將蒙古兵稍卻，勞薩與圖賴等奮戰陷陣，明兵敗去，其夜復至，勞薩擊卻之，遂入其壘；又率所部逐敵，斬百七十餘級，俘九十，獲馬百三十有奇，進二等梅勒章京。

五年五月，與吳拜偵敵廣寧邊境，自中後所入，循海而南，斬二百級。上自將攻錦州，勞薩伏兵高橋，縱敵弗擊，論罪，降世職，奪賜號。六年四月，從鄭親王濟爾哈朗伐明，圍錦州，設伏，擊明兵松山，獲馬百九十。勞薩逐明兵，見敵援至，使騎馳問濟爾哈朗曰：「敵援至，若之何？」濟爾哈朗以爲怯，聞於上，上曰：「勞薩素勇敢，且身被重創，不當議小過。」五月，明總督洪承疇以兵六萬援錦州，屯松山北，我師未集，勞薩力戰，敗其前鋒。會上命睿郡王多爾袞等濟師，復與戰，大敗之。勞薩行塔山東偵敵，獲敵騎，克錦州外城。九月，命復勞薩世職、賜號。旋代洪尼喀爲梅勒章京。是月，上自將督多爾袞等與承疇決戰，勞薩從多爾袞陷陣，力戰，死之。既克敵，上遣內大臣攜酒臨奠，卹贈三等昂邦章京，以其子程尼襲。

程尼既襲職，三遇恩詔，進一等伯，任議政大臣。順治九年，從敬謹親王尼堪征湖南。十一月，及明將李定國戰於衡州，我師敗績，沒於陣，卹贈拖沙喇哈番。十二年，追諡國初以來有功諸將，勞薩諡忠毅，程尼諡誠介，並立石紀績。

勞薩弟羅璧，初以軍功授阿達哈哈番，至是併襲程尼世職，進爲二等公。卒，其子降襲一等伯。再傳，無嗣，乾隆間，續封二等子。

圖魯什，伊爾根覺羅氏，世居葉赫。歸太祖。旗制定，隸滿洲鑲黃旗。天命九年，爲牛彔額眞。蒙古有亡者，逐得之。十年，命率兵至旅順口捕盜，俘獲甚衆。擢甲喇額眞，授游擊世職。

天聰三年，從太宗伐明，圖魯什先驅偵敵，至大安口，城下兵出戰，圖魯什單騎奮擊，師繼至，克之。自遵化向明都，明兵自薊州踵師後，圖魯什設伏擊卻之。十二月，上軍明都西南，令圖魯什與梅勒章京阿山循城覘敵多寡。獲諜，言明總兵滿桂、黑雲龍、麻登雲、孫祖壽合兵四萬，屯永定門南二里許。還白上，且曰：「敵盛，宜及其不虞，乘夜擊之。」夜三鼓，秣馬蓐食，八旗及蒙古左、右翼兵俱進。圖魯什率所部先馳入敵壘，敵陣亂，師從之，明師遂敗，斬桂、祖壽，獲雲龍、登雲。與勞薩、席爾納等往來游擊，屢有斬馘。四年正月，從貝勒阿巴泰、濟爾哈朗逐斬叛將劉興祚，進二等參將。旣，復從貝勒阿敏守永平，諜告明兵且至，圖魯什以四十人偵之，巴篤理、屯布祿等以百人策應，共擊敗明別將張弘謨兵。語詳巴篤理傳。已而，明兵大至，阿敏棄永平引師還。命往視邊牆，率兵五十爲三隊，麾使後，獨與四騎先至塞下，蒙古數十人猝起，相薄兩垣間，環而射之，圖魯什突圍出，顧所將騎卒皆陷圍中，一騎中矢且仆，復大呼馳入，援三騎挾傷者俱歸。

五年八月，從伐明，攻大淩河，明援兵二千自松山至，圖魯什與阿山、勞薩等以兵二百迎擊，敗之，斬百餘級，獲三纛。還，上酌金巵勞之。九月，攻錦州，明援兵自錦州至，與勞薩從上破敵。語詳勞薩傳。復遵上指，令軍中張旗幟，舉礮，僞若明兵來援，致城兵出戰，伏起，敵敗走。明監軍道張春等集諸路軍來援，渡大凌河，屯長山。圖魯什先以偏師邀擊，小勝。戊戌之夕，上親督騎兵襲敵壘，圖魯什先進，兩軍力戰，卒破明師，獲張春。十月，偵錦州松山，斬明兵執纛者。十一月，逐察哈爾兵，踰興安嶺。

六年，從伐察哈爾，次博羅額爾吉，招流亡，皆與勞薩偕。上令哈爾占具糧糗儲烏蘭哈達，而以甲喇額眞顏布祿、牛彔額眞董山司轉運，愆期，糧糗不時至，吏議當死。上命覆讞，衆皆言法不當宥，圖魯什言：「曩者上申諭『臨陣而退當斬』，然亦嘗恩宥；今罪顏布祿、董山而貸其死，實惟上恩。」上從之。

八年二月，略錦州。五月，擢噶布什賢噶喇依昂邦，進三等副將。六月，復從伐察哈爾。七月，至歸化城，遇察哈爾諸宰桑以千二百戶來降，率以謁上。是月，毀明邊牆入大同，與瑚什布等擊敗明總兵祖大弼軍，略地至宣化，攻懷遠，設伏左衞城，擊敗明總兵曹文詔軍。上駐左衞城西，使圖魯什如宣府偵敵。閏八月乙酉，遇大弼偵卒十五人，圖魯什單騎馳擊，矢中其腹，猶力戰不已，斬二人，俘十三人。圖魯什創甚，上親迎視之。丁亥，卒於軍，賜號碩翁科羅巴圖魯，進三等總兵官。順治間，追謚忠宣。

子巴什泰，襲爵。事世祖。三遇恩詔，進一等伯。順治九年三月，在上前爲蒙古侍衞瑣尼所戕，進三等侯。子珠拉岱，襲。康熙間，定封一等精奇尼哈番。乾隆元年，改一等子。

覺羅拜山，景祖弟包朗阿曾孫也。景祖兄弟凡六，分城而居，包朗阿次第五，居尼麻喇城。太祖既起兵，族人惎太祖英武，謀欲害太祖，包朗阿子孫獨不與，率先事太祖。太祖起兵之三年，攻哲陳部托漠河等五城，合兵戰於界凡，包朗阿諸孫札親、桑古里皆從。

拜山事太祖差後。旗制定，隸滿洲鑲黃旗。天命六年，從太祖伐明，攻瀋陽。明將有號禿尾狠者，驍悍善戰，拜山殪諸陣。明兵悉衆自城南來，拜山迎戰，斬副將一，遂降其衆。既克遼東，授游擊。天聰元年，從太宗伐明，攻錦州未下，移師攻寧遠。錦州兵潛出躡師後，拜山與牛彔額眞巴希競起還擊，戰死。太宗親臨其喪，酹酒哭之，賜人戶、牲畜，贈三等副將。子顧納岱，襲。

顧納岱既襲職，天聰八年，改三等梅勒章京。崇德三年，從伐明，戰於山海關，敗明兵。逐敵至豐潤，師或出採薪，明兵起乘之，顧納岱馳赴奮擊，援以歸。徇山東，擊敗明內監馮永盛、總兵侯應祿，克博平，進一等梅勒章京。

順治元年，顧納岱以擺牙喇纛章京從睿親王多爾袞入關擊李自成。十月，從豫親王多鐸逐自成至陝州，賊依山爲陣，顧納岱與圖賴率擺牙喇兵馳擊，斬獲大半。二年二月，自成將劉元亮以千餘人夜覘我師，顧納岱出擊敗之。鑲黃、正藍、正白三旗兵繼進，賊大奔，遂克潼關，逼西安，加半個前程。三月，從豫親王徇河南，渡淮。四月，至揚州，與伊爾都齊等率擺牙喇兵軍於城南，獲舟二百餘。翌日，合師薄城下，七日而拔。進克明南都，泝江至蕪湖，擊明將黃得功，敗其舟師。移師從貝勒博洛徇蘇州，克崑山，攻江陰，發礮破城，顧納岱先登。復移師趨浙江，略平湖，水陸並勝，收其戰艦。攻嘉興，明兵出禦，背城爲陣，顧納岱與固山額眞恩格圖、漢岱等合擊之，三戰三勝。七月，師還，進三等昂邦章京。

四年，從豫親王征蘇尼特部，討騰機思，騰機思走喀爾喀，分遣蒙古兵追擊，敗之於歐特克山；復自土喇河西行，敗喀爾喀兵於查濟布喇克。尋以恩詔進二等精奇尼哈番。五年，從征南將軍譚泰下江西，討金聲桓，至九江，擊破聲桓兵；進攻南昌，中砲，沒於陣。贈一等精奇尼哈番，以其子莫洛渾襲。

莫洛渾授參領。順治十七年，從安南將軍達素徇福建，討鄭成功，攻廈門，死之。聖祖以拜山、顧納岱、莫洛渾三世死王事，贈莫洛渾三等伯，謚剛勇。

太祖始起，諸族人未附，有龍敦者，爲景祖第三兄索長阿子，於太祖爲從叔，撓太祖尤力。太祖討尼堪外蘭、討李岱，漏師期，又搆太祖異母弟薩木占殺噶哈善哈思虎，皆龍敦所爲也。然其從子旺善事太祖。太祖再攻兆佳城，取寧古親，旺善爲敵踣，敵俯撲，出刃將刺；太祖未及甲，直入發矢，中敵額，殪，援旺善起。其後屢從征伐。天命十年，偕達珠瑚、車爾格，以千五百人伐瓦爾喀部，俘獲甚衆。上出郊迎之，行抱見禮，慰諭甚至。太祖既盛强，龍敦子鐸弼、托博輝皆從。天命七年，太祖伐明，使鐸弼與貝和齊、蘇把海留守遼陽。太宗初卽位，設八大臣，以托博輝領正藍旗。

又有土穆布祿，爲景祖幼弟寶實諸孫。十年，命與阿爾代、毛海、光石等屯耀州。太宗設十六大臣，使與薩璧翰爲托博輝佐。

又有郎球、巴哈納，皆索長阿之裔，俱致通顯，自有傳。

西喇布，世居完顏，以地爲氏。太祖初起兵，率所部來歸，常翼衞太祖，授扎爾固齊。歲癸巳，略富爾佳齊，哈達人西忒庫抽矢射貝勒巴雅拉，西喇布以身當之，中二矢，遂卒，卹贈游擊。子二：噶祿、馬喇希。旗制定，隸滿洲鑲紅旗。噶祿襲職，從攻沙嶺有功，進二等參將。卒，無子。

馬喇希，天聰九年，授佐領。尋襲其兄噶祿世職。崇德二年，從都統葉克舒等伐卦勒察。三年七月，授刑部理事官。八月，遷蒙古梅勒額眞。四年，再遷固山額眞。從睿親王多爾袞圍錦州，坐徇王貝勒等私遣兵歸，離城遠駐，罰如律。復從貝勒阿巴泰等入黃崖口，所至克捷。順治元年四月，從睿親王多爾袞入關破李自成，追擊至慶都。十二月，與都統阿山征陝西，自蒲州渡河擊賊。論功，進一等甲喇章京兼半個前程。尋命移師從豫親王多鐸下江南。二年五月，自歸德渡河至泗北淮河橋，明守將焚橋走，師夜濟，與都統宗室拜音圖以紅衣砲攻克武岡寨，引兵而東。至常州，明將黃蜚以步兵數萬禦戰，擊破之，遂下宜興，道破明水軍。至崑山，都統恩格圖等方攻城，馬喇希率所部兵趨頹堞，先登，遂克之，復拔常熟。師還，進三等梅勒章京。

四年八月，從肅親王豪格徇陝西，至漢中。叛將賀珍走西鄉，馬喇希與都統鰲拜分兵馳擊，及於楚、湖，斬馘甚衆，進二等阿思哈尼哈番。五年，睿親王多爾袞出獵，馬喇希坐與都統噶達渾等私獵，貶秩。八年，世祖親政，詔復職。再遇恩詔，進三等精奇尼哈番。九年九月，命與定南將軍、護軍統領阿爾津帥師定廣東。十月，命移軍鎭漢中。十二月，復移軍定湖廣辰州、常德諸路。十一年，卒。

十二年，世祖命追錄國初以來有功諸將，皆視一品大臣，予諡，立碑墓道，於是西喇布諡順壯，馬喇希諡忠僖。

太祖諸將，當帝業未成，効死行間，與西喇布同時易名紀績者，又有扎爾固齊阿蘭珠、梅勒額眞納爾察。

阿蘭珠，棟鄂氏，世居瓦爾喀什。父阿格巴顏，與其兄對齊巴顏並爲屯長。太祖攻杭佳城，守城者爲阿格巴顏妻父，令助守，阿格巴顏不可，曰：「以德誅亂，宜也。吾安能助亂而拒有德乎？」尋與對齊巴顏各率所屬歸太祖。旗制定，隸滿洲鑲紅旗。對齊巴顏子噶爾瑚濟、阿蘭珠皆授牛彔額眞，分轄所屬。阿蘭珠旋擢扎爾固齊。從伐烏喇，直前衝擊，人馬皆被創，下馬步戰，遂沒於陣。卹贈三等甲喇章京，以其弟布爾堪襲。順治間，追謚順毅。

布爾堪襲職，授甲喇額眞。天聰四年，與武賴、哈寧阿等率精兵百略明邊，獲明諜三，遂渡大凌河，斬四十餘級，俘百六十。八年，重定各牛彔所屬人戶，以新附瑚爾哈百人增隸布爾堪。尋戍牛莊，獲蒙古逃人，進二等甲喇章京。崇德元年，卒。

納爾察，鈕祜祿氏，世居安圖，隸蘇克蘇滸河部。國初來歸，授備禦，隸滿洲鑲黃旗。歲戊申，從太祖討烏喇，攻伊罕阿林城，先登克之，擢梅勒額眞。後攻沙嶺，不待大軍至，獨進，沒於陣，以長子佛索里襲世職。順治間，追謚端壯。

瑚沙，納爾察次子。初授牛彔額眞。天聰六年，從太宗伐明，入大同。與圖魯什等行偵敵，遇明兵四百，瑚沙彎弓躍馬，疾馳入陣，敵皆披靡。略地至崞縣，屢擊敗明兵。崇德三年，從貝勒岳託伐明，與鰲拜先驅，遇明騎兵三百，突出搏戰，瑚沙以八騎擊卻之。遂率左翼擺牙喇兵越燕京，徇山東。明太監高起潛等率兵出禦，瑚沙與羅什等連戰皆捷，逐北數十里。上以佛索里不勝任，畀瑚沙襲世職，爲噶布什賢章京。六年，從伐明，攻錦州，轉戰松山、杏山間，屢有斬獲。七年，加半個前程。十月，貝勒阿巴泰等帥師伐明，上命瑚沙從，俟師入邊，以軍事還報。八年春，師還，使瑚沙從噶布什賢噶喇昂邦努山等，以兵九十人詣界嶺口迎師，俘敵甚衆。

順治初，從入關擊李自成，戰於一片石，瑚沙率本旗噶布什賢超哈當自成將唐通，逐自成至慶都；復從噶布什賢噶喇昂邦席特庫設謀誘敵，夾擊破之。六月，從固山額眞葉臣征山西，至汾州，偕甲喇額眞道喇、圖爾賽等，擊破自成將白輝。二年，從英親王阿濟格征陝西，克綏德、延安。牛彔額眞哈爾漢俄班駐軍南山，爲賊所乘，戰死，瑚沙率數騎突入，得其尸以還。自成奔湖廣，追剿至安陸，擊敗自成將邵章，掠其舟以東。至九江口，與席特庫率前鋒二十人破賊壘，逐自成至於九宮山。自成旣殪，瑚沙復與甲喇額眞蘇拜、希爾根等逐捕餘賊，斬二千餘級，進三等甲喇章京。三年，從肅親王豪格討張獻忠於漢中，擊敗叛將賀珍，逐獻忠至於西充，獻忠引衆迎戰，瑚沙奮擊敗之，肅親王遂殪獻忠。五年，進二等阿達哈哈番。

六年，從鄭親王濟爾哈朗略湖南。時明桂王由榔猶駐廣西，其總督何騰蛟守湘潭。師旣克長沙，渡湘水攻之，前鋒兵薄城，敵分三門出戰，瑚沙與席特庫力戰，破城西兵，生致騰蛟。明兵潰，遂克湘潭，於是衡州、寶慶、永州、辰州諸郡縣次第皆下。進二等阿思哈尼哈番。九年，擢鑲黃旗蒙古副都統，命與學士蘇納海使朝鮮鞫獄。十一年，兼任工部侍郎。十二年，擢本旗蒙古都統，授議政大臣。十五年，從信郡王多尼下雲南。十六年，從克永昌。十七年，師還。以永昌初下，縱兵入城擾民，降三等阿思哈尼哈番。康熙三年，卒。分世職爲二，第五子瑚弼圖襲一等阿達哈哈番，第二子碩伯海襲拜他喇布勒哈番。

達音布，他塔喇氏，世居札庫木。天命三年來歸，隸滿洲正白旗，任牛彔章京。從太祖征伐，輒爲軍鋒，積戰閥授備禦。來歸諸部衆或爲蒙古誘遁，達音布與楞額禮率兵逐之，及於達岱塔，擊敗蒙古兵，得逃人以歸。六年，太祖伐明，略奉集堡，達音布先驅，斬諜克敵，進游擊。蒙古扎魯特貝勒昂安嘗執我使畀葉赫，又屢遣兵要我使，攘牲畜。八年，太祖命台吉阿巴泰等將三千人討之。達音布時爲噶布什賢噶喇昂邦，與雅希禪、博爾晉率五十騎先大軍行，乘夜渡遼河，略昂安所轄厄爾格勒，復馳百餘里，逼昂安所居寨，昂安以牛車載妻子率從者二十餘騎出寨。雅希禪、博爾晉麾三十餘騎下馬將搏戰，達音布引十餘騎勒馬立，昂安謀遁，不欲戰，直前衝騎兵，冀突圍出，達音布拒戰，方彎弓注矢，昂安所部乘隙挾短矛擣達音布，中其口，墮馬。我兵衝擊，昂安父子及從者盡殪，俘其孥。達音布遂以創卒。師還，予卹，進世職爲游擊。

子阿濟格尼堪，阿濟格尼堪子宜理布，並有傳。第三子岱袞，屢從征伐，授侍衛。崇德二年，圍錦州，戰死，贈備禦。達音布死最烈，子孫貴列爵，順治間賜謚乃不及。

太祖諸偏裨死事者，牛彔額眞喀喇，以禦劉綎戰死。又有牛彔額眞額爾納、額黑乙，將五百人屯深河，與綎戰林中，死之。甲喇額眞布哈、石爾泰，牛彔額眞朗格，從太祖攻瀋陽，旣下，明總兵陳策等來援，與戰，陷陣死。瑪爾當圖從太祖圍錦州，戰死。喀喇、額爾納、額黑乙死時，太祖方草創，未有卹贈。布哈贈參將，石爾泰、朗格贈游擊，而瑪爾當圖死時已授游擊。朗格子和託、瑪爾當圖子烏庫理事太宗，喀喇孫舒里渾、洛多歡、崆古圖事世祖，皆有戰功，賞延於世。

朗格，棟鄂氏，對齊巴顏子，阿蘭珠弟也。對齊巴顏來歸，語見阿蘭珠傳。戰死，得世職，以長子棟世祿襲。旗制定，隸滿洲鑲紅旗。

和託，其次子也。崇德七年正月，授本旗梅勒額眞。從鄭親王濟爾哈朗等伐明，圍錦州。明總兵祖大壽以其城降，遂進克塔山。鄭親王籍所俘獲，令和託還奏。上命分賚軍中死傷將士，並令齎敕撫明杏山守將，曰：「汝以善言招之，降則已；否則以炮攻，炮發而彼降，亦可許也。」和託至軍，如上指宣示，炮發，明將降。師還，得優賚。旋追議諸將徇部卒失律，和託當罰鍰，以前勞得免。十月，從貝勒阿巴泰伐明，自界嶺口毀邊牆入，至黃崖口。軍中議分兩翼夾攻，輔國公斐洋古令和託督左翼，建雲梯攻城。和託周視畢，復曰：「城可登，無以梯為也。」乃率巴牙喇兵四十人毀城入，斬守備一，餘悉潰。復合右翼圍薊州，擊敗明總兵白騰蛟、白廣恩，遂徇山東，克兗、萊、青諸府。明年，師還，授吏部參政，兼梅勒額眞。

順治元年，從入關擊李自成，予世職牛彔章京。上遣侍郎王鼇永招撫山東，明副總兵楊威據登州。鼇永請兵，上命和託與梅勒額眞李率泰、額孟格帥師討之。鼇永至青州，為降將趙應元所戕。和託等師至，牒巡撫陳錦、總兵柯永盛會師逼青州。應元復請降，和託與李率泰計許之降，遣兵夜捕斬應元及其黨數十人，宥脅從勿誅，青州遂定。錦亦下登州。上命和託與李率泰移軍河南，會豫親王多鐸下江南，賚黃金、紫貂，進世職三等甲喇章京。二年，從貝勒勒克德渾徇浙江，定杭州。明將方國安以兵至，和託將左翼禦之富陽，斬副將二、參將二、游擊五，國安兵大敗。復破敵下關直溝，燬其木城。上命和託與梅勒額眞珠瑪喇率所部滿洲、蒙古兵駐防杭州。三年四月，卒。

雍舜，對齊巴顏從子，授牛彔額眞。英果，戰輒當前鋒。累擢鑲紅旗固山額眞。天聰三年，從上伐明，圍遵化，率本旗兵攻城西南，克之。四年，從取永平，授二等參將世職。貝勒阿敏棄永平還師，雍舜獨贊其議，坐罷官，奪世職，籍沒。七年，從貝勒岳託舟師攻旅順，明將黃龍城守，師克之。論功，先登崖者，巴奇蘭、薩穆什喀；先登城者，雍舜、珠瑪喇：復世職。崇德二年，從克皮島，擢梅勒額眞。四年，從征索倫，設伏敗敵，進一等參將。六年，從攻錦州，戰墜馬，得他騎，引本旗兵趨左翼；及右翼勝，乃馳擊，爭赴敵。坐欺謾論罪，命寬之，解梅勒額眞。順治初，遇恩詔，進二等阿思哈尼哈番，復官固山額眞。卒。子庚圖，先以功授拜他喇布勒哈番，同爲一等阿思哈尼哈番。

瑪爾當圖，扎庫塔氏，先世居和克通吉。太祖時，率百餘人，授游擊。從攻錦州，戰死。子烏庫理，年十六，卽從征伐。太宗命領甲喇額眞，襲瑪爾當圖世職。崇德三年，從貝勒岳託伐明，略山東，明太監馮永盛以兵至，擊敗之；攻濟南，雲梯兵未至，烏庫理攀雉堞先登，麾所部兵畢上，克其城。師還，將出塞，與白奇超哈統將薩穆什喀殿，敵不敢逼，道經太平寨，復步戰敗敵。七年，從伐明，復攻錦州，戰於松山，敵敗走，旋合潰兵屯北山，壘甚固，烏庫理直前擊之，三戰皆捷。

順治初，入關，從固山額眞葉臣攻太原，率十騎繞城周視，城兵驟出搏戰，烏庫理與甲喇額眞薩璧圖奮擊，俘馘甚衆。尋從英親王阿濟格定陝西、湖廣、江西諸省。師還，至池州，偵明將黃斐，擊之，得舟十二。還京師，授兵部理事官，加半個前程。三年，從肅親王豪格下四川，討張獻忠，敗其將高汝礪；逐獻忠，再破之。五年，從討叛將姜瓖，攻寧武關，所署巡撫姜輝、總兵劉惟思以三千人赴援，內外兵夾擊。烏庫理率三旗巴牙喇兵轉戰關下及偏關西河營，七戰皆勝。師將至左衞，壤兵萬餘陣以待，烏庫理擊破之，復發砲克其城，殪壤兵。八年，進一等阿達哈哈番。十年，鄭成功寇福建，命與理事官額赫理率禁旅及江寧、杭州駐防兵濟師，至海澄，敵以火器守隘，烏庫理連破其壘。敵毀橋，烏庫理躍馬先衆涉，敵驚潰，師乃畢渡；敵又以三千餘人屯海岸，烏庫理步戰敗之。先後與固山額眞金礪等，斬敵寨數十，降其兵數千人，復加拖沙喇哈番。

十二年，授大理寺卿，疏言：「滿洲士卒歲從征討，市馬製械皆自具，其孥留京師，請恩賚。行軍所至，民多失所，雖被旨賑貸，當安輯，俾自爲生計，請勅部議便宜。綠旗死事將卒，請下所司贍其妻子。江、廣、閩、浙濱江、海，盜賊出沒，請勅諸省督撫，要隘設重兵。西北厄魯特、俄羅斯諸部尙阻聲教，請敕理藩院議互市條例，通貿易。」所陳凡五事，皆下部議行。

尋命視黃河決口。十三年，授漕運總督。十七年，授盛京總管。康熙元年，改總管爲將軍，仍以命烏庫理。是時，盛京置戶、禮、工三部，烏庫理請增設刑部，廷議如所請。四年，卒。析世職爲二，長子俄謨克圖，襲三等阿達哈哈番；次子佛保，襲拜他喇布勒哈番兼拖沙喇哈番。

喀喇，棟鄂氏，先世居瓦爾喀。當太祖時，以其族來歸。從征伐有功，授牛彔額眞，賜號「巴圖魯」。天命四年，禦明總兵劉綎，力戰，被七創，以傷卒。

子扎福尼。天聰四年，從伐明，攻灤州，有三卒爲敵所得，扎福尼陷陣援之出。以功，予世職備禦。八年十二月，從白奇超哈統將巴奇蘭等伐黑龍江，加半個前程。

舒里渾，扎福尼子也。初以巴牙喇壯達從軍。從攻大凌河城，敗蒙古軍。及扎福尼卒，襲世職。順治二年，從英親王阿濟格西逐李自成至延安，七捷。自成走湖廣，以師從之，次安陸，得舟十四。三年，從豫親王多鐸北討騰吉斯，力戰，多俘馘，擊敗喀爾喀土謝圖汗、碩類汗。師還，授牛彔額眞。六年，從端重親王博洛西徇大同，擊敗姜瓖所署巡撫姜建勳等。十一年，擢巴牙喇纛章京。十五年，授正黃旗滿洲梅勒額眞。從信郡王多尼南征雲南，戰涼水井，敗明將李成蛟；戰雙河口，敗明將李定國。師還，進三等阿思哈尼哈番。十八年八月，卒。

洛多歡，舒里渾弟。從軍，取旅順，圍錦州，皆有功。崇德七年，從貝勒阿巴泰伐明，克順德府，先登，賜號「巴圖魯」。累進世職至一等阿達哈哈番兼拖沙喇哈番。

崆古圖，亦舒里渾弟也。順治間，從靖南將軍陳泰征福建，克興化府，先登。自巴牙喇壯達擢甲喇額眞。十七年，洛多歡卒，襲世職。康熙十三年，從副都統雅賚、阿喀尼等討耿進忠，自安慶向江西，敗賊小孤山，復彭澤、宜黃、崇仁、樂安諸縣。十五年，移師討吳三桂，攻萍鄉，敗其將夏國相，師下湖南。十八年，戰楓木嶺，敗其將吳國貴，復武岡。二十四年，卒。子多博海，襲。

特爾勤，舒里渾孫也。康熙間，從征南大將軍賚塔討吳世璠，敗其將何繼祖，奪石門坎、黃草壩；乘夜拔嵩明、丹城，遂克雲南。又從都統希福逐馬寶，破胡國柱。以功，予世職拜他勒布喇哈番。卒。

太祖嘗爲故勳臣雅巴海祈天：「乞轉生朕家！」又爲布哈孫、朗格等八人祈曰：「宥其微失！」太祖未舉兵以前，有族難，侍者帕海死之，似卽雅巴海。布哈孫等事不著。

巴篤理，世居佟佳，以地爲氏。天命初，與其弟蒙阿圖來歸。太祖命編所屬爲二牛彔，使兄弟分領其衆，隸滿洲正白旗。太祖察巴篤理才，使爲扎爾固齊。積戰功，授游擊。十年，明發兵航海至旅順，繕完故城，駐軍以守。巴篤理從貝勒莽爾古泰攻之，城下，盡殲明兵。十一年，明將毛文龍遣兵夜襲薩爾滸城，城兵砲矢交發，明兵退，結營。巴篤理率兵自山而下，大呼乘敵，敵潰走，追斬二百餘級。

天聰三年，從伐明，克遵化有功。太宗親酌金卮勞之，進二等參將。四年正月，從貝勒濟爾哈朗守永平。三月，明將張弘謨率兵來侵，甲喇額眞圖魯什以四十人先，巴篤理與噶布什賢噶喇昂邦屯布祿以百人繼。伏起，屯布祿敗走，巴篤理與圖魯什殿，力戰，其弟課納馬著矢且踣，巴篤理斬敵兵，奪馬授其弟，殪三十餘人，敵乃退。五月，明兵圍灤州，貝勒阿敏守永平，不即赴援，城垂破，乃遣巴篤理率兵赴之，乘夜突圍入城。方議並力堅守，敵發巨砲焚城樓，守將納穆泰等度力不能支，棄城依阿敏，阿敏亦棄永平東還。廷議諸將罪，以巴篤理突圍赴援，釋勿論。

五年，授禮部承政。六年，使朝鮮，定職貢額數。八年八月，太宗自將伐明，巴篤理從，至應州，命與貝勒阿巴泰等取靈丘縣王家莊。巴篤理督軍攻堡，旣被創，猶奮擊，中流矢，卒。太宗聞之泣下，曰：「此朕舊臣，轉戰數十年，効命疆場，深可惜也！」卹贈三等副將。順治十三年，追謚敏壯。子卓羅，自有傳。

蒙阿圖，自牛彔額眞累擢梅勒額眞，坐私立屯莊，罷。天聰三年，從伐明，敗敵於遵化。尋命帥師伐瓦爾喀，俘其衆三千。踰年師還，上自出郊宴勞。授游擊世職，擢工部承政。崇德三年，以老解職，召見，諭之曰：「爾等舊臣，朕見之輒心喜，可不時來見也！」未幾，卒。

國初諸將，事太祖創業復佐太宗從征伐而戰死者，勞薩、圖魯什功最高，巴篤理、穆克譚、納爾特與相亞，達珠瑚爲俘所賊。順治中，皆追謚。納爾特事具其父雅希禪傳中。

穆克譚，戴佳氏，世居杭潤，隸哈達。穆克譚從其父兄率衆來歸，授牛彔額眞。從太祖征伐，戰必陷陣，攻則先登，賜號「巴圖魯」。有查海胡色者，叛太祖歸哈達，穆克譚從其父兄追之，戰，其父兄皆死。從子厄爾諾亦叛歸哈達，穆克譚單騎逐斬之。旗制定，隸滿洲鑲藍旗。天命元年，從伐瓦爾喀，戰敗，諸將孟庫噶哈皆走，舒賽、阿爾虎達將爲敵得，穆克譚與燕布里等八人衝敵陣，援之出。師還，太祖譴孟庫噶哈，奪所獲畀穆克譚。六年，從伐明，攻耀州，先登，克之，命戍焉。蒙古人海色與其衆叛去，我師追之，戰不利，穆克譚策馬大呼，直前刺殺海色，餘悉潰。以功授二等副將。太宗卽位，各旗設調遣大臣，以穆克譚佐本旗。天聰元年四月，從伐朝鮮。六月，阿山、阿達海兄弟叛，將歸明，貝勒阿敏夜帥師追之，穆克譚從，射阿達海，阿達海力戰，抽刀斫穆克譚墜馬，幾殆，卒挾以俱還。五年，從伐明，圍大淩河，穆克譚以本旗兵從固山額眞宗室篇古當城西南。城兵出挑戰，圖賴先進，穆克譚從之，薄壕，舍騎步戰，將迫敵入壕。城上礮矢競發，城兵續出，奮拒力戰，歿於陣。太宗惜之，曰：「穆克譚我舊臣，不値於此畢命也！」贈一等副將，世襲。順治間，追謚忠勇，立碑墓道。子愛音塔穆。

愛音塔穆襲父爵，兼領穆克譚舊轄牛彔，益壯丁五十。順治初，從入關破李自成。旋從豫親王多鐸徇河南，與梅勒額眞沙爾瑚達屢敗賊，逐賊至潼關，爲殿，賊自後來襲，三至三卻，愛音塔穆功也。二年，河南旣平，從定江南。六年八月，從鄭親王濟爾哈朗下湖廣。

時明桂王由榔駐武岡，湖南諸郡縣半爲明守。愛音塔穆帥師自長沙而南，克寶慶，擊馬進忠、王進才皆有功。自成將劉體純與其黨袁宗第等屯洪江爲十寨，緣沅江拒守。愛音塔穆與尚書阿哈尼堪督軍渡江，連破賊寨，賊潰，遂與阿哈尼堪駐守沅州。十二月，賊將王强來犯，與阿哈尼堪共擊卻之。九年，遇恩詔，累進二等精奇尼哈番。十一月，從靖南將軍珠瑪喇略廣東，時明將李定國攻新會，平南王尚可喜赴援，定國有衆四萬，列象陣，據山峪，方相持。愛音塔穆等師至，合擊大破之，逐北二十餘里，定國遁去。十二年閏五月，論功，進一等精奇尼哈番。康熙十九年，卒。

子公圖，襲。三十五年，從撫遠大將軍費揚古征噶爾丹昭莫多，戰勝，進三等伯。子永泰，降襲二等精奇尼哈番。乾隆元年，改一等子，世襲。

達珠瑚，兆佳氏，先世居訥殷。祖達爾楚，國初來歸。旗制定，隸滿洲正藍旗。達珠瑚初任牛彔額眞。從太祖伐烏喇，斬級四千。從克西林屯，俘其人以歸；追者至，還擊敗之，斬級五千。從伐葉赫，斬級三百，俘五十人。遇明人越境採參，斬三十人，俘六人。敵侵寧古塔，出戰，斬其將及兵百，獲甲百副、馬三百匹。授三等副將。天命十一年，伐東海瓦爾喀部，又伐卦爾察部，皆有功。太宗卽位，設十六大臣，伊遜及達珠瑚佐鑲黃旗。天聰元年，太宗伐朝鮮，克義州，留兵駐守，命達珠瑚分將之。旋復帥師伐瓦爾喀。師還，爲俘卒所賊。八年，以其子翁阿岱襲三等梅勒章京。太宗復遣將伐瓦爾喀，因誡之曰：「前遣達珠瑚，以疎見害。念其從事久，有勞，方令襲世職。汝曹未能如達珠瑚之功，儻不自愼，欲覬例外恩，不可得也。」順治間，追謚襄敏。

翁阿岱襲職爲甲喇章京。從伐虎爾哈，加半個前程。累遷都察院參政、正藍旗梅勒額眞。時方攻錦州急，命與梅勒額眞多積禮帥師屯戍，譏逋逃。崇德六年，從圍錦州，與明總督洪承疇戰，屢勝。尋進攻松山，力戰，沒於陣。賚白金千兩，進一等梅勒章京。無子，以弟之子濟木布襲。康熙間，降襲一等阿思哈尼哈番。乾隆元年，改一等男，世襲。

論曰：國之將興，必有熊羆之士，不二心之臣，致身事主，蹈死不反顧，乃能拓土破敵，弼成大業。揚古利負大將才略，功視額亦都、費英東伯仲間；勞薩、圖魯什驍勇冠軍，戰必將選鋒陷陣；若拜山三世効忠，西喇布、達音布、巴篤理等以死勤事，亦其亞也。觀太祖祈天之語，惓惓於舊將；太宗以達珠瑚爲戒，又以恭袞不從令，雖陣亡，猶付吏議。其申軍律，惜將材，恩威兼盡，開國基於是矣。

清史稿卷二百二十七

列傳十四

常書弟揚書　常書子察哈喇　孫葉璽　曾孫辰布祿　察哈喇子富喇克塔
揚書子達爾漢　達爾漢子鄂羅塞臣　康果禮弟喀克都哩　哈哈納
哈哈納弟綽和諾　綽和諾從子富喀禪　葉克書　葉克書子道喇
博爾晉子特錦　孫瑪沁　曾孫康喀喇　雅希禪子恭袞　訥爾特　拉篤渾
舒賽　舒賽子西蘭　西蘭子席特庫　景固勒岱　景固勒岱從弟崇阿
揚善弟伊遜　訥都祜　從弟武賴　冷格里子穆成格　冷格里弟納穆泰　從弟譚布
薩穆什喀弟雅賴　洪尼雅喀子武拉禪　洪尼雅喀弟薩蘇喀　阿山

常書，郭絡羅氏。與其弟揚書，同爲蘇克蘇滸河部沾河寨長。太祖起孤露，奮復祖父讎，歸罪尼堪外蘭，未遽訟言仇明也。明庇尼堪外蘭，宣言將築城甲班，使爲滿洲主。於是旁近諸部及太祖族人，皆欲害太祖，附尼堪外蘭。蘇克蘇滸河部薩爾滸城長諾米納有兄曰瓜喇，忤尼堪外蘭，尼堪外蘭譖於明，見詰治。諸米納與常書、揚書及同部嘉木湖寨長噶哈善哈思虎相爲謀曰：「與其倚此等人，何如附愛新覺羅寧古塔貝勒乎？」遂相率歸太祖。太祖椎牛祭天，將與盟，常書等言於太祖曰：「我等率先來歸，幸愛如手足，毋以編氓遇我！」乃盟。既而諾米納貳於尼堪外蘭，常書等請於太祖誘而殺之。

太祖以同母女弟妻揚書、噶哈善哈思虎，是歲癸未。明年正月，太祖從叔龍敦，搆太祖異母弟薩木占，邀噶哈善哈思虎殺諸途。太祖聞，大怒，欲收其骨；族昆弟皆與龍敦謀，不肯往。太祖率近侍數人行，太祖族叔稜敦尼之曰：「同族皆仇汝，否則汝女弟之夫何至見殺？宜勿往。」太祖勿聽，環甲躍馬，登城南橫巘，引弓疾馳。向城大呼曰：「有害我者速出！」聞者憚太祖英武，不敢出，遂收其骨以歸，移置室中，解所御冠履衣服以斂，厚葬之。遂帥師討薩木占及其黨訥申、萬濟漢等，爲噶哈善哈思虎復仇。

常書兄弟事太祖，分領其故部，爲牛彔額眞。旗制定，隸滿洲鑲黃旗，旋改隸鑲白旗。常書兄弟皆卒於太祖朝，揚書之喪，太祖親臨焉。常書子布哈圖、察哈喇，並爲牛彔額眞，改隸鑲白旗。布哈圖事迹無所表見。

察哈喇事太宗。各旗設調遣大臣，察哈喇與焉，佐正紅旗。天聰三年，從上伐明，取遵化，薄明都。四年二月，師還。命署固山額眞，與范文程率蒙古兵守遵化。四月，與武納格設謀，卽樵採地設伏敗敵，獲馬二百餘。明將合馬步軍四千攻大安口，復與武納格整兵奮擊，盡殲之。五月，明兵復灤州。貝勒阿敏等謀棄諸城，引兵出邊，令察哈喇棄遵化。會明兵已逼，察哈喇與鄂本兌等突圍出，全師以還。五年五月，偕總兵官冷格里、喀克篤禮伐明南海島，師次海濱，掠敵舟以渡，舟未足，駐師待之。明兵渡海來擊，牛彔額眞穆世屯戰死。察哈喇督兵力戰，別遣人沉其舟，敵還求舟不得，溺者大半。六年五月，上伐明，略歸化城，將渡河，與承政車爾格以兵五百爲前鋒，具舟濟師。十一月，與承政巴篤理使朝鮮，定職貢歲額。九年，從貝勒多鐸攻明錦州，與固山額眞阿山、甲喇額眞吳拜等以兵四百爲前鋒，渡大凌河，遇明兵三千，相向列陣。使告多鐸督諸軍繼至，明兵潰，察哈喇等分道追擊，俘馘無算。逾年，卒。

布哈圖有子曰葉璽，事太宗。崇德三年，從睿親王多爾袞伐明，自靑山口毀邊牆入，破薊遼總督吳阿衡軍。五年，從圍錦州。順治元年，從武英親王阿濟格西征。二年，破李自成兵於延安，移軍下江南，至安陸，獲敵艦四，復與護軍統領哈寧阿泛江擊賊，至富池口，水陸屢戰皆捷。三年四月，蘇尼特部騰機思等叛入喀爾喀，葉璽從多鐸等討之，追至布爾哈圖山，俘七人，降二十五戶。七月，師自圖拉河西行，至扎濟布拉克，遇喀爾喀土謝圖汗二子率兵二萬禦，戰，沒於陣。葉臣時官巴牙喇甲喇章京，事聞，贈巴牙喇纛章京，予世職拜他喇布勒哈番。

布哈圖有孫曰辰布祿，初任牛彔額眞，兼工部理事官。崇德三年，從多爾袞伐明，克陽信。順治三年，從定西大將軍和洛輝擊賀珍漢中，從肅親王豪格討張獻忠，皆有功，授拜他喇布勒哈番。十三年，從討鄭成功，敗其將陳六御等於舟山，進三等阿達哈哈番。十七年，卒。

察哈喇有子曰富喇克塔，任牛彔額眞、都察院理事官。崇德八年，遷工部參政。順治元年四月，授正藍旗滿洲梅勒額眞，旋擢本旗蒙古固山額眞。從睿親王多爾袞入關破李自成，追至慶都，授牛彔章京世職。從豫親王多鐸攻潼關，自成將劉宗敏據山爲陣，富喇克塔與都統拜音圖發礮擊之，潰。二年，從下江南，與馬喇希等爲前鋒，克揚州。三年，從貝勒博洛定浙江，克處州。略福建，與都統漢岱克分水關，趨泉州，下撫州及所領縣三。加半個前程。五年二月，坐事，解固山額眞。尋從征南大將軍譚泰討金聲桓，敗賊於九江，得戰艦百餘。與何洛會以偏師截餉道，得糧艘二百，遂攻南昌。聲桓及王得仁以兵七萬守隘，富喇克塔以舟二十爲前鋒，薄城力戰。明年，賊平。師還，卒於軍，進一等阿達哈哈番。

揚書有子曰達爾漢，太祖甥也。改隸鑲藍旗。初爲牛彔額眞。太祖妻以女，爲額駙。積戰功，授一等副將世職。太宗卽位，列八大臣，領鑲黃旗。從大貝勒代善伐扎魯特部，單騎逐敵，獲其台吉。復伐棟揆部，俘塔布囊古穆楚赫爾、杜喀爾、代青多爾濟三人及其子，進三等總兵官。天聰元年，從伐朝鮮，克義、定、安三州，斬其府尹李莞等。朝鮮國王李倧請行成，使與納穆泰等涖盟。師還，上賜宴勞之。復從伐明，攻錦州，有功。貝勒阿巴泰以賜宴不得與大貝勒同坐，屬達爾漢代奏，上使勸諭之。復宴，阿巴泰又以爲言，乃解達爾漢固山額眞示意，旋命復任。三年，從伐明，圍遵化，率所部攻城西迤北，克之。四年，蒙古敖漢、柰曼諸部兵攻昌黎，不克，命達爾漢與喀克篤禮等以兵千人往會攻，城未下，焚近郭廬舍而還。五年七月，從伐明，圍大凌河城，率所部攻城北迤東，浚壕築壘，與冷格里等環城固守。八月，城人以步騎五百出戰，達爾漢率八十人擊敗之。越日，敵復出挑戰，達爾漢督所部邀擊，明兵墮壕死者百餘人。

六年，從伐察哈爾，師次哈納崖。達爾漢從者盜馬，遁入察哈爾，告師至，林丹汗舉部西奔，驅歸化城富家渡黃河西遁。達爾漢坐降一等副將。七年，明將孔有德來降，達爾漢與篇古屯兵江岸守其舟。八年，復從伐察哈爾，遂略明邊，自上方堡毀邊牆入，經朔州，分兵至宣府右衛。是歲，命免功臣傜役，達爾漢與焉，並增牛彔人戶。九年，上遣諸貝勒伐明，略山西，命達爾漢及阿山等出屯，牽制明寧、錦諸道兵，使不得西援。道遇敵，擊敗之，斬明將劉應選。崇德元年五月，從武英郡王阿濟格伐明，攻順義，以所部先登，進一等總兵官。尋以順義復失，論罰。六年，從鄭親王濟爾哈朗等伐明，攻錦州，達爾漢坐濟爾哈朗召議禦敵不時至，嗾其僚爭功，罷固山額眞，奪世職。順治元年，卒。

達爾漢有子曰鄂羅塞臣，事太宗，官甲喇章京，領擺牙喇兵。天聰三年，從伐明，薄燕京，與哈寧阿共破明經略袁崇煥營。太宗嘉其善戰，授備禦。四年，署固山額眞。從貝勒阿巴泰等守永平，明兵自開平衞至，迎擊，敗之。五年，從伐明，圍大凌河城，屢敗城兵。八年，從貝勒薩哈廉略山西，明兵自崞縣至，鄂羅塞臣從第三隊先衆擊敵。累功，進二等阿達哈哈番。崇德元年，從伐朝鮮，與薩穆什喀等敗其援兵。二年，授議政大臣。三年十月，從豫親王多鐸伐明，侵寧遠、錦州。十一月，豫親王至中後所，將與鄭親王濟爾哈朗軍會。明總兵祖大壽兵來襲，甲喇額眞翁克等及從征土默特部兵先奔，鄂羅塞臣及哈寧阿等且戰且退，士卒有死傷者。論罰，奪世職。

六年三月，從睿親王多爾袞伐明，圍錦州。六月，復從鄭親王濟爾哈朗伐明，圍錦州，祖大壽以步兵出戰，左翼三旗騎兵避敵勿敢擊，鄂羅塞臣與同官阿桑喜率擺牙喇兵直前奮擊，大壽乃引去。肅親王豪格庇三旗之未戰者，睿親王多爾袞和之，使誡鄂羅塞臣毋言戰勝皆出擺牙喇兵，亦毋言戰時未見騎兵，功罪置勿論。明年，事聞，上令多爾袞出白金五百，豪格出白金千，畀鄂羅塞臣，進二等阿達哈哈番，擢梅勒額眞。八年，與參政巴都禮等定黑龍江。順治二年，從討李自成，克潼關，鄂羅塞臣先登。五年正月，命帥師駐滄州。十二月，從武英親王阿濟格討姜瓖。六年七月，擢正藍旗蒙古固山額眞。尋兼任刑部侍郎。

鄂羅塞臣，公主子，世臣，從征伐有功。兩遇恩詔，累進二等精奇尼哈番。七年，坐讞獄徇情，罷侍郎。八年，授都察院左都御史。尋命專任固山。十六年，與安南將軍明安達禮帥師駐荊州。鄭成功犯江寧，明安達禮、鄂羅塞臣以舟師赴援，成功敗走。十七年，還京，仍任都統。康熙三年，卒，贈太子太保，謚敏果。子勒貝，自有傳。

康果禮，先世居那木都魯，以地爲氏。歲庚戌，太祖命額亦都將千人，徇東海渥集部，降那木都魯、綏芬、寧古塔、尼馬察四路。康果禮時爲綏芬路屯長，與其弟喀克都里及他屯長明安圖巴顏、泰松阿、伊勒占、蘇爾休，明安圖巴顏子哈哈納、綽和諾，泰松阿子葉克書等，凡十九輩，率丁壯千餘來歸。太祖爲設宴，賚以金幣，分其衆爲六牛彔，以康果禮、喀克都里、伊勒占、蘇爾休、哈哈納、綽和諾世領牛彔額眞。

旋授康果禮三等總兵官。以貝勒穆爾哈齊女妻之，號「和碩額駙」。旗制定，隸滿洲正白旗。天命三年，從上伐明，取撫順，克撫安、三岔兒等十一堡，入鴉鶻關，破清河。六年，復從伐明，下瀋陽，樹雲梯先登，遂克其城。太宗卽位，列十六大臣，佐正白旗。尋擢擺牙喇纛章京。天聰元年，從貝勒阿敏伐朝鮮。三年，從上伐明，入洪山口，克遵化，薄明都。上駐軍德勝門外，明督師袁崇煥入援，壁於城東南。上命康果禮從諸貝勒擊之，諸貝勒逐敵迫壕，康果禮與甲喇章京郎球、漢岱等不及壕而返，並坐削爵，罰鍰，奪俘獲。五年，卒。

子六，色虎德，繼爲牛彔額眞；邁色，爲擺牙喇甲喇章京，從伐明，戰塔山，沒於陣；賴塔，自有傳。

喀克都里，與康果禮同隸滿洲正白旗。初授三等總兵官。太宗卽位，列八大臣，領正白旗。天聰元年，從伐朝鮮，有功。三年，上伐明，圍遵化，八固山環城而攻，分隅列陣。喀克都里所部兵薩木哈圖，樹雲梯先登，衆繼之，城遂拔。上嘉喀克都里造攻具如法，督兵先諸軍登城，親酌金巵奬勞，進二等總兵官，賜號噶思哈巴圖魯，言其勇敢善戰，疾如飛鳥也。

薩木哈圖亦賜「巴圖魯」號，授備禦世職。四年正月，上復伐明，克永平，明兵潰走昌黎。上遣敖漢、柰曼、巴林、扎魯特諸部兵攻之，命喀克都里與固山額眞達爾漢等將千人繼往爲助，守堅不能下，焚附城廬舍，引還。上旣錄遵化功，察薩木哈圖猛士，心愛惜之，戒喀克都里毋使更先登。及攻昌黎，薩木哈圖運木築柵，復樹雲梯欲登，聞上命罷攻，乃止。上以喀克都里不恤戰士，深詰責之。

五年五月，與固山額眞冷格里分率左右翼步、騎兵伐明，規取南海島，徵舟於朝鮮，不至，師次海濱，不能渡，引還。明兵邀戰，屢擊敗之，多所俘獲。八月，上復伐明，圍大淩河城，喀克都里率所部軍城東北，城人食盡，祖大壽以城降，引還。六年，從上伐察哈爾，與諸將分道並入，籍所俘人戶及帛、馬、牛、羊以獻，賜賚有差。七年，上詢諸貝勒大臣伐明及朝鮮、察哈爾宜何先，喀克都里言：「宜先伐明，以承天佑、協人情，且利在神速，攻其不備。」上嘉納之。

八年，喀克都里家人訐喀克都里將亡歸瓦爾喀，以財貨藏那木都魯故屯。上曰：「喀克都里安有此？果欲負朕，天必鑒之！」以訐者付喀克都里殺之。逾數月，喀克都里卒。其兄康果禮妻，故貝勒舒爾哈齊女，言喀克都里謀亡去事不誣，諸子坐此不得紹封。

哈哈納，亦那木都魯氏，明安圖巴顏子也。隸滿洲鑲紅旗。初與伊勒占、蘇爾休同授備禦。太祖妻以宗女。尋從伐烏喇，被數創，力戰敗敵。上命將所部出駐賽明吉，未至，其戍兵叛亡，守將瑪爾圖追弗及。哈哈納聞之，兼程疾進，斬三百餘級，收男婦五百餘以還。上賜以所得叛渠及鞍馬、弓矢。天命四年三月，明經略楊鎬部諸將四路來攻，上督諸貝勒出禦，破之，遂進克開原、鐵嶺。哈哈納皆在軍有功。六年，從攻遼陽，與博爾晉伺敵城下，敗其援兵；復分攻沙嶺城，破援兵自廣寧至者。太宗卽位，設各旗調遣大臣，以哈哈納佐鑲紅旗。天聰八年，帥師略錦州，進攻寧遠，明兵驟至，哈哈納馬殆，徒步益奮擊，卒破明兵。崇德元年，城海州，明兵來爭，哈哈納以所部首當敵，敵潰走。復援耀州，解其圍，逐敵，獲馬三十。崇德元年，從武英郡王阿濟格伐明，入長城，克昌平、涿州。創發，病廢，致仕。尋卒。

子費揚古，事聖祖。以佐領從軍，討吳三桂。師次荆州，戰宜昌，戰永興，皆捷；攻常寧、耒陽，先驅。累遷鑲紅旗漢軍副都統。卒。

綽和諾，亦隸鑲紅旗。其初歸太祖，別率所部百人偕，太祖賚予甚厚。從太祖征伐，臨陣衷綿甲，奮起直前，所向披靡。歲辛亥，從何和禮伐呼爾哈部，克扎庫塔城。天命四年，擊明總兵馬林尙間崖。六年，取瀋陽、遼陽，並有功，授游擊。帥師戍科木索、寧古塔。有就善者，戕守吏，率衆掠輜重亡去，綽和諾追及海濱，斬就善，並殲其黨，上命以所獲輜重犒之。太宗卽位，列十六大臣，佐鑲紅旗。天聰五年，從上伐明，圍大淩河城。明監軍道張春、總兵吳襄等率兵萬餘自錦州來援，綽和諾先衆迎擊，力戰，沒於陣。上厚恤其家，進世職一等參將。無子，其兄翁格尼襲，以新附呼爾哈百人益所轄牛彔。旋以翁格尼才不富喀禪初以擺牙喇壯達事太宗。大凌河之役，深入敵陣，綽和諾戰死，富喀禪亦被創墮馬，裹創步戰，搴敵纛；擺牙喇壯達瑤奎亦墮馬，富喀禪復前援，與俱歸。八年，攻大同，復被創，仍奮進克敵寨。是歲代其父爲牛彔額眞，襲職。崇德元年，從伐朝鮮。三年，授工部理事官，兼甲喇章京。從豫親王多鐸伐明，攻寧遠，敗敵中後所城西。

順治初，從入關擊李自成，加半個前程。三年，授西安駐防總管。自成餘黨劉文炳、郭君鎭等掠延安、慶陽。四年三月，富喀禪帥師討之，逐賊三水，斬君鎭；別遣游擊胡來覲、守備徐國崇等逐文炳至宜君藍莊溝，獲之，俘斬其黨略盡。

五年，回民米喇印、丁國棟等陷河州爲亂，富喀禪與總督孟喬芳遣兵攻討，諸回皆受撫，而喇印復叛，陷甘州。富喀禪帥師進攻，深溝高壘相持，賊出城來犯，戰輒勝，並殲其樵採者。城既下，馘喇印。國棟又與纏回土倫泰等陷肅州，遣副將馬寧、張勇討平之。

六年，姜瓖以大同叛，旁近郡縣皆陷。富喀禪遣諸將根特、杜敏赴援，戰猗氏，獲瓖所署監軍道衞登方；戰合水，斬瓖將劉宏才。論功，遇恩詔，累進一等阿思哈尼哈番。聖祖卽位，改西安駐防總管爲將軍，富喀禪任事如故。時自成餘黨李來亨、郝搖旗、袁宗第等屯歸州、興山間。康熙二年，上遣將往討，命富喀禪與總督李國英、副都統杜敏等會師，戰於陳家坡，賊潰遁，進至黃草坡，復大敗之，進三等精奇尼哈番。五年，卒。子穆成額，自有傳。

葉克書，輝和氏，尼瑪察部長泰松阿子也。歸太祖，授牛彔額眞，隸滿洲正紅旗。天命六年，從伐明，攻遼陽，敵背城而陣，葉克書衝鋒突擊；攻沙嶺，先衆殺敵。累功授三等副將。太宗卽位，列十六大臣，佐正紅旗。天聰五年，授兵部承政。六年，授固山額眞。八年八月，從貝勒代善伐明，入得勝堡；略大同，下諸城堡，西至黃河，合軍朔州。十一月，考滿，進二等副將世職。九年，貝勒多爾袞伐明，自大同入邊，分兵授葉克書，從貝勒多鐸屯寧遠、錦州間，綴明援師，斬明將劉應選，俘其偏裨。

崇德元年，從武英郡王阿濟格伐明，自延慶入邊，克十二城。師還，坐所部失伍及攘獲、擅殺諸罪，罷官，削世職，仍領牛彔。二年正月，太宗伐朝鮮，命從承政尼堪等帥師伐瓦爾喀，師出會寧，擊敗朝鮮兵。十一月，從參政星訥伐卦爾察，至黑龍江，俘獲甚衆。三年，師還，上特遣大臣迎勞。尋授兵部右參政。四年七月，授梅勒額眞。十一月，從承政索海等帥師伐索倫。五年四月，復任固山額眞。七月，授牛彔章京世職。

復從睿親王多爾袞伐明，圍錦州，與固山額眞圖爾格率所部三百人爲伏城西南烏欣河，捕城人出牧者。敵兵千餘逆戰，葉克書馬中矢蹶，圖爾格馳救之，上馬復戰，殺敵。比還，敵潛躡其後，葉克書收兵還擊，敵潰。以功進三等甲喇章京。六年九月，從貝勒杜度伐明，圍錦州，與固山額眞譚泰、阿山等鑿壕環守，擊明總督洪承疇於松山。十一月，從貝勒阿巴泰等伐明，師至黃崖口，葉克書與譚泰定策分兩道夾擊，入邊薄長城，麾軍先登；攻薊州，敗明總兵白騰蛟、白廣恩諸軍。尋遣兵攻孟家臺，陷敵，坐罷官，奪世職。

順治元年三月，世祖復命爲梅勒額眞，帥師駐寧遠。四月，率步兵從入關擊李自成，身被三十一創，毀一目，戰彌厲，大破賊軍。二年，從肅親王豪格略山東，賊渠十餘輩據滿家洞，憑險爲巢，凡二百五十一窟，葉克書與尚書車爾格合兵搜剿，殲其渠，悉堙諸窟。以功累進二等阿達哈哈番。三年，授鎭守盛京總管，恩詔進三等阿思哈尼哈番。十四年，坐昭陵總管鍾柰有罪，失不劾，罷官，奪世職。十五年，卒。子道喇。

道喇以擺牙喇兵從征伐，積功至擺牙喇甲喇章京。崇德三年，從伐明。五年，圍錦州，戰松山、杏山，皆有功。順治元年，調噶布什賢甲喇章京。睿親王多爾衮與李自成戰於一片石，從噶喇昂邦鄂碩當自成將唐通，通大敗。入關逐賊，戰安肅、慶都，乘勝躡擊，斬馘甚衆。尋從固山額眞葉臣略山西，至汾州，敗自成將白輝。授牛彔章京世職。三年，從順承郡王勒克德渾攻荊州，擊走李錦。五年，從大將軍譚泰下江西，討金聲桓，五敗賊，獲所署總兵以下。九年，擢正紅旗梅勒額眞。十年，從靖南將軍哈哈木復潮州，討郝尙久。旋帥師駐荊州。十四年，授本旗蒙古固山額眞。十六年，從信郡王多尼平雲南，攻元江土司，克其城。累功，並遇恩詔，進一等阿達哈哈番。

康熙初，以老乞致仕，徙居盛京。十二年，聖祖加恩諸老臣，加太子少傅。二十一年，幸盛京，召見賜坐，侍茶酒，優賚。二十二年九月，卒，年八十一，謚勤襄。以弟之孫伊濟納襲職。葉克書次子夏穆善，第三子瑚葉，皆有戰功，授世職：夏穆善二等阿達哈哈番，瑚葉三等阿達哈哈番。

博爾晉，世居完顏，以地爲氏。太祖初起兵，有挾丁口來歸者，籍爲牛彔，卽使爲牛彔額眞，領其衆。順治間，定官名皆漢語，謂之「世管佐領」。博爾晉領牛彔，隸滿洲鑲紅旗，尋授侍衞。歲癸巳，太祖侵哈達，略富爾佳齊寨，博爾晉與族弟西喇布從。西喇布被二矢死，博爾晉拔其矢還射，殪發矢者西忒庫，爲西喇布報仇。

天命六年，授扎爾固齊。城薩爾滸，命博爾晉董其役。役竟，從伐明，攻瀋陽，擊敗明總兵賀世賢、陳策。瀋陽下，進攻遼陽，明總兵李懷信、侯世祿、蔡國柱、姜弼、董仲葵合軍五萬，屯城東南五里，左翼四旗與戰，大破之。城兵自西門出援，博爾晉方奉命詗敵，傍城行，遂合兩紅旗兵邀擊，明兵敗，入城爭門，相蹂踐死者枕籍。會左翼四旗兵已登陴，博爾晉麾衆畢登，遼陽亦下。復分兵拔沙嶺，擊敗明廣寧援軍。八年，與達音布、雅希禪帥師伐扎魯特部，其貝勒昂安突走，達音布戰死，博爾晉與雅希禪奮進，斬昂安，俘其孥。師還，上優賚之。十年，擢梅勒額眞。將兵二千伐東海虎爾哈部，收五百戶以歸，上郊迎宴勞。太宗卽位，列八大臣，領鑲紅旗，兼侍衞如故。天聰元年正月，從伐朝鮮。五月，上自將圍錦州，屯城西二里。博爾晉自瀋陽帥師至，敗明兵，追至寧遠城下盡殲之。敍先後戰功，授一等副將。旋卒。以失敕書，子孫不得襲。康熙三年，其子特錦疏請立碑紀績，部議無左證，持不可，聖祖以博爾晉事太祖，勤勞夙著，特詔許之，並追謚忠直。特錦及博爾晉孫瑪沁、曾孫康喀喇，皆有戰績。

特錦，博爾晉第四子也。初任牛彔額眞。天聰八年，授牛彔章京世職。崇德五年，從鄭親王濟爾哈朗帥師屯田義州。蒙古多羅特部蘇班代等降明，居杏山西五里台，使通款，上命鄭親王移師迎護。明總兵祖大壽、吳三桂、劉周智屯杏山拒戰，特錦以偏師擊敗之。六年，從伐明，圍松山，攻寧遠，皆力戰敗敵。

順治初，從入關，逐李自成至慶都，與梅勒額眞和託合軍大敗之，進三等甲喇章京，任兵部理事官。考滿，進二等甲喇章京。三年，從肅親王豪格下四川，討張獻忠，戰三水，敗其將胡敬德；復戰禮縣，敗其將高汝礪。獻忠死西充，餘賊負山，將斷我兵後，特錦擊之走；又戰馬湖，破其將楊正。六年，從討姜瓖，略壽陽，賊犯兩藍旗分地，徇汾州，賊七千夜擊兩紅旗軍壘，特錦連擊敗之。平遼、遼州、榆社以次悉平。

七年，擢兵部侍郎，兼鑲紅旗蒙古梅勒額眞，進三等阿思哈尼哈番。十二年，擢本旗蒙古固山額眞、議政大臣。十五年，從信郡王多尼征貴州、雲南，進二等。十八年，轉本旗滿洲都統。康熙十一年，卒，諡襄壯。

瑪沁，博爾晉孫。父本託輝，博爾晉長子。官牛彔額眞，兼都察院理事官。崇德三年，以擺牙喇甲喇章京從貝勒岳託伐明，自牆子嶺入邊，明薊遼總督吳阿衡以馬步兵六千來援，瑪沁與勞薩等率兵擊敗之，獲其馬及砲。六年，從圍錦州，敗敵於松山。順治初，從入關，破流賊，授牛彔章京世職。五年，擢鑲紅旗蒙古副都統。七年，恩詔加半個前程。尋從鄭親王濟爾哈朗征湖廣，至衡州，疾，卒。無子，以兄子康喀喇襲。

康喀喇，博爾晉曾孫。初爲二等侍衞。順治四年，蘇尼特部騰機思與其弟騰機特叛，康喀喇從豫親王多鐸帥師往討，大破之，陣斬騰機特。進二等阿達哈哈番。十五年，從寧南大將軍洛託征貴州。康熙十年，遷護軍參領。十二年，吳三桂反，順承郡王勒爾錦帥師討之，康喀喇將護軍從。十三年，攻岳州，戰荆河口，戰城陵磯，破三桂將吳應麒。十六年，攻長沙，復茶陵，戰攸縣，破三桂將王輝。十七年，取耒陽，下常寧、新寧諸縣，又克郴州，康喀喇皆在行間。二十五年，授鑲紅旗滿洲副都統。二十九年，從裕親王福全征噶爾丹。三十年，卒。

雅希禪，先世居馬佳，以地爲氏。父尼瑪禪，當太祖兵初起，從其兄赫東額率五十餘戶來歸，任牛彔額眞。雅希禪事太祖，積戰功，授備禦，爲扎爾固齊。天命四年，蒙古喀爾喀五部遣使請盟，太祖命額克星格、綽護爾、雅希禪、庫爾纏、希福往涖。是歲，從上禦明師，戰於界凡，雅希禪先衆克敵，復擊明總兵馬林於尙間崖，破其中堅，以功進二等參將。七年，從上克遼陽，進三等副將。及沙嶺之戰，爲敵所創，戰敗，降一等參將。八年，從貝勒阿巴泰等伐扎魯特部，與達音布、博爾晉率兵逼貝勒昂安寨，昂安以其孥行，達音布戰死，雅希禪與博爾晉共擊殺昂安。尋卒。順治十二年，世祖追錄太祖、太宗諸將，賜謚勤碑，雅希禪謚敏果。子三：恭袞、訥爾特、拉篤渾。

恭袞襲職，坐事，析世職爲二備禦，與其弟訥爾特分襲。崇德三年，授刑部副理事官。四年，從伐索倫，陣沒。部議恭袞不從軍令，乃爲敵所戕，當奪世職，籍家產三之一，上念其父雅希禪有功，特貰之。

訥爾特，初從太宗伐明，敗敵小凌河。復自大同入邊，選善射者使訥爾特將之，攻克小石城。既，襲備禦。復從圍錦州，屢敗敵松山、杏山。崇德七年，授刑部參政，兼梅勒額眞。師方攻松山，松山明兵夜遁，訥爾特與擺牙喇纛章京鰲拜，馳塔山南海濱，先敵至，蓐食以待。夜擊明兵，達旦，明兵據山巔，訥爾特率所部冒矢石仰攻，明兵敗走，乘勝逐之，明兵入水死者甚衆。八年，從伐明，初入邊，擊敗明守將。師渡渾河，方築梁，明兵千餘赴撓之，訥爾特擊之走。復敗明援兵於三河，進略山東，克武定。師還，將出邊，明將以步兵追躡，謀劫砲，訥爾特與固山額眞準塔還擊，破之，賜白金五百。九月，復從鄭親王濟爾哈朗伐明，攻寧遠，明總兵吳三桂出拒，訥爾特力戰，陣沒，贈游擊。

拉篤渾從父兄在軍，戰比有功。恭袞戰死，襲備禦。崇德六年，從伐明，圍錦州，陣沒，加半個前程。

舒賽，世居薩克達，以地爲氏。歸太祖，隸滿洲鑲藍旗。天命四年，從太祖禦明師，與雅希禪等攻馬林於尙間崖，以功授備禦。尋從伐瓦爾喀，俘獲甚衆，進二等參將。太宗卽位，列十六大臣，佐鑲藍旗。天聰元年，從伐朝鮮，師還，命與固山額眞阿山等帥師戍義州。八年，上自將伐明，鄭親王濟爾哈朗居守，舒賽與梅勒額眞蒙阿圖等副之。舒賽善戰，攻城輒被棉甲先登，太祖嘉其勇，又慮其輕進，溫諭誡止之。舒賽益感奮，先後克十六城。太宗特敕旌其功，進三等梅勒章京。崇德六年十月，卒。順治十二年，追謚壯敏。

子西蘭，初任牛彔章京，授備禦世職。順治元年，以擺牙喇甲喇章京從豫親王多鐸討李自成，攻潼關，三戰皆勝。二年，從貝勒博洛定江南，下松江，徇福建，克平和。論功，遇恩詔，進三等阿達哈哈番。七年，卒。

西蘭子席特庫，崇德六年，襲大父舒賽世職三等梅勒章京。八年，授甲喇額眞。從伐明，攻前屯衞，以砲克城，斬明總兵李輔明。順治初，從入關，進略山西，佐固山額眞葉臣等克太原。二年，從英親王阿濟格徇陝西，敗賊延安。自成走湖廣，躡擊至安陸，與鰲拜等屢破敵，進二等梅勒章京。四年，改二等阿思哈尼哈番。五年四月，卒。乾隆間，定封二等男。

景固勒岱，扎庫塔氏。初居呼爾哈部，烏喇招之，不往。太祖遣將伐東海渥集部，景固勒岱徒步從軍，攻取烏爾固宸路，俘馘甚衆。尋挈孥及諸兄弟率所屬三十戶來歸，隸滿洲正白旗，任牛彔額眞。天命三年，從上伐明，入鴉鶻關，攻克清河城，擢甲喇額眞，仍兼領牛彔。上規取遼、瀋，景固勒岱並在軍有功。天聰八年五月，授世職二等甲喇章京。十二月，命與甲喇額眞吳巴海率兵四千伐瓦爾喀部，降其屯長芬達里及所屬五百餘戶，俘阿庫里尼滿部千餘人，獲貂、虎、狐、貉、猞猁猻、獺、青鼠諸毛毳之屬。九年六月，師還，上令禮部諸臣宴勞，以所獲分賚將士，進世職一等甲喇章京。崇德二年，從武英郡王阿濟格攻明皮島，克之，賚裘服、鞍、馬、銀、布、駝、牛諸物。順治初，恩詔，累進二等阿思哈尼哈番。十一年八月，卒，謚忠直。

從弟崇阿，任牛彔額眞。天聰八年，從伐明，徇大同，略回雁堡。崇德元年，從伐朝鮮，敗敵桃山村。六年，從伐明，圍錦州，入其郛，巷戰。七年，從伐明，敗敵渾河之濱，入山東，至壽光。順治初，從入關。二年，從下浙江，拔湖州，進取福建，敗敵福寧。五年，從討金聲桓，敗王得仁於南昌。從討李成棟，破其軍。六年，戰南康，圍信豐，蹙成棟赴水死。累功，遇恩詔，進一等阿達哈哈番。十八年，卒。

揚善，瓜爾佳氏，費英東弟音達戶齊之子也。費英東諸弟：音達戶齊、吳爾漢、郎格、衞齊，皆事太祖，隸鑲黃旗；而音達戶齊諸子：揚善、伊遜、鍾金、吉賽、納都祜、吉遜，改隸鑲白旗。

揚善亦逮事太祖，授備禦。太宗卽位，旗設調遣大臣二，揚善佐鑲黃旗，尋授巴牙喇纛章京。天聰三年，從伐明，受上方略，衝鋒攻堅，所至有功。五年，攻大凌河，與明監軍道張春戰，冒矢石陷陣，胸腕皆被創，進游擊，擢內大臣。六年，從伐察哈爾，林丹汗旣遁，其部衆有遁入明境沙河堡者，使揚善齎書索以歸。崇德二年，略大同，蒙古有被掠者，悉取以還，授議政大臣。

順治初，肅親王豪格得罪，都統何洛會誣告揚善及其子羅碩諂附豪格爲亂。羅碩能通滿、漢、蒙古文字，太宗召直文館，授內國史院學士、噶布什賢章京，兼刑部理事官。至是，父子俱棄市。世祖親政，誅何洛會，復揚善世職，以其孫霍羅襲。

伊遜，音達戶齊第三子。太宗卽位，列十六大臣，佐鑲黃旗。天聰三年，從伐明，攻遵化，伊遜先登，中砲傷臂，太宗親臨視，授游擊，尋遷兵部承政。七年，偕英俄爾岱使朝鮮，定互市約。崇德二年，坐事，罷。三年，復爲兵部承政。四年，命與工部承政薩穆什喀等伐虎爾哈部，分兵循喇里闌，下兀庫爾城，設伏鐸陳城，敗敵，斬七十級。師還，坐爲博穆博果爾所襲，亡輜重、士卒，論罰。八年，卒。順治十二年，追謚襄壯，建碑紀績。子噶達渾，孫沙爾布，相繼襲職。

納都祜，音達戶齊第八子。順治初，任護軍參領。從入關，破李自成，克潼關，定西安。移師下江南，追明福王至蕪湖。並有俘馘，授半個前程。三年，從討騰機思，土謝圖汗、碩羅汗拒戰，皆擊敗之。五年，從討金聲桓，有功。八年，擢正白旗梅勒額眞，改副都御史，進拜他喇布勒哈番。又以伊遜無嗣，納都祜當併襲，復遇恩詔，覈改一等阿思哈尼哈番兼拖沙喇哈番。十四年，都察院請更定世職襲次，上疑其徇私，坐罷官。十七年，卒。無子，以鍾金孫貴欽、吉賽子盧柏赫分襲。

武賴，吳爾漢子也。隸滿洲鑲黃旗。天聰四年，與布爾堪等將精兵百人略明邊，渡大凌河，馳斬俘獲甚衆。八年，任甲喇額眞。九年，擢固山額眞，領正藍旗。崇德元年七月，從武英郡王阿濟格伐明，明遵化三屯營守備率衆來窺伺，盡殲之。師還，坐出邊不收後隊，誑言阿濟格逼脅，臨陣敗走，罰白金四百。十二月，上自將伐朝鮮，武賴從，與豫親王多鐸共擊敗諸道援兵。復與固山額眞譚泰等率阿禮哈超哈兵攻漢城，樹雲梯以登，守陴者奔竄，盡收其輜重牲畜以歸。三年，從貝勒岳託伐明，至山東，擊敗明內官馮永盛、總兵侯永祿等，經董家口，敵兵千餘，依山爲陣，武賴與戰屢捷，犁其壘。明將復率兵要我軍輜重，武賴與準塔擊破之，遂乘勝行略地。以功，授牛彔章京。五年，從睿親王多爾袞伐明，刈禾錦州，明兵出拒，武賴追擊，迫使入城，遂略松山。八年，從貝勒阿巴泰伐明，至渾河，擊敗明兵。師還，經密雲，明兵以火器斷歸路，武賴與固山額眞鰲拜奮勇馳突，明兵潰走；度塞，復敗敵，整軍出邊。以功加半個前程。順治初，入關破李自成，三詔，進至一等阿思哈尼哈番。以老乞休。尋卒，謚康毅，建碑紀績。

衞齊子鰲拜，郎格孫席卜臣，皆別有傳。

冷格里，舒穆祿氏，滿洲正黃旗人，揚古利弟也。少事太祖，從征伐。敍功，自備禦累進一等副將。明將毛文龍分兵自朝鮮義州城西渡鴨綠江，入海島中，闢田以耕。天命九年秋八月，上命冷格里將左翼兵、吳善將右翼兵襲擊之。道得諜，知明兵晝渡江稧於島，夜還屯江岸。冷格里夜引兵自山蹊潛行，平旦，度明兵已渡江，卽疾馳，揭支流以濟。入島，明將卒皆驚，奔潰，追斬五百餘級，餘衆爭舟，多墮水死，焚島中積聚而還。

太宗卽位，以其弟納穆泰爲八大臣領本旗，而冷格里列十六大臣佐之。蒙古扎魯特部貳於明，大貝勒代善等帥師討之，冷格里及甲喇額眞阿山將六百人爲前鋒，略喀爾喀巴林部，逐守卒，縱火燎原，張軍勢，轉戰而前，獲扎魯特部貝勒巴克等十四人，俘二百七十一，掠駝、馬、牛、羊三千九百四十有二。師還，上率諸貝勒大臣迎勞，進三等總兵官。

天聰元年，從貝勒阿敏等伐朝鮮，夜引兵八十人襲明邊，一夕入六堠，盡俘其堠卒，遂襲義州，克之。論功，進一等總兵官。三年二月，明兵自海島移屯朝鮮鐵山，冷格里率精兵攻之，多所斬馘。九月，從揚古利率兵逐逃人雅爾古，遇毛文龍部卒以採蔘至者，俘數十人以還。四年，納穆泰以棄灤州黜，擢冷格里爲八大臣，領本旗。五年五月，與喀克篤禮分將左右翼兵伐南海島，有功。八月，太宗伐明，冷格里從，圍大凌河城，冷格里以所部軍於城西北。

上招明總兵祖大壽降，大壽未決，先使裨將韓棟出謁，出冷格里所守門。冷格里令軍士戎服執戟，立營門內外，示棟軍容。棟旣謁上還，將入城，冷格里呵使止門外，問姓名，審形貌，然後令入。棟具以語大壽，大壽怵我軍嚴整，乃決降。

七年六月，從貝勒岳託等將右翼兵伐明，取旅順，師還，上迎勞如初。是年冬，冷格里有疾，十二月，上親至其第視疾。八年正月，卒。上臨其喪，哭之慟，駕還，設幄於丹墀，坐而歎息，漏下二鼓始入宮。明年，上行幸，道經其墓，下馬酹而哭之。順治十二年，追謚武襄。

子穆成格。天聰四年，從伐明，克永平四城。薄明都，明侍郎劉之綸率兵出禦，戰敗，所將兵盡殲，之綸匿石巖下，穆成格射殺之。八年，襲一等總兵官，尋改一等昂邦章京。官至刑部左參政。卒，子穆赫林，襲。順治初，改一等精奇尼哈番。恩詔，累進一等伯。康熙中，其孫吉當阿襲，復爲一等精奇尼哈番。乾隆間，定封一等子。

納穆泰，揚古利幼弟，其母襁負來歸者也。少從太祖征伐。太宗卽位，擢爲八大臣，領本旗，以篤義貝勒巴雅喇子拜音圖及其兄冷格里爲十六大臣佐之。天聰元年，從伐朝鮮。三年冬，從伐明，攻遵化，率所部軍其城西北。四年春，復克永平，降遷安，下灤州，是爲永平四城。師還，命貝勒阿敏督諸將戍守，納穆泰與圖爾格、庫爾纏、高鴻中率正黃、正紅、鑲白三旗分守灤州。

明經略孫承宗銳意復四城，四月，遣兵攻灤州，不能克而退。五月，監軍道張春、監紀官邱禾嘉，總兵祖大壽、馬世龍、楊紹基，副將祖大樂、祖可法、張弘謨、劉天祿、曹恭誠、孟㟲悉衆來攻，納穆泰與圖爾格分門而守，矢石競發，出精銳繞城搏戰，驅敵出壕外。敵復突至，攻納穆泰所守門，焚城樓，或執纛緣雲梯先登，我兵阿玉什斬之，奪其纛，敵稍卻，求援於阿敏。阿敏守永平，使巴篤禮以數百人往，夜突圍入城。敵以砲攻，我兵不能禦，守四日夜，棄城奔永平就阿敏。阿敏旋引師還，永平四城復入於明。納穆泰坐論死，上命宥之，奪官，籍其家。

五年，將兵入明邊逐逋，斬六人，執九人以歸。明寧遠人張士粹來降，詭言明築大凌河城，使納穆泰與圖爾格將千人往詗之，還言士粹等言妄，悉誅之。尋擢兵部承政，授游擊世職。復與圖爾格略錦州、松山。八年，改官制，授固山額眞、三等甲喇章京。秋，從上伐明，自上方堡入，八月，克靈丘縣王家莊，先登有功。九年二月，命貝勒多爾袞將萬人，收察哈爾林丹汗子額爾克孔果爾額哲，納穆泰將右翼，圖爾格將左翼。師還，入明境，自平魯衞略代州，至崞縣出邊，納穆泰、圖爾格以兵千人殿。明總兵祖大壽率馬步兵三千人追至，圖爾格奮擊破之；潰兵合馬步五百餘據臺爲陣，納穆泰麾兵圍攻，盡殲其衆，獲人畜七萬六千二百。敍功，加三等梅勒章京。十月，卒。上欲臨其喪，諸貝勒諫止，賜御服以斂。順治四年，改世職三等阿思哈尼哈番。三傳，降襲。揚古利從弟譚泰，自有傳。

譚泰弟譚布，天聰初，爲巴牙喇甲喇章京。五年，從伐明，圍大凌河城，城人出樵採，率先邀擊，斬三人，俘二人，復與希福等擊敗明援兵自錦州至者。崇德三年，授議政大臣。四年十一月，與薩穆什喀、索海等伐索倫部，取道虎爾哈部，攻雅克薩城，得丁壯三百餘。索倫部長博穆博果爾迎戰，擊卻之，護所俘以歸。授牛彔章京，賜貂皮及人戶。五年，擢十六大臣。時我兵屯田義州，譚布及覺善率兵爲衞，明兵驟至，殘屯丁，論罰如例。六年，伐明，圍錦州。明總兵祖大壽以步卒出戰，譚布衝堅力戰，復敗其騎卒，斬材官一以徇。明總督洪承疇來援，譚布從其兄譚泰迎戰，敵騎至，譚布屢奮戰挫敵。以功，加半個前程。祖大壽旣降，上命諸大臣與較射，賞諸中侯者，譚布賜駝一。八年正月，復與覺善戍錦州。九月，從鄭親王濟爾哈朗伐明，略寧遠。

順治元年，從入關，擊李自成，追至慶都，進二等甲喇章京。二年，從饒餘郡王阿巴泰鎭山東，與準塔徇徐州，擊敗明軍，得舟五百餘、砲五十有七。時豫親王多鐸下江南，自泗州渡河趨揚州，而明總兵劉澤清、總漕田仰猶保淮安，譚布與準塔師至淸江浦，澤淸、仰皆走，遂定淮安，下如皐、通州，撫輯附近諸州縣。進一等甲喇章京，加半個前程。三年，從肅親王豪格擊張獻忠。

六年，從端重親王博洛討姜瓖，圍大同。瓖潛結援賊倚北山綴我軍，而自糾衆出城爲夾擊。譚布與鰲拜、車爾布等先破賊援，還擊瓖，迫使入城，斬殪甚衆；又分兵徇太原、平陽、汾州。論功，遇恩詔，累進一等阿思哈尼哈番。八年三月，授工部尚書。是年八月，譚泰誅，詔兄弟毋連坐。尋罷尚書，復爲三等阿思哈尼哈番。康熙四年，卒。

薩穆什喀，佟佳氏，扈爾漢第三弟也。隸滿洲正白旗。少從太祖轉戰，積功授游擊。嘗以十二人逐敵山麓，斬百人，獲五十三人，馬、牛、羊千計。太宗卽位，列十六大臣，佐鑲白旗。

天聰四年，從伐明，攻灤州。七年，復從貝勒岳託等伐明，規取旅順。時師自陸行，皆乘馬，薩穆什喀曰：「師潛進，安用乘馬爲？」乃率衆舍馬徒行。至水次，岳託勉薩穆什喀努力，薩穆什喀對曰：「如貝勒言。此城誓必下，不空歸也！」遂與白奇超哈章京巴奇蘭以舟先，身被百創，戰益厲，遂破旅順。師還，太宗郊勞，親酌金巵以賜，進一等參將。八年，授甲喇額眞。從貝勒杜蘭戍海州。十二月，命副巴奇蘭伐黑龍江虎爾哈部，降其衆，取其地。九年四月，師還。加三等梅勒章京，授白奇超哈章京。

崇德元年，從武英郡王阿濟格等伐明，入長城，與額駙蘇納帥師攻容城，先登，克之。三年，授議政大臣。復從武英郡王阿濟格攻皮島，督擺牙喇兵渡江，先至岸，與固山額眞阿山、葉臣等共攻克之，斬其守將沈世魁，進二等。七月，授工部承政。

四年，與刑部承政索海分將左右翼伐索倫部，部人達爾布尼、阿哈木都戶、白庫都、漢必爾代據厄庫爾城拒我師，薩穆什喀合左右翼攻克之。進攻鐸陳，未下，牛彔額眞薩必圖等引兵助攻，鐸陳、阿撒津二城兵潛出邀戰，薩穆什喀設伏敗之，斬七十人。五年，師還，上郊勞賜宴。吏議薩穆什喀伐索倫，得三屯，復叛，其長博穆博果爾掠正藍旗輜重，坐視不救，當削職、籍沒，上命削職，貰籍沒。薩穆什喀陳辯：「博穆博果爾掠輜重，率兵追擊里許，乃與右翼索海等兵遇，索海等攘功。」上命王、貝勒、議政大臣勘覈，以薩穆什喀言妄，論死，上特宥之。復追論戍海州時備不嚴，屯丁爲敵殺，論罰鍰。

七年，從伐明，攻錦州，敵犯塞，薩穆什喀力戰，敵三至三卻。錦州下，復授世職牛彔章京。八年，卒。子羅什，襲職。

雅賴，扈爾漢第七弟也。事太祖，從伐烏喇，略地朝鮮，數被創。從攻遼東，破蒙古兵。從伐察哈爾，先登殺敵。天聰三年五月，與甲喇額眞羅壁等將千人略明新城路，遇毛文龍舊部采參者，斬六十人，毀其舟。九月，從揚古利逐逃人雅爾古，復遇文龍部衆，殺九千六百餘人，獲千總三及從者十六。十一月，太宗伐明，薄明都，袁崇煥來援，攻擺牙喇兵，城兵出應，雅賴力戰卻之。五年，從攻大凌河，屢勝。嘗單騎入敵陣，出戰死者尸。七年，取旅順口，與薩穆什喀同舟先濟，敵據岸列陣以拒。雅賴超躍登岸，大呼曰：「雅賴先登矣！」遂入敵陣。黎明，與敵戰，入城被創，戰益奮，我兵或少卻，輒手刃之。城下，授世職備禦。崇德二年，授議政大臣。八年，加半個前程。順治初，從入關，擊李自成。二年，從破自成兵潼關，定河南、江南。論功，遇恩詔，進一等阿思哈尼哈番兼拖沙喇哈番。八年三月，擢戶部尙書。四月，坐駐防河間，牛彔額眞碩爾對訐告發餉不均，罷，並削拖沙喇哈番。康熙三年，卒。乾隆初，定封三等男。

洪尼雅喀，吳扎庫氏，世居噶哈里。太祖初起時，扈倫諸部方强，烏喇尤橫肆，聞洪尼雅喀以材武豪於所部，劫其孥，迫使歸附。洪尼雅喀旣偕往，念烏喇貝勒不足事，中途棄走，與弟薩蘇喀、薩穆唐阿率其族四十人歸太祖。授牛彔額眞，俾領其衆，隸滿州鑲紅旗。天命三年，從伐明有功，擢甲喇額眞。天聰二年，太宗自將伐明，攻錦州。師薄城，洪尼雅喀先登，毀其堞，墜傷足，敵迫之，將執而縶焉，季弟薩穆唐阿以壯達從軍，馳護鬬死，洪尼雅喀乃免。八年五月，授世職三等甲喇章京。尋卒。子武拉禪。

武拉禪襲世職。順治元年，授擺牙喇甲喇額眞。十月，從豫親王多鐸西討李自成。十二月，至潼關，甫立營，賊掩至，擊却之。二年，從端重親王博洛下浙江，趨平湖，敗敵，獲戰艦。進略杭州，馬士英、方國安擁衆來攻，武拉禪與戰於赭山、於朱橋、於范村，屢勝。四年，授鑲紅旗蒙古梅勒額眞。五年正月，增設滄州、大名駐防，命武拉禪以梅勒額眞駐大名。金聲桓爲亂，從征南大將軍譚泰攻南昌，五合五勝。聲桓以步騎七萬拒戰，率本旗兵合擊，大破之。聲桓既死，剿餘寇於袁州，擊敗明將朱翊鑀，定府一、縣二。

六年七月，有趙鳳岡者，爲亂於畿南，武拉禪討之，斬鳳岡，殲其衆千人；別遣甲喇額眞哈其哈等擊賊寶山村，獲其渠田東樓、楊牌子。七年五月，授刑部侍郎。敍功，遇恩詔，世職屢進，尋定爲二等阿思哈尼哈番。十二年，從寧海大將軍宜爾德攻舟山，明將陳六御等以三萬人拒戰，武拉禪督纛奮擊。以功，進一等阿思哈尼哈番。復以恩詔，加拖沙喇哈番。十六年，領侍衞內大臣額爾克戴青家奴毆侍衞阿拉那於市，武拉禪勘獄，反罪阿拉那，坐枉抑，削所加拖沙喇哈番。十七年，以病免。康熙六年十月，卒。

薩蘇喀，洪尼雅喀仲弟也。事太祖，授擺牙喇甲喇額眞。天命七年，從太祖伐明，攻廣寧，戰於沙嶺。我師有都爾根者，馬蹶，敵騎三共取之，兩刃交下，薩蘇喀馳入敵陣，躍馬大呼，斬一人，排一人撲地，遂翼之出，無敢逼者。天聰三年，從太宗伐明，薄明都，薩蘇喀爲前驅偵敵。五年，師圍大凌河城，城兵突出，薩蘇喀率兵追擊，及壕而返；城兵尋復出，又擊敗之。八年二月，略明前屯衞，從噶布什賢噶喇昂邦勞薩擊敗寧遠兵，獲馬二十有二。

六月，師至大同，以三十人偵左衞，敵三百屯城外，奮擊，敵潰走，逐之至城下，斬獲甚衆。九年，從貝勒多爾袞招察哈爾林丹汗子額哲，進略明邊。固山額眞圖爾格設伏敗敵，敵潰走，薩蘇喀躡其後，斬級最，授半個前程。尋擢禮部參政。崇德二年，與甲喇額眞丹岱等以八十人略明邊，次淸河，敵七百屯守，與戰大勝，獲纛二、馬二十餘。五年，圍錦州，守木魯河。六年，圍松山。八年，攻寧遠，取中後所、前屯衞，戰比有功。順治初，擢鑲紅旗滿洲梅勒額眞。從入關，擊李自成，與梅勒額眞和託共驅入敵營，中砲沒，贈三等甲喇章京。

阿山，伊爾根覺羅氏，世居穆溪。父阿爾塔什，率阿山及諸子阿達海、濟爾垓、噶賴，以七村附太祖。太祖妻以同族女兄弟，號「額駙」，而以阿山等屬貝勒代善。代善置閒散，觖望，與諸弟及其子塞赫等逃之明。上收其孥，貝勒阿敏以兵追之，射殪阿山二子，阿山亦被創，兄弟相失。穆克譚追射阿達海，阿達海斫穆克譚，墜馬幾死，遂奪其馬，與阿山等入明邊，尋復自歸。太祖問其故，對曰：「舉族相投，矢効命疆埸，豈直充厮役乎？」乃置諸左右。旗制定，隸滿洲正藍旗。

天命六年，從伐遼陽，授二等參將。太宗卽位，旗置大臣一爲將，其次置大臣二爲佐，又其次置大臣二備調遣。使阿山佐正白旗，阿達海與同旗備調遣。是歲，貝勒代善等帥師伐扎魯特部，上令阿山與冷格里以兵六百入喀爾喀巴林部逐邏卒，縱火張軍威。師還，進三等副將。

天聰元年，從伐朝鮮，克義州。阿達海坐匿太祖御用兜鍪，鞭五十。又違上命，爲貝勒多鐸媒聘國舅阿布泰女，論死，上宥之，命奪官，籍其家之半。阿達海託言捕魚，以十騎蹤赫圖阿喇城遁，克徹尼追之還。阿達海私語從人曰：「我欲亂箭射殺克徹尼，如爾輩何！」語聞，上命誅之。

三年秋，阿山復與弟噶賴子塞赫及阿達海子查塔、莫洛渾奔明寧遠，上收其孥，遣兵往追之，阿山等將入明境，遣從者先，明守塞兵執而殺之。阿山等懼，復還，請罪，上復宥之，還其孥，使復職。阿山乃訐雅蓀與同謀，雅蓀者起微賤，以葉赫攻兀扎魯城時，戰有功，太祖寵任之，雅蓀矢言殉太祖。太祖崩，不果殉，臨喪慢。至是，鞫得實，遂坐誅。

冬，從上伐明，克洪山口城，薄明都，軍於城東南。阿山與圖魯什周視敵營，請速進攻，上命即夜漏三下列陣，詰旦遂戰，大破明軍，陣斬武經略滿桂等。四年，攻永平，上命阿山及葉臣選部下猛士二十四人，乘夜挾雲梯以攻，諭曰：「登梯當令四人先分立梯端二旁，次令四人登，又次令十六人相繼上，又次則爾曹督其後，復令各旗出將一兵千人助攻。」次日加寅，薄城樹梯，犯矢石奮戰。俄，城上砲裂藥發，敵兵自驚擾，阿山督所部冒火銳上，諸軍繼進，遂克其城。

五年，攻大凌河，率銳騎邏錦州、松山，俘明兵，明守將出援，與勞薩、圖魯什以三百人敗其衆二千，斬百餘級，獲纛三。上勞以金卮，尋授固山額眞。六年，上自將伐察哈爾，阿山與梅勒額眞布爾吉方行邊，聞上至西拉木倫河，帥師來會，上命率精騎三百助圖魯什爲前驅。察哈爾汗遁去，上引還，復命阿山等帥師防邊。七年，與布爾吉偵鹿島，多所俘獲。八年，與圖魯什略錦州，貝勒岳託謂圖魯什曰：「軍中調遣，當就阿山商榷，勿違其言。」既，復從伐察哈爾，斬蒙古逃人。追錄克永平功，進三等昂邦章京，免徭役；並分以虎爾哈俘百人，隸所領牛彔。

九年，師入明邊，略山西，明兵自山海關赴援。上命貝勒多鐸軍廣寧，阿山與固山額眞石廷柱率噶布什賢兵四百前驅趨錦州，明副將劉應選等以兵三千五百人來禦，遇於大凌河。將戰，多鐸後軍驟至，自山而下，士馬騰踔，軍容甚盛，明兵驚沮。阿山突起掩擊，我師從之，陣斬應選，殲其兵五百，克臺堡一。師還，賜良馬、鎧甲。

崇德元年，從武英郡王阿濟格伐明，下鵰鶚、長安嶺二城，率本旗兵獨克東安縣。師還，明兵來追，阿山殿，擊斬略盡。二年，取皮島，與葉臣將左翼舟師攻其西北隅，先登，斬守將沈世魁，進一等昂邦章京世職。六年八月，復圍錦州，城兵突圍出攻我師，松山守將潛謀奪火器，阿山迭擊敗之。七年十月，復從貝勒阿巴泰伐明，入牆子嶺，轉戰至兗州。師還，賚銀幣。

順治元年，從入關，擊李自成，自成敗走，阿山偕左翼梅勒額眞阿哈尼堪、右翼固山額眞馬喇希，濟薄津擊破之，克平陽。以功，進三等公。二年，豫親王多鐸自陝西移師下江南，阿山及諸將從。與馬喇希等取淮河橋，渡淮拔揚州；率舟師泝江上，克江寧，獲明福王。江南旣定，從貝勒博洛、固山額眞拜音圖徇浙江，師次杭州，明潞王常淓降。嘉興、湖州、紹興、寧波、嚴州皆下。師還，賚金銀、鞍馬。

阿山自太宗時，屢坐事被論，輒貸之。三年，坐妄聽巫者言，罪所部，被訐，罷官，奪世職。旋復授一等昂邦章京。四年，改一等精奇尼哈番。旋卒。乾隆初，定封一等男。從弟阿爾津，自有傳。

論曰：太祖時，鄰近諸部族歸附，常書兄弟最先，康果禮等最衆，其子孫皆能以驍勇自效。博爾晉、雅希禪殺敵致果，蓋勞薩、圖魯什之亞也。揚善、冷格里、薩穆什喀皆有戰績，非藉父兄顯者。洪尼雅喀尤以材武名。阿山屢去復歸，誅弟而用兄，駕馭梟桀，惟恩與法，握其要矣。

清史稿卷二百二十八

列傳十五

額爾德尼 噶蓋 噶蓋子武善 布善 布善子夸扎 達海 尼堪
庫爾纏 弟庫拜 英俄爾岱 滿達爾漢 弟馬福塔 明安達禮

額爾德尼，納喇氏，世居都英額。少明敏，兼通蒙古、漢文。太祖時來歸，隸正黃旗滿洲。從伐蒙古諸部，能因其土俗、語言、文字宣示意旨，招納降附。賜號「巴克什」。

滿洲初起時，猶用蒙古文字，兩國語言異，必迻譯而成文，國人以爲不便。太祖起兵之十六年，歲己亥二月辛亥朔，召巴克什額爾德尼、扎爾固齊噶蓋使製國書。額爾德尼、噶蓋辭以夙習蒙古文字，未易更製。上曰：「漢人誦漢文，未習漢字者皆知之；蒙古人誦蒙古文，未習蒙古字者皆知之。我國語必譯爲蒙古語，始成文可誦；則未習蒙古語者，不能知也。奈何以我國語製字爲難，而以習他國語爲易耶？」額爾德尼、噶蓋請更製之法，上曰：「是不難。但以蒙古字協我國語音，聯屬爲句，因文以見義可矣。」於是製國書，行於國中。滿洲有文字自此始。

天命三年，從伐明，取撫順，師還，明總兵張承廕自廣寧率衆躡我師後，額爾德尼偕諸將還擊，斬承廕。敍功，授副將。太宗時，額爾德尼已前卒，嘗諭文館諸臣，歎爲一代傑出。順治十一年，追謚文成。子薩哈連，官至鑾儀衞冠軍使。賜姓赫舍里，改入大學士希福族中。

噶蓋，伊爾根覺羅氏，世居呼納赫。後隸滿洲鑲黃旗。太祖以爲扎爾固齊，位亞費英東。歲癸巳閏十一月，命與額亦都、安費揚古將千人攻訥殷佛多和山寨，斬其酋搜穩塞克什。歲戊戌正月，命與台吉褚英、巴雅喇及費英東將千人伐安褚拉庫路，降屯寨二十餘。歲己亥，受命製國書。是年九月，命與費英東將二千人戍哈達。哈達貝勒孟格布祿貳於明，將執二將。二將以告，太祖遂滅哈達，以孟格布祿歸。孟格布祿有逆謀，噶蓋坐不覺察，併誅。子武善。

武善年十六，太祖念噶蓋舊勞，授牛彔額眞。天命九年，明將毛文龍遣兵入海島屯耕，太祖命武善與冷格里擊之，殲其衆。語詳冷格里傳。文龍復遣兵三百登海岸掠，武善與滿都里率兵追擊，斬裨將三，還所掠。太宗卽位，列十六大臣，佐鑲紅旗。天聰八年，上遣諸將伐明，武善與阿山爲後隊，遵上方略，設伏敗敵，授三等甲喇章京。崇德元年，詗知明兵襲濱海鹺場，上命武善與吏部參政吉思哈馳援，擊走明兵。三年正月，喀爾喀扎薩克圖寇歸化城，上自將禦之，武善與吳巴海從。吳巴海斷卒盜軍糈，武善坐徇隱，奪世職。八月，授工部參政。時蒙古、瓦爾喀諸部皆附，使至，每以武善典其事。順治元年，卒。

布善，武善弟。事太宗，授巴牙喇甲喇章京，兼牛彔額眞。尋護巴牙喇纛章京，列議政大臣。崇德五年，從伐明，攻錦州，擊敗杏山騎兵。六年，復從伐明，攻松山，洪承疇以十三萬人赴援，布善先衆力戰卻敵。上度明兵衆而餉不繼，必引去，命諸將比翼列營，直抵海濱。入夜，明兵果引去，諸將截擊，布善率兵窮追，斬獲無算。八年，復從伐明，攻克前屯衞、中前所。順治初，從入關，予牛彔章京世職。二年，從征江南，卒於軍。

夸札，布善子，襲職。遇恩詔，進二等阿達哈哈番。十七年，授護軍參領，兼佐領。康熙十三年，從定南將軍希爾根討耿精忠，圍撫州，屢破賊，賊棄城走。四年，從大將軍安親王岳樂討吳三桂，其將夏國相屯萍鄉，依山結寨。夸札率兵奮擊，大破之，國相等棄資械走。十七年，遷護軍統領。十八年，擢鑲紅旗蒙古都統。從安親王攻武岡，軍器輜重自水道進，賊截溪，夸札率兵馳擊，賊卻走。綠旗兵屯溪岸，賊舟坌集逼屯，夸札自陸赴援，道險，馬不能行，乃率兵步行。賊據山梁，設鹿角，列火器以拒，夸札督兵直前，斬獲甚衆，賊水陸皆潰。十九年，命將湖廣兵詣廣西，參贊大將軍簡親王喇布軍務，討叛將馬承廕，克武寧，進取象州，圍柳州，承廕降，進復慶遠。廣西平，還京。二十一年，卒。敍功，進一等阿達哈哈番。

達海，先世居覺爾察，以地爲氏。祖博洛，太祖時來歸。父艾密禪。旗制定，隸滿洲正藍旗。

達海幼慧，九歲卽通滿、漢文義。弱冠，太祖召直左右，與明通使命，若蒙古、朝鮮聘問往還，皆使屬草；令於國中，有當兼用漢文者，皆使承命傳宣：悉稱太祖旨。旋命譯明會典及素書、三略。太宗始置文館，命分兩直：達海及剛林、蘇開、顧爾馬渾、托布戚譯漢字書籍；庫爾纏、吳巴什、查素喀、胡球、詹霸記注國政。

天聰三年，上伐明，旣擊破滿桂等四總兵軍，遣達海齎書與明議和，明閉關拒勿納；復命達海爲書二通，一置德勝門外，一置安定門外，乃引師還。四年，復伐明，至沙河驛，命達海以漢語諭降。克永平，命達海持黃旗登城，以漢語諭軍民，城中望見，皆羅跪呼「萬歲」。降將孟喬芳、楊文魁、楊聲遠從貝勒阿巴泰入見，命達海以漢語慰勞。三屯營、漢兒莊旣降，明兵襲三屯營。上慮漢兒莊復叛，命達海以漢語撫定之。是年，所譯書成，授游擊。五年七月，賜號「巴克什」。九月，復伐明，破大淩河，命達海以漢語招總兵祖大壽。上賜宴，復命傳諭慰勞。十二月，定朝儀。

達海治國書，補額爾德尼、噶蓋所未備，增爲十二字頭。六年三月，太宗諭達海曰：「十二字頭無識別，上下字相同。幼學習之，尋常言語，猶易通曉；若人姓名及山川、土地，無文義可尋，必且舛誤。爾其審度字旁加圈點，使音義分明，俾讀者易曉。」達海承命尋繹，字旁加圈點。又以國書與漢字對音，補所未備，謂：「舊有十二字頭爲正字，新補爲外字，猶不能盡協，則以兩字合音爲一字，較漢文翻切尤精當。」國書始大備。是年六月，達海病，逾月病亟。上聞，垂涕，遣侍臣往視，賜蟒緞，並諭當優卹其子。達海聞命感愴，已不能言，數日遂卒，年三十八。時方譯通鑑、六韜、孟子、三國志、大乘經，皆未竟。

達海廉謹，在文館久，爲領袖。其卒也，當斂，求韡無完者。七年二月，以其長子雅秦降一等襲職，授備禦。國初文臣無世職，有之自達海始。十年，賜謚文成。康熙八年五月，聖祖從其孫禪布請，立碑紀績。

達海子四，長子雅秦，以備禦兼管佐領。崇德三年，從伐明，毀董家口邊牆入，略明畿內，下山東，所向克捷。還，出青山口，遇明軍，雅秦率步兵擊敗之。四年，從攻松山。六年，從圍錦州，城兵突出犯我軍，雅秦率所部兵禦敵，皆有功。旋授吏部理事官。八年，調戶部理事官。順治元年四月，從入關，擊敗李自成。迭遇恩詔，進世職至二等阿思哈尼哈番。八年三月，授吏部侍郎。七月，擢國史院大學士。十月，卒。九年，上以恩詔進世職過濫，命改爲一等阿達哈哈番兼拖沙喇哈番。予其子禪布襲職。康熙二十一年，聖祖巡方，命從官祭雅秦墓。

達海次子辰德，太宗嘗召其兄弟，賜饌予幣，命辰德勤習漢文，其後仕未顯。三子喇捫，康熙間，以前鋒統領從討吳三桂，戰衡州，陣沒，贈拖沙喇哈番。四子常額，雅秦卒後，世祖特授學士，而雅秦子禪布，康熙初亦官秘書院學士，爲達海請立碑。三桂既平之明年，聖祖諮諸大學士：「達海巴克什子孫有入仕者乎？」明珠對：「聞有孫爲鴻臚寺官。」因下吏部錄達海諸孫陳布祿等十二人引見，命授陳布祿刑部郎中。其後國子監祭酒阿理瑚請以達海從祀孔子廟，禮部尚書韓菼議不可，乃罷。

達海以增定國書，滿洲羣推爲聖人。其子孫：男子繫紫帶，亞於宗姓；女子不選秀女。

尼堪，納喇氏，世居松阿里烏喇。太祖時來歸，賜號「巴克什」。旗制定，隸滿洲鑲白旗。初以說降蒙古科爾沁部，授備禦。天命十年，偕侍衞博爾晉等率師伐虎爾哈部，收五百戶以還，上郊勞賜宴。

天聰初，擢一等侍衞。從太宗伐明，攻錦州，有功。七年，從諸貝勒按獄蒙古諸部，牛彔額眞阿什達爾漢以所齎敕二十道付尼堪，尼堪以授從者，失其九。所司論劾，罰如律。蒿齊忒部台吉額林等來歸，命尼堪往迎。八年正月，收其部落戶口、牲畜以還。七月，上伐明，道遇察哈爾部衆來歸，命尼堪還盛京安置。時鄭親王濟爾哈朗留守，使尼堪偕卦爾察、席特庫率兵十二人偵明兵。明兵適至，奮擊敗之，逐至遼河，凡三戰，斬馘百餘，明兵引退。九年，從貝勒岳託戍歸化城，土默特部私與明通，岳託使尼堪及參領阿爾津伺塞上，得明使四輩、土默特使十輩，皆執以歸。尋與英俄爾岱等使朝鮮。

崇德元年六月，授理藩院承政。二年正月，太宗伐朝鮮，旣克其都，命尼堪及吉思哈、葉克舒帥師并護科爾沁、扎魯特、敖漢、柰曼諸部兵伐瓦爾喀，將出朝鮮境，朝鮮兵屯吉木海，阻師行，尼堪督兵進擊，大破之，斬平壤巡撫。旣，朝鮮兵二萬餘人復來追襲，尼堪等設伏誘敵，殲萬餘人。敵遁，據山巔立柵拒守，師圍之三日，遂下。降哈忙城巡撫及總兵副使以下官，獲牲畜、布帛諸物無算。進略瓦爾喀部，以所獲畀蒙古諸部兵，尋引師還。復偕阿什達爾漢使科爾沁、巴林、扎魯特、喀喇沁諸部頒赦詔，會諸部王貝勒淸庶獄。三年五月，坐讞獄科爾沁失實，解任。七月，授理藩院右參政。四年，伐明，徵蒙古諸部兵，兵至不如額，命尼堪使科爾沁、喀喇沁、土默特諸部詰責。五年四月，上以尼堪充副任使，授三等甲喇章京。復命安集索倫、郭爾羅斯兩部新附之衆，編爲八牛彔。七月，復命徵蒙古諸部兵伐索倫，簡其軍實。

世祖定鼎，論功，進二等。順治二年，從豫親王多鐸下河南，將蒙古兵自南陽趨歸德，降州一、縣四。論功，進一等。三年，從多鐸討蘇尼特部，大破其衆。四年，論功，進三等阿思哈尼哈番。遷理藩院尚書。六年，喀爾喀使至，餽睿親王多爾袞馬，巽親王滿達海以爲言，尼堪啓王，王曰：「如例云何？」尼堪曰：「外藩職貢，例不當餽諸王。」王惡其語侵己，令內大臣議罪，奪其俸。三遇恩詔，進三等精奇尼哈番，世襲。十年，上以尼堪老，進二等，致仕。十七年，卒。無子，以其弟阿穆爾圖、阿錫圖，從子瑪拉、兆資分襲世職。瑪拉自有傳。

庫爾纏，鈕祜祿氏，世居長白山。祖曰賴盧渾，父曰索塔蘭。賴盧渾先爲哈達都督，索塔蘭及所部來歸。旗制定，隸屬滿洲鑲紅旗。太祖以女妻索塔蘭，生子四，庫爾纏其次子也。天命元年，召直左右。十一月，蒙古喀爾喀五部來議和，庫爾纏齎書蒞盟；九年二月，復將命如科爾沁修好：皆稱旨，授牛彔章京。

太宗卽位，伐扎魯特部，庫爾纏從，師還，上勞諸貝勒。飲至，達海承旨問諸貝勒行軍勝敵始末，庫爾纏爲諸貝勒具對，成禮。天聰元年，伐朝鮮，庫爾纏從，朝鮮王李倧請行成，庫爾纏及副將劉興祚將命宣撫。倧既約降，庫爾纏等還報，朝鮮諸將不知倧已約降也，以步騎兵千人邀諸平壤，庫爾纏集從者環甲突圍出。朝鮮兵躡其後，庫爾纏令從者前行，而以十騎殿，殺朝鮮兵三，疾馳六十里。朝鮮兵三百騎繼至，庫爾纏率十騎憑凭隘爲伏，擊敗之，斬朝鮮將四、兵五十餘，獲馬百，卒達瀋陽。上復命齎諭至軍中申軍令，定盟誓而還。

三年四月，定文館職守，命記注時政，備國史。四年正月，伐明，庫爾纏偕游擊高鴻中先至灤州，設謀使啓城門，師遂入。二月，師還，庫爾纏從諸將戍焉。五月，明監軍道張春等來攻，庫爾纏與牛彔額眞覺善等勒兵出戰，奮矟踰塹，直趣敵陣。春等稍卻，旋發火器焚城樓，壞睥睨，庫爾纏與覺善還兵禦之，敵不能登。都統圖爾格等以孤軍無援，退保永平，敵圍益急，庫爾纏且守且戰，屢有斬馘。旋從貝勒阿敏等棄諸城，還都待罪。上以在灤州時能力戰，特貰之。

庫爾纏先以口語被訐。五年十一月，使朝鮮，以漢文作書遺朝鮮，受私餽。六年六月，使明得勝堡議和，以其人來，上召入見，屢失期。七年二月，上發庫爾纏諸罪，幷追議庇劉興祚罪，論死。興祚者開原人，見辱開原道，遂率其諸弟興治等以降，太祖以國語名之曰愛塔。克遼東，授副將，領蓋、復、金三州。興祚婪，索民財畜，被訐解任，遂有叛志。事屢敗，太宗屢覆蓋之。興祚使其弟興賢逃歸毛文龍，作書遺庫爾纏，詭言且死，託以營葬，誑瞽者醉而縊殺之，焚其室逸去。庫爾纏得書，視興祚，見瞽者尸，以爲興祚也，持之慟，告於上，以其子五十襲職，爲營葬。既而其弟興治亦遁，詐漸露。興祚、興治去事文龍，文龍薦爲參將。袁崇煥殺文龍，使興治及陳繼盛分將其兵。天聰四年，上攻永平，興祚在敵中，襲我軍中喀喇沁兵，殺數十人。使貝勒阿巴泰、濟爾哈朗將五百人求興祚。興祚將趨山海關，阿巴泰遮其前，濟爾哈朗迫其後，遂戰，甲喇額眞圖魯什獲興祚，殺之，執興賢以歸。庫爾纏解衣瘞興祚，上命發而磔之，庫爾纏復竊收其遺骼。時興治將兵駐皮島，諸弟興基、興梁、興沛、興邦皆爲偏裨。興沛以游擊守長山島，上遣使招興治等，諱言邏卒誤殺興祚；且令興賢附書述上恩，贍其母及妻。使屢返，復遣護其妻以往，興治亦屢答上書，自署「客國臣」，枝梧不得要領。會興治爲興祚發喪，而繼盛信諜言，疑未死，興治忿，執殺繼盛，因縱掠。明使黃龍鎭皮島，興治復爲亂，被殺。上亦殺興賢及其諸子。庫爾纏與興祚善，未叛，屢爲上言，終收其骨，卒以此及。上猶念其有勞，命毋籍其家。世祖定鼎燕京，詔視一品大臣例，予宅地、奴僕。

庫爾纏弟庫拜，初以小校事太祖，從伐明，取撫順，戰敗追兵，復下遼、瀋，命爲牛彔額眞。天聰五年，從伐瓦爾喀，手被創，猶力戰，克堡一。是年七月，初設六部，授吏部參政。敍功，授牛彔章京世職。復以吏部考滿，授三等甲喇章京。八年，從伐黑龍江諸部。九年，進二等甲喇章京。崇德元年，從伐朝鮮。追論伐瓦爾喀時奪部卒俘，復令部卒私獵，論罰，罷牛彔章京。三年七月，更定官制，改吏部理事官。五年正月，卒。

英俄爾岱，他塔喇氏，世居扎庫木。太祖時，從其祖岱圖庫哈理來歸，授牛彔額眞，隸滿洲正白旗。天命四年，從攻開原。有蒙古巴圖魯阿布爾者，素以驍勇名，降明爲邊將，出戰，英俄爾岱馳斬之。六年，從克瀋陽，授游擊。從克遼陽，授二等參將。

天聰三年，從伐明，克遵化，太宗督諸軍向明都，而令英俄爾岱及李思忠、范文程以兵八百守遵化。師旣行，所下諸城堡石門驛、馬蘭峪、三屯營、大安口、羅文峪、漢兒莊、郭家峪、洪山口、潘家口、灤陽營皆復爲明守。明兵夜薄遵化，英俄爾岱率兵擊卻之。平旦，明將以騎兵列陣待，英俄爾岱出戰，明兵驟至，英俄爾岱麾其衆悉銳奮擊，明兵退，斬殿者五人，俘材官一，明兵宵奔。英俄爾岱以師從之，復殲騎卒百、步卒千餘，以書諭諸城，羅文峪、三屯營、洪山口、漢兒莊、灤陽營五城復降。

五年七月，定官制，始設六部，以英俄爾岱爲戶部承政。七年，明故毛文龍部將孔有德、耿仲明自登州來降，使英俄爾岱及游擊羅奇齎書徵糧於朝鮮，朝鮮國王李倧使其臣朴祿報聘，言毛氏舊爲敵，不願輸糧。太宗復以書諭，略言：「毛氏將今歸我國，以兵守其舟，當就便輸以糧。」遣英俄爾岱及備禦代松阿齎書復往，朝鮮乃輸糧如指。八年五月，改進一等甲喇章京。

太宗自將伐察哈爾，察哈爾林丹汗走圖白特，所部潰散。或得俘，言同行凡千餘戶，方苦無所歸，上命英俄爾岱及梅勒額眞覺羅布爾吉將二千人往跡之。英俄爾岱等行遇蒙古頭人俟痕巴圖魯率千戶將來歸，遣使謁上；復遇台吉布顏圖，縱兵擊殺之，斬二百餘，俘四十以還。上以駝馬及所俘，賚英俄爾岱及諸將士。既，布顏圖部衆奔愬於上，言：「我曹自察哈爾來歸，遇大軍，乞降不見允，橫被屠戮。」上怒，命盡奪所賚。英俄爾岱尋以考滿進三等梅勒章京。

十年春，諸貝勒及蒙古諸部以太宗功德日隆，議上尊號，令英俄爾岱齎書使朝鮮喻意。既至，倧謝不延納，令英俄爾岱詣所置議政府陳說，設兵晝夜環守使邸。英俄爾岱率諸從者奪民間馬，突門而出。朝鮮王遣騎持報書追付英俄爾岱而別，以書誡其邊臣令守界，英俄爾岱幷奪之以聞。又遇明皮島兵遮歸路，擊走之。

崇德改元，討朝鮮，師克王都，倧出奔南漢城。二年春，上使英俄爾岱及馬福塔齎敕詰責，朝鮮以書謝。師益進，薄南漢城，復使英俄爾岱、馬福塔招倧出城相見，倧答書始稱臣，然猶逡巡不敢出。上詷知倧寄孥江華島，命睿親王多爾袞以偏師下之，獲其妃及諸子。倧乃出降，上留其二子爲質，命英俄爾岱、馬福塔送其妃及諸戚屬還王都。二月，班師，倧出送，命英俄爾岱、馬福塔宣諭，仍送之還。旋授議政大臣。十月，復命英俄爾岱、馬福塔齎敕印使朝鮮，封倧仍爲朝鮮國王。四年，授固山額眞。五年，上以倧繕城郭，積芻糧，欺罔巧飾，使英俄爾岱及鄂莫克圖齎敕詰責，倧上表謝罪。

六年六月，睿親王多爾袞復攻錦州，九月，貝勒多鐸等圍松山，英俄爾岱皆在行間。七年，復使朝鮮鞫獄，還奏稱旨。八年，考滿，進三等精奇尼哈番。順治元年，從睿親王多爾袞入關。是年，改承政爲尙書，英俄爾岱仍任戶部。二年，敍功，封三等公。三年，奏請禁民間私售馬贏、軍械、火器，以杜盜源，從之。四年，考滿，進二等公。五年二月，卒。

英俄爾岱娶饒餘郡王阿巴泰女，授多羅額駙。領戶部十餘年，旣領固山，仍綜部政。屢坐事論罰，而恩顧不稍衰。太宗嘗諭羣臣曰：「英俄爾岱性素執拗，其於本旗人亦偶有徇庇。朕思人鮮有令德，英俄爾岱能殫心部政，治事明決，朕甚嘉之。視諸部大臣不如英俄爾岱者多矣！」及睿親王薨，得罪，奪英俄爾岱公爵，降精奇尼哈番。康熙間，輔臣鰲拜專政，陷大學士蘇納海等於死，以英俄爾岱與蘇納海同族，追論初授地不平、附睿親王諸罪狀，奪官。子宜圖，官至內大臣，襲爵降三等精奇尼哈番。乾隆初，定封三等子。

滿達爾漢，納喇氏，先世居哈達。父雅虎，率十八戶歸太祖，太祖以爲牛彔額眞，隸滿洲正黃旗。擢扎爾固齊。與哈穆達尼伐東海卦爾察部，俘二千人以歸，太祖郊勞，與宴。又克舒桑哈達，賜俘百。旣乞休，滿達爾漢繼爲牛彔額眞。從太宗伐虎爾哈部，降五百餘戶。

天聰五年五月，上將伐明，規取海中諸島，使滿達爾漢與董納密聘於朝鮮，且徵舟焉。時朝鮮初附，未敢開罪於明，滿達爾漢等至朝鮮，國王李倧謝不見，且以兵守館。越三日，滿達爾漢謂守者曰：「我奉命至此，何慢我不相見？我歸矣！」遂與諸從者佩弓矢，策騎奪門出。倧使侍臣追及，請見，滿達爾漢等乃入見，致使命而還。七月，授禮部參政。閏十一月，復與庫爾纏等使朝鮮，誡毋縱其民越境採獵，毋匿逃人，並令歲餽當如例，倧乃引咎，願如約。

八年，太宗自將伐明，攻大同，滿達爾漢分兵克堡四、臺一，又拔王家莊。以功，授世職牛彔章京。尋擢禮部承政。復使朝鮮。崇德二年，從武英郡王阿濟格伐明，克皮島，賜白金、裘、馬。順治初，世祖定鼎京師，滿達爾漢以老解部任，專領牛彔。恩詔，進二等甲喇章京。三年，卒，謚敬敏。子阿哈丹，襲職。恩詔，進一等阿達哈哈番兼拖沙喇哈番。從征福建，擊鄭成功厦門，戰死，卹贈三等阿思哈尼哈番。

馬福塔，滿達爾漢弟也。初授牛彔額眞，與滿達爾漢分轄所屬人戶。天聰五年，授戶部参政。八年三月，與戶部承政英俄爾岱如朝鮮互市。五月，太宗自將伐明，馬福塔從貝勒濟爾哈朗等居守。九月，齎奏詣行營，道明鐵山，明兵邀戰，斬五人，俘一人；又聝一人，縱使還。尋擢戶部承政。九年，與參政博爾惠使朝鮮。自是通使朝鮮，馬福塔輒與。

崇德元年，復與英俄爾岱等使朝鮮，明皮島兵遮道，擊走之。九月，復如朝鮮義州監互市，得明邏卒，知明兵入鐮場，因率百人躡其後，明兵引去。值武英郡王阿濟格等伐明還，渡遼，具舟以濟師。十二月，太宗自將伐朝鮮，命馬福塔與勞薩率兵先驅。語詳勞薩傳。朝鮮國王李倧走保南漢山城，二年正月，師克朝鮮都，進攻南漢山城。馬福塔兩奉敕入城數倧罪，且諭降。倧先使其臣謝罪，尋率羣僚出城謁上。二月，上班師，倧出送，命馬福塔與英俄爾岱送倧還城。倧餽金，却之，以聞。四月，從武英郡王阿濟格攻明皮島，馬福塔攻其北隅，督戰敗敵。六月，吏議馬福塔從伐朝鮮，私以其子往，得俘獲，先衆齎還，又令朝鮮將與貝子碩託交結，罪當死，命罰鍰以贖。十月，復命與英俄爾岱使朝鮮，册李倧爲朝鮮國王。三年七月，更定官制，改戶部左參政。四年六月，命與刑部參政巴哈納使朝鮮，册倧妃趙氏爲王妃。八月，其兄甲喇額眞福爾丹從軍退縮，伏法，籍其家畀馬福塔。九月，復爲戶部承政。十一月，倧疏言立碑三田渡頌上恩，命與禮部參政超哈爾等往察視。五年二月，卒。

明安達禮，西魯特氏，蒙古正白旗人，世居科爾沁。父博博圖，率七十餘戶歸太祖，卽授牛彔額眞，領所屬。天聰元年，從伐明，攻錦州，戰死，予世職游擊，以明安達禮襲，仍兼領牛彔額眞。

崇德三年，遷巴牙喇甲喇章京。從貝勒岳託伐明，自密雲東北毀邊牆以入，與固山額眞伊拜共擊敗明太監馮永盛兵，克南和縣。六年，復從伐明，圍錦州。明兵陣山巓，明安達禮率所部巴牙喇兵陷陣，明兵敗走。旣，又有騎兵自松山至，復擊敗之。師阻壕，以守城兵出爭橋，明安達禮迫明兵使引入城。上自將擊洪承疇，明安達禮戰尤力，又敗敵騎，進二等甲喇章京。七年冬，從貝勒阿巴泰伐明，攻薊州，薄明都，擊破明總督趙光抃。又與噶布什賢噶喇依昂邦阿山共擊明兵自三河至者，遂進略山東。八年春，與明總兵白廣恩、張登科、和應薦等戰螺山，又與巴牙喇纛章京鰲拜共擊明總督范志完，屢破敵。師還，賚白金。擢禮部參政，兼正白旗蒙古梅勒額眞。

順治元年，從入關，擊李自成。二年，從英親王阿濟格西討，戰延安，七遇皆捷。撫鳳翔等府三十餘城，悉下。三年，調兵部侍郎。蘇尼特騰機思叛，從豫親王多鐸帥師討之，別將兵屯險要。騰機思遁走，明安達禮夜帥師乘之，及諸鄂特克山，戰大勝，斬台吉茂海，復與鎭國將軍瓦克達等逐北，手斬十一人，獲其輜重。復擊敗土謝圖汗、碩類汗。

五年，擢正白旗蒙古都統。七年，授兵部尚書。九年，列議政大臣。論功，遇恩詔，累進二等精奇尼哈番。十年，坐徇總兵任珍擅殺，罷尚書，降一等阿達哈哈番兼拖沙喇哈番。十一年，帥師伐鄂羅斯，敗敵黑龍江。十三年，授理藩院尚書。

十五年十二月，命爲安南將軍，帥師駐防荆州。十六年，鄭成功入攻江寧，明安達禮帥師赴援。成功將楊文英等以舟千餘泊三山峽，明安達禮擊之，斬副將一，獲其舟及諸攻具，成功引入海。上命明安達禮移師駐防舟山。十七年，召還，授兵部尚書。康熙三年，加太子太保。六年，調吏部尚書。引疾，致仕。八年，卒，謚敏果。

子都克，襲。從征噶爾丹有功，授拖沙喇哈番，合爲三等阿思哈尼哈番。都克孫永安，降襲一等阿達哈哈番兼拖沙喇哈番。乾隆間，從征甘肅石峰堡亂回。官至山海關副都統。永安孫憲德，憲德子夢麟，自有傳。

論曰：國必有所與立，文字其一也。因蒙古字而制國書，額爾德尼、噶蓋創之，達海成之。尼堪等皆兼通蒙、漢文字，出當專對。造邦之始，撫綏之用廣矣。英俄爾岱領戶部，調兵食最久，見褒於太宗。明安達禮以折衝禦侮之才，屢長兵部。蓋皆有功於創業者，故比而次之。

清史稿卷二百二十九

列傳十六

明安　子昂洪　多爾濟　恩格類　恩格類從子布當　布顏代　恩格德爾
子額爾克戴青　古爾布什　鄂齊爾桑　布爾喀圖　弼喇什　色爾格克
阿濟拜　恩格圖　鄂本兌　和濟格爾　和濟格爾子拜音達里　阿賴
布延　阿爾沙瑚　阿爾沙瑚兄子果爾沁　額琳奇岱青　德參濟旺
多爾濟達爾罕　奇塔特徹爾貝　洛哩　弟沙哩岱　奇塔特偉徵
奇塔特偉徵弟額爾格勒珠爾　喀蘭圖　扎克托會　袞楚克圖英　琿津
沙爾布

明安，博爾濟吉特氏。其先世元裔，爲蒙古科爾沁兀魯特部貝勒。歲癸巳，葉赫貝勒布寨、納林布祿糾九國之師來侵，明安與焉，戰敗，明安乘驏馬獨身跳去，尋修好於太祖。

上聞明安女賢，遣使往聘，歲壬子正月，明安送女至，上具車服以迎，與宴成禮。天命二年正月，明安來朝，上出郊百里迎諸富爾簡岡，設宴慰勞。明安獻駝十、馬牛皆百，上優禮之，日設宴。留一月，明安辭，賜以四十戶，甲幣稱是，送之三十里。七年二月壬午，明安及同部貝勒兀爾宰圖、鎖諾木、綽乙喇札爾、達賴、密賽、拜音代、噶爾馬、昂坤、多爾濟、顧祿、綽爾齊、奇筆他爾、布顏代、伊林齊、特靈，喀爾喀部貝勒石里胡那克，並諸台吉等三千餘戶，驅其牲畜來歸，授三等總兵官，別立兀魯特蒙古一旗。

天聰三年，與固山額眞武訥格、額駙恩格德爾等伐察哈爾，降二千戶。五年，從上伐明，圍大凌河城。明總兵祖大壽出戰，明安與固山額眞和碩圖等夾擊，大敗之。我師僞爲明兵赴援狀，誘大壽復出戰，明安及兩翼固山齊進奮擊，大壽敗卻，尋率衆降，明安得優賚。六年，從上伐察哈爾。師還，以俘獲少，又違令不以隸戶籍，擅以官牛與所屬，復匿蒙古亡者，吏議當奪世職，上命罰鍰以贖。尋以內附諸蒙古所行多違令，罷蒙古旗，俱散隸諸貝勒所領牛彔，明安改隸滿洲正黃旗。八年，改三等昂邦章京。順治初，三遇恩詔，進二等伯。卒，諡忠順。雍正間，追進一等侯，加封號恭誠。子昂洪、多爾濟、綽爾濟、納穆生格、朗素。

昂洪初從父來歸，授游擊。天命十一年，從伐巴林、扎魯特諸部；天聰五年，從伐明，攻大凌河：俱有功，超進三等副將，賜號達爾漢和碩齊。七年，卒。子鄂齊爾，襲。八年，改三等梅勒章京。順治間，三以恩詔進，再以罪降，定爲二等阿思哈尼哈番。洊擢內大臣，管鑾儀衞事。尋授領侍衞內大臣。十四年，卒，謚勤恪。乾隆初，定封三等男。

多爾濟亦從父來歸，授備禦，尚主爲額駙。天命十一年，從伐扎魯特，有盜馬遁者，多爾濟逐得之。尋又從伐棟奎、克什克騰諸部，又從伐朝鮮，皆有功。天聰五年，始設六部，以多爾濟爲刑部承政，專理蒙古事。六年，以直上前失儀，又奉命選獵戶不當，吏議奪世職，上宥之，罰白金百。八年，從伐明，攻大同，上命多爾濟領中軍，圖魯什、烏拜分率左右軍，與明總兵曹文詔戰，大破之，逐至城下，獲馬百。崇德二年，授內大臣，預議政。四年，從鄭親王濟爾哈朗略錦州。六年，上伐明，駐軍松山、杏山間，命多爾濟與內大臣錫翰設伏高橋。明杏山兵千人，以糧不繼潛遁，伏發，敗之，逐至塔山，俘斬甚衆。尋以圍松山時，明總兵曹變蛟夜犯御營，多爾濟不能禦，議罪，繫三日，罰白金五百，仍敍高橋功，進一等梅勒章京。順治二年，以多爾濟夙荷太宗恩厚，進三等昂邦章京。四年，改三等精奇尼哈番。五年，卒。

弟綽爾濟，襲。坐事，削爵。弟納穆生格，襲。從征福建，沒於海，謚直勇。納穆生格既卒，復以綽爾濟襲。乾隆初，定三等子，多爾濟三世從孫博清額襲。三十四年，改襲一等恭誠侯，爲其四世祖明安後。

朗素，明安幼子，襲明安世職。傳至孫馬蘭泰，雍正七年，上以明安舊勞，進一等恭誠侯，命署前鋒統領。九年，討準噶爾，授參贊大臣，疏言寇犯西爾哈昭，擊之敗退，擢領侍衞內大臣。召還，命在辦理軍機處行走。俄，察知在軍恇怯，妄奏功，謫軍前自効，逮京論斬，繫獄。乾隆初，復授副都統。又以扈從行圍後至，稱疾不治事，發拉林披甲。

初，明安所與同部諸貝勒入朝請內附，皆授世職有差，鎖諾木子穆赫林自有傳。又有恩格類、布當叔姪與明安同時來歸，布顏代歸稍後，皆從征伐有戰績。

恩格類、布當，博爾濟吉特氏。來歸，恩格類授游擊，布當授二等參將。天聰三年，太宗自將伐明，布當從攻遵化，與甲喇額眞英俄爾岱合軍力戰，破明總兵趙率教，以功進三等梅勒章京。六年，散蒙古旗入滿洲，恩格類、布當皆隸正藍旗。崇德三年，授布當刑部右參政。四年，卒。布當弟色稜，襲恩格類世職。事太宗，伐明，克遵化，圍錦州。事世祖，從入關破賊，擊騰吉斯，並有功。進一等阿達哈哈番兼拖沙喇哈番。十二年，卒。

布顏代，博爾濟吉特氏。初爲蒙古烏魯特貝子。天命七年，籍所轄戶口自西拉塔喇來歸，尚主爲額駙，予二等參將世職，隸滿洲鑲紅旗。十一年，太祖自將伐明，攻寧遠，不克，偏師取覺華島，布顏代率蒙古兵從固山額眞武訥格破敵壘，殲其衆，焚所積芻糧而還。

天聰元年，從伐朝鮮，師有功，分賜降戶及所獲馬。三年，從伐明，入龍井關，克大安口，下遵化，薄明都，四遇敵，戰皆勝。復擊明兵盧溝橋，以七人先入敵陣，遂破之。四年春，師還，駐遵化，明兵擊喀喇沁兵壘，布顏代趨援却敵。尋與武訥格略地行山岡，遇敵，斬級四十餘。五年，授禮部承政，兼右翼蒙古梅勒額眞。從圍大凌河，明兵出戰，布顏代傷於矛，仍力戰却敵，斬一人。六年，從略宣府、大同邊外，收察哈爾部衆。師還，以匿俘獲，吏議削世職、罰鍰、奪俘獲及賜物，上命毋削世職。八年，上自將伐明，攻大同，布顏代與侍衛星訥等率蒙古巴牙喇兵八十人，經哈麻爾嶺，收察哈爾部衆。進次西拉木輪，降百餘戶；又進，遇察哈爾部俄爾塞圖等以所屬來降。還，與大軍會。以功，進三等梅勒章京。九年，蒙古旗制定，以布顏代爲鑲紅旗固山額眞。

崇德元年，從武英郡王阿濟格伐明，克昌平。師還出塞，明兵襲我後，布顏代爲所敗，坐罷固山額眞世職，降一等甲喇章京，罰鍰，奪俘獲。順治元年，以巴牙喇甲喇額眞從入關，與梅勒額眞和託等逐李自成至慶都。尋從豫親王多鐸定陝西。二年，加半個前程。復從下江南，渡黃河，與明兵戰，身被數傷，所乘馬亦創，猶力戰衝鋒殪敵，遂以創卒，年六十有一。子鄂穆布，襲職。

恩格德爾，博爾濟吉特氏。其先世元裔，爲蒙古喀爾喀巴約特部長。當太祖初起兵時，喀爾喀裂爲五部，巴約特其一也，恩格德爾父達爾漢巴圖魯，爲其部貝勒，牧地曰西喇木倫。太祖起兵之十二年，歲甲午正月，喀爾喀部貝勒老薩、北科爾沁部貝勒明安始遣使來聘。又十一年，歲乙巳，恩格德爾來謁，獻馬二十，上優賚而遣之。明年，歲丙午冬十二月，恩格德爾率五部諸貝勒之使謁太祖，獻駝馬，奉表上尊號曰神武皇帝。自此蒙古諸部朝貢歲至。

天命元年，太祖初建國卽皇帝位，距恩格德爾等初上尊號時十年矣。二年，恩格德爾來朝，上以貝勒舒爾哈齊女妻焉，號爲「額駙」。三年夏四月，太祖始用兵於明，師次岔関蓦謨之野，恩格德爾與薩哈爾察國長薩哈連二額駙侍上，上與言金往事，因諭之曰：「朕觀古帝王轉戰勞苦，始致天位，亦未有能永享者。今朕此役，非欲覬天位而永享之也。但以明構怨於我，不得已而用兵耳。」

九年春正月，恩格德爾偕其妻郡主來朝，請率所部來歸，上嘉其誠，與之盟，賜以敕：「非叛逆，他罪皆得免。」命貝勒代善等帥師移所部至遼陽。既至，上郊勞，設宴章義站，賜恩格德爾及其弟莽果爾代雕鞍良馬一、貂裘一，恩格德爾子囊努克、門都、答哈，莽果爾代子滿朱習禮猞狸猻裘一。既入城，賜田宅、金銀、貂、猞狸猻、段疋、器用及耕作之具，復分平定堡民屬焉。尋授恩格德爾、莽果爾代三等總兵官。旗制定，隸滿洲正黃旗。

天聰三年，與武訥格等帥師伐察哈爾，降二千戶。語詳武訥格傳。是年冬，從上伐明，入龍井關，克遵化，薄明都，上駐軍德勝門外。明督師袁崇煥率總兵祖大壽軍二萬人，自寧遠赴援，屯城東南。上令諸軍進戰，時恩格德爾與武訥格共將蒙古兵。恩格德爾率左翼，未成列，縱騎驟進，爲所敗，卻走；武訥格以右翼突擊，乃敗敵。吏議恩格德爾當奪世職，上命貸之。四年春，克永平。恩格德爾行略地，遇明將將步卒三百，將戰；復有騎兵三千自玉田城突出，恩格德爾陽退誘敵，敵稍前，疑有伏，還走；因追躡其後，獲馬百。五年，從圍大凌河城。明監軍道張春、總兵吳襄等軍四萬自錦州赴援，上親督諸軍擊破之。初戰，敵甚銳，蒙古兵右翼猛進，先入張春壘；左翼兵避矢石，進稍緩。吏議恩格德爾當奪世職，上復命貸之，罰鞍馬一、白金百。崇德元年五月，卒。順治十二年，追謚端順，立碑紀功。

子額爾克戴青，初任侍衞，授三等甲喇章京。恩格德爾既卒，以額爾克戴青襲父爵，而以所授世職予其弟索爾噶。順治二年，進二等昂邦章京。七年三月，遇恩詔，進三等侯。大學士剛林、祁充格等諷使附睿親王多爾袞，當改入正白旗，額爾克戴青不從，旋搆吏議，降二等精奇尼哈番。世祖親政，嘉其持正無所阿，復進一等侯，列議政大臣，管鑾儀衞，擢領侍衞內大臣。再遇恩詔，又以索爾噶卒，仍兼三等甲喇章京，三進至一等公。十年，坐讞獄有所徇，降二等公。十四年，加少保，兼太子太保。十六年，額爾克戴青僕毆侍衞於市，先發詆侍衞；讞實，額爾克戴青坐徇縱，削爵奪官，留內大臣銜。十八年六月，卒，謚勤良。

恩格德爾初封，是時從例改三等昂邦章京，其長子囊努克當襲。囊努克先以從軍授二等甲喇章京，合爲二等伯。康熙間，復爲二等公，降襲一等侯。世宗時，特命襲三等公，加封號順義，旋改奉義。乾隆九年，定封一等奉義侯。

莽果爾代初與恩格德爾同授三等總兵官，改三等昂邦章京。順治初，從入關，破流賊。三遇恩詔，進一等伯。雍正間，降襲二等精奇尼哈番。乾隆初，定封一等子。

古爾布什，亦元裔，爲喀爾喀台吉，與恩格德爾同牧西喇木倫。天命六年十一月，偕台吉莽果爾，率所屬六百戶，驅牲畜來歸。太祖御殿，入謁與宴，各賜裘：貂三，猞猁猻、虎、貉皆二，狐一；緣貂朝衣五，緣獺裘二，緣青鼠裘三，蟒衣九，蟒緞六，緞三十五，布五百，黃金十兩，白金五百兩，雕鞍一，鯊鞍七，玲瓏撒袋一，撒袋實弓矢八，甲冑十，僮僕、牛馬、田宅、雜具畢備。上以女妻古爾布什爲額駙，賜名青卓禮克圖，畀滿洲、蒙古牛彔各一，授一等總兵世職，隸滿洲鑲黃旗。

天聰五年，太宗自將伐明，圍大凌河城。蒙古左翼兵戰不力，古爾布什當奪世職，上特賁之，罰鞍馬一、白金百兩。尋擢兵部承政。崇德三年，更定官制，改兵部右參政。六年，從伐明，圍錦州，敗敵於寧遠。七年，再圍錦州，敵兵出戰，古爾布什擊走之。古爾布什屢坐事論罰，至是以元妃喪，輔國公扎喀納軍中歌舞，吏議古爾布什不呵禁，不舉劾，當奪世職、籍沒，上復特賁之。順治初，從入關，破流賊。復遇恩詔，累進一等精奇尼哈番。十八年正月，卒，謚敏襄。康熙間，降襲二等精奇尼哈番。乾隆八年，定封二等子。

莽果爾與古爾布什偕來，同被賞賚。太祖以族弟濟白里女妻焉，亦授總兵。

鄂齊爾桑，博爾濟吉特氏，蒙古扎魯特部人。父巴克，為其部貝勒。天命四年，太祖既擊敗楊鎬，取開原；七月，復克鐵嶺，卽夕，巴克與喀爾喀部貝勒介賽等將萬餘人赴援，翌旦遂戰，諸部師大敗，獲介賽等及巴克以歸。七年正月，鄂齊爾桑入質，請釋巴克，上許之。八年，巴克朝正旦，上悅，遣鄂齊爾桑與俱還。

太宗卽位，以扎魯特部敗盟，貳于明，命貝勒代善、阿敏等將萬人討之，斬倡叛者貝勒昂爾寨圖，獲巴克及其二子，諸貝勒喇什希布、代青、桑噶爾寨等十四人以歸。上命隸滿洲鑲黃旗，賜衣服器用。尋授鄂齊爾桑牛彔額眞。

天聰三年，從伐明，明步兵自薊州至，與揚古利共擊破之。五年，圍大凌河城，敗錦州援兵。八年，授世職三等甲喇章京。八月，復從伐明，攻大同。上命噶布什賢噶喇依昂邦圖魯什將左軍，甲喇額眞吳拜將右軍，而以額駙多爾濟與鄂齊爾桑並將中軍，與明總兵曹文詔戰，大破之，追至城下，獲馬百。崇德二年，擢內大臣。六年，從上伐明，攻松山，明總兵曹變蛟夜犯御營，諸將未禦戰者皆坐譴，上以鄂齊爾桑自蒙古來歸，特免之。順治二年正月，以其子喇瑪思尙主，授固倫額駙。二月，進鄂齊爾桑三等梅勒章京。五年，卒，以其子楚勒襲，恩詔進二等。乾隆初，定封二等男。

太宗時，諸博爾濟吉特之裔來歸，爲將有戰功受封爵者，又有布爾喀圖、弼喇什、色爾格克。

布爾喀圖，初爲喀喇沁部台吉。天聰三年六月，使入貢，九月，來朝。十月，太宗自將伐明，以布爾喀圖嘗如明朝貢，習知關隘，使爲導。師入邊，克龍井關，撫定羅文峪，分兵命布爾喀圖戍焉。四年正月，明將丁啓明等以三千人來攻，布爾喀圖與戰，明兵敗，入堡。翌日進兵，克其堡，獲啓明及裨將三，俘馘甚衆，賜號岱達爾漢。五年正月，以貝勒阿巴泰第四女妻焉。三月，從上伐察哈爾。察哈爾部衆有降而復叛者，劫軍中土默特部人畜，布爾喀圖追擊，斬逋者，足被創，尋挈所部來歸。蒙古旗制定，隸正藍旗。崇德元年六月，授一等昂邦章京。順治元年，卒。子班珠勒，襲。恩詔累進一等伯。乾隆初，定封一等子。

弼喇什，亦喀喇沁部台吉。天聰二年二月，從其父貝勒布延謁太宗，請歸附。八月，上自將伐察哈爾，徵蒙古諸部兵，次綽洛郭爾。弼喇什從其汗拉斯喀布謁行在，獻財幣駝馬，上悉却之，賜宴，與以甲冑，遂從上擊察哈爾，戰有功。旋又從貝勒岳託伐棟奎部，與甲喇額眞薩木什喀、牛彔額眞布顔、巴牙喇壯達博爾輝等同力戰破敵，斬百餘人。尋率所屬人戶來歸。蒙古旗制定，隸鑲紅旗。上妻以宗女，命貝勒代善贍焉。弼喇什自陳貧乏，上賜以金。崇德元年，授世職三等昂邦章京。三年，與明通市張家口，命弼喇什蒞焉。六年，復往蒞。時諸王大臣各遣其屬從，有盜禮親王代善金者，弼喇什坐失囚，論罰。順治三年，從豫親王多鐸逐騰機思，道卒。子多爾濟，襲。改三等精奇尼哈番，恩詔進二等。乾隆初，定封三等子。

色爾格克，先世居喀喇徹哩克部。父阿拜岱巴圖魯，天聰間率衆來歸，授世職三等甲喇章京，隸正白旗。卒，以色爾格克襲，授一等侍衛。崇德元年，從伐朝鮮。朝鮮國王李倧保南漢山城，師從之，色爾格克登山，身被創，賚馬三。五年，從鄭親王濟爾哈朗等伐明，圍錦州，色爾格克率侍衛二十人前搏戰。有僧格依者，自蒙古降明，爲將，善戰，色爾格克擊斬之。鄭親王使啓心郎額爾赫圖還，上其功。六年，復圍錦州，令色爾格克選巴牙喇兵四十爲伏以待敵，得明將一，奪甲與械，卽以賜之。上自將禦洪承疇，命諸將設伏高橋，色爾格克斬明兵七，復賚馬二。又先衆破敵騎。師圍松山，爲壕環其城，城兵出擊烏眞超哈分守地，色爾格克以巴牙喇兵三十人赴援，城兵引退。七年冬，從貝勒阿巴泰伐明，越明都攻臨城；略山東，攻青州，皆力戰，被創。

世祖卽位，錄阿拜、岱巴圖魯舊勛及色爾格克戰功，復遇恩詔，授二等阿思哈尼哈番，擢內大臣。康熙十二年，聖祖加恩諸舊臣，色爾格克加太子少保。二十年，卒，諡勤敏。乾隆初，定封二等男。

阿濟拜，卓特氏，先世爲蒙古巴林部人。旗制定，隸正藍旗。初事太祖，授牛彔額眞。天命三年，太祖克撫順。師還，明總兵張承廕自廣寧襲師後，阿濟拜從貝勒阿巴泰還擊，破之。四年，破明總兵杜松於界凡。七年，敗明兵於沙嶺。阿濟拜皆在行間。

天聰三年，太宗伐明，阿濟拜以甲喇額眞從，略通州，斬邏卒五，獲馬四；薄明都，與甲喇額眞鄂羅塞臣等當袁崇煥，戰勝。九年，上命巴牙喇纛額眞布哈將八十人略明邊，至寧遠，俘九人，獲馬四、牛百餘。還，出邊六十里，明兵八千追至，布哈殿，戰沒，阿濟拜與巴牙喇甲喇章京托克雅、哈談巴圖魯等還擊敗敵，護所俘獲以還。上命賚以牛馬，予牛彔章京世職。

順治初，從入關，擊李自成。阿濟拜署梅勒額眞，爲後隊。尋與固山額眞伊拜逐寇山西，至澤州，數破賊壘，擢正藍旗蒙古梅勒額眞。二年，加半個前程。三年，從肅親王豪格討張獻忠，道漢中，與固山額眞巴哈納擊走叛將賀珍；徇秦州，與尙書星訥擊敗獻忠將高汝礪，獲馬驘百餘；進擊獻忠於西充，與巴牙喇纛額眞阿爾津、蘇拜連戰皆捷。敍功，遇恩詔，累進一等阿達哈哈番兼拖沙喇哈番。九年八月，以老乞休，命解梅勒額眞任。尋卒，謚忠勤。

恩格圖，失其氏，蒙古科爾沁部人。自哈達挈家來歸，授牛彔額眞。與甲喇額眞阿岱出駐伊蘭布里庫，防蒙古游牧軼界，率十人巡徼，遇敵百人，追斬殆盡。聞明兵千餘將攻海州，率三百人馳擊，敗之。天聰間，屢從太宗伐明，薄明都，擊滿桂軍；攻遵化，破敵壘，入大安口：皆先衆奮擊。以功，予世職二等甲喇章京，擢兵部承政。蒙古旗制定，恩格圖隸正紅旗，卽授本旗固山額眞。

崇德元年，從伐明，與阿岱等爲伏，殲明邏卒。復從伐朝鮮，薄其都城，與固山額眞譚泰等樹雲梯以登。尋坐伐明時，戰松山，正藍、正白、鑲白三旗營汛錯亂，匿不劾；師還出塞，遇敵戰敗：罰鍰，奪俘獲。又坐伐朝鮮時，方食，上召不卽赴，厮卒妄出，爲朝鮮兵所殺，論罪，上命罰鍰以贖。三年，從貝勒岳託伐明，攻密雲，距牆子嶺五里，恩格圖率兵先諸軍越高峯，入邊破敵。五年，從鄭親王濟爾哈朗等伐明，圍松山，明兵夜出劫營，恩格圖率本旗兵擊敗之。六年，從上伐明，上命恩格圖與噶布什賢噶喇依昂邦吳拜擊明總督洪承疇，恩格圖違上方略，遇敵不前。師還，吏議當褫職，命罰鍰以贖。尋令與諸將更番戍松山。

順治元年，從入關，擊李自成，進一等甲喇章京，加半個前程。從豫親王多鐸西破賊，移師向江南，賊躡我師後，恩格圖殿，四戰皆勝。尋破明將鄭鴻逵於瓜洲，復自江南徇浙江，至杭州，破敵，獲舟三十五。克嘉興，下崑山。進三等梅勒章京。復自浙江徇福建，與固山額眞漢岱共下府一、縣五；與梅勒額眞鄂羅塞臣共下府一、縣八；戰於分水關、於南靖：皆有功。四年，進一等阿思哈尼哈番。五年，討江西叛將金聲桓，卒於軍。乾隆初，定封二等男。

鄂本兌，曼靖氏，其先爲蒙古。入明爲守備。天命六年，太祖取遼陽，鄂本兌以兵三十五、馬六十出降。其後蒙古旗制定，隸正黃旗。七年，從伐廣寧有功，授世職游擊。天聰元年，太宗伐明，屯錦州，命額駙蘇納選蒙古將士禦敵塔山西，鄂本兌與焉，敵以二千人至，奮擊敗之。上移師寧遠，明總兵滿桂陣於城東，鄂本兌率五牛彔甲士破敵，進二等參將。

二年，從上伐多羅特部，以二百人先驅，遇敵，敵稍北，復出精銳死戰，我師且卻，鄂本兌躍騎突前，敵敗遁，上督諸貝勒並進，殺其台吉古魯，俘獲無算。進一等參將，擢右翼蒙古固山額眞。

三年，從上伐明，明邊將五道迎戰，鄂本兌率所部兵擊敵，斬參將一，獲其纛，入大安口，遂進薄明都，克永平、灤州、遵化、遷安四城。上命鄂本兌與固山額眞察哈喇等守遵化，貝勒阿敏駐永平，護諸將。明兵來攻，阿敏檄棄城引師退，敵已逼城下，鄂本兌以五十人出戰，斬邏卒七人，獲其馬，遂與察哈喇等全軍以還。鄂本兌爲殿，明師追至，屢擊卻之，引出邊，師無所損，進三等副將。五年，從上伐明，圍大凌河，屯城西。敵出戰，爭已下諸臺堡，鄂本兌與固山額眞和碩圖督兵並進，敵敗退入城，迫逐之及壕，敵死者甚衆。師還，得優賚。八年，改三等甲喇章京。九年正月，卒。康熙間，兄孫託克塔哈爾襲世職。從撫遠大將軍費揚古討噶爾丹有功，進三等精奇尼哈番。乾隆初，定封二等男。

和濟格爾，失其氏，蒙古烏魯特部人。入明爲千總。太祖取廣寧，從石廷柱出降，授甲喇額眞，隸烏眞超哈。其後漢軍旗制定，隸正白旗，並從漢姓爲何氏。和濟格爾事太祖，從伐巴林、棟奎諸部，有功。天聰三年，從伐明，詗敵薊州，斬邏卒三，敵三百來攻，和濟格爾衝鋒入，斬百總一。五年，復從伐明，圍大凌河，敗錦州援兵；城兵出樵採，爭臺堡，並擊敗之。與敵戰城下，我師執纛者墜壕，和濟格爾掖之出，復以鳥鎗殪敵兵三。八年，授世職牛彔章京。崇德三年，復從貝勒岳託伐明。四年，烏眞超哈析置四固山、八梅勒，以和濟格爾爲鑲白旗梅勒額眞。五年，從圍錦州，累敗敵。六年，復從圍錦州。敵自松山分踞高橋南三臺，和濟格爾以火器克之，殲敵百餘。七年，從克塔山、杏山二城，加半個前程，授正白旗梅勒額眞。八年，從克中後所、前屯衞二城，進一等甲喇章京。順治三年二月，卒。

拜音達里，和濟格爾子，襲二等阿達哈哈番。事聖祖，自參領擢宣化總兵官。十三年，耿精忠反，移拜音達里爲隨征福建總兵官，尙可喜請增兵戍廣東，上命與福建巡撫楊熙駐廣州。十五年，可喜子之信叛，拜音達里與熙督所部斬關突圍出，會大軍於贛州。上獎其忠勇，進一等。十九年，授駐防廣州副都統。二十七年，遷廣州將軍。三十七年，卒，以其子何天培襲。

天培時已官參領，累遷江南京口將軍。雍正初，命署江蘇巡撫。入爲兵部尙書，出爲江寧將軍；復入爲正白旗漢軍都統，署兵部尙書。六年五月，上以天培阿附年羹堯、隆科多下刑部逮治，擬斬監候。乾隆元年，赦出獄。尋卒。天培旣得罪，以拜音達里曾孫何鈞降襲二等阿達哈哈番。乾隆間，更名立柱。官至貴州提督。

阿賴，莽努特氏，世居喀爾喀部。太宗時，挈其孥來歸，隸蒙古正黃旗。嘗奉使阿祿部，降其部長，上嘉其能，賜號「達爾漢」，免賦役。率兵五百逐逃人，窮追數月，斬倡叛者四人，盡俘以還。又率兵攻喀木尼喀部，俘其部長葉雷，獲戶口牲畜無算。崇德九年，授一等甲喇章京，又半個前程，加賜號庫魯克達爾漢。尋授禮部左參政、正黃旗蒙古固山額眞。從攻錦州，設伏杏山邀擊，攻松山，敗敵。順治初，從固山額眞葉臣徇山西，師還，賜白金三百；三年，從擊騰機思；六年，討姜瓖：皆有功，進二等阿思哈尼哈番。康熙十二年，加太子太保。十七年，卒，謚武壯。

布延，郭爾羅特氏，蒙古察哈爾部人。初在其部爲塔布囊。天聰元年，偕昂坤杜稜來歸，隸滿洲正黃旗。從伐棟奎部，爲導。從伐克什克騰部，首陷陣。再從甲喇額眞圖魯什略明邊，俘其邏卒，斬百餘級，得樵車百餘、羸驢以百數。復略十三站，斬十級，得把總一、馬三。敍功，授世職牛彔章京。九年，偕布哈塔布囊略寧遠。既出邊，明兵千餘追至，布哈陷陣。哈談巴圖魯還戰，馬中矢仆，布延赴援，與之馬，力戰敗敵，賚俘一、馬二、牛三，進世職三等甲喇章京。

崇德元年二月，命齎書投明邊諸守將，歷松棚路、潘家口、董家口、喜峯口致責言焉。五月，從伐明，薄明都，敗明兵盧溝橋。三年二月，從伐喀爾喀部。七月，擢議政大臣，兼巴牙喇纛章京。九月，從伐明，自牆子嶺入，敗明兵，追擊，得馬八十七。四年，帥師戍烏欣河口。偕侍衞阿爾薩蘭攻松山，布延爲伏，斬二十一級。詗敵錦州，斬邏卒八，得馬十二。五年，從睿親王多爾袞圍錦州，擊敗明步軍。六年，從鄭親王濟爾哈朗克錦州外城，與內大臣伊爾登戰最力，賚百金，進世職二等甲喇章京。八月，上自將擊洪承疇，其將曹變蛟夜襲上營，布延以內大臣不嚴守禦，論罰。七年二月，師擊承疇，布延兵後至，當死，命論罰以贖。十一月，伐明，圍薊州。

順治二年，世祖以布延舊臣，進世職一等甲喇章京。其從子烏納海，先以戰死，卹贈世職牛彔章京，命布延併襲，進三等阿思哈尼哈番。八年，卒，次子茂奇塔特襲世職。茂奇塔特，康熙三十五年，從征噶爾丹有功，加拖沙喇哈番，例進二等。乾隆初，定封二等男。

阿爾沙瑚，瓦三氏。初爲察哈爾林丹汗護衞。林丹汗敗走唐古特，阿爾沙瑚帥所屬四十餘戶渡哈屯河來歸，隸蒙古鑲白旗，授世職游擊。崇德三年，從伐明，自牆子嶺入，屢敗明兵，行略地至濟南。四年三月，師還出塞，復擊敗太平寨明兵。五年，從伐索倫部，獲部長博穆博果爾及其孥。六年，從伐明，圍錦州。明以騎兵出松山，謀劫紅衣砲，阿爾沙瑚力戰却之，又敗洪承疇所將步兵，以功進世職一等甲喇章京。八年，卒，以兄子果爾沁襲。

果爾沁時已爲牛彔額眞。從伐朝鮮，嘗以侍衞二十人敗敵。順治初，從入關，擊李自成，加半箇前程。再遷鑲白旗蒙古梅勒章京，進世職二等阿思哈尼哈番。十七年，遷本旗固山額眞。上命定西將軍愛星阿帥師與吳三桂合兵逐明桂王由榔，以果爾沁爲副，敕愛星阿軍中機事皆俾果爾沁與議。十八年九月，師次大理，休馬力。逾月，出騰越，道南甸、隴川、猛卯。十一月，薄木邦，明將白文選方據錫箔江爲守。果爾沁與固山額眞遜塔，巴牙喇纛章京畢力克圖、費雅思哈，噶布什賢昂邦白爾赫圖等，簡精銳疾馳三百餘里，至江濱。文選毀橋走茶山，令總兵官馬寧以師從之，至猛養，文選降。師進次晚蓿，得由榔以歸。康熙三年，進一等阿思哈尼哈番兼拖沙喇哈番。尋列議政大臣，調本旗滿洲都統。九年二月，卒，謚襄敏。乾隆初，定封二等男。

額琳奇岱青，博爾濟吉特氏。居翁牛特部，爲察哈爾部宰桑。林丹汗敗走，所部皆潰，額琳奇岱青將來歸；會宰桑多爾濟塔蘇爾海率所屬游牧，與我師遇，倚山拒戰，敗遁，額琳奇岱青追及之，與謀偕降。天聰八年六月，上自將伐明，道塞外，師次波碩兗。額琳奇岱青、多爾濟塔蘇爾海及顧實、布顏代、塞冷等五宰桑率丁壯七百人及其孥二千口來歸，上遣將護詣瀋陽，厚賚之，分隸蒙古正白旗。崇德元年，授世職二等昂邦章京。三年，從伐明，自青山口入，越明都，略地山東，累戰皆勝。六年，圍錦州，與阿爾沙瑚同功，進一等，世襲罔替。八年，卒。順治間，追謚勤良。子札木素，襲。聖祖卽位，加恩諸大臣舊自察哈爾來者，札木素與內大臣噶爾瑪、散秩大臣沙哩岱等，並賜莊田、奴僕。康熙三年，授內大臣。六年，卒。乾隆初，定封一等子。

德參濟旺，博爾濟吉特氏，世居阿布罕。初爲察哈爾部宰桑。林丹汗敗走，以所屬從。天聰八年，上自將伐明，略宣府，攻萬全左衞，遂出尙方堡二十里駐軍。時林丹汗走死大草灘，德參濟旺與噶爾瑪濟農、多尼庫魯克、多爾濟達爾漢諾顏號四大宰桑，挾林丹汗二福金，率丁壯二千人及其孥來歸，遣三十人先奏上。上進次克蚌，命所司運米三百石以待。二福金及德參濟旺等至，謁上行在，上與之宴，賜貂裘、鞍馬、牛羊。還師，復宴新附諸臣，德參濟旺等跪進酒，上曰：「朕本不飲酒，念爾曹誠意，當盡此一巵。」復酌酒徧賜之，並賚甲胄、衣裘，授世職一等昂邦章京，隸蒙古正黃旗。九年六月，察哈爾台吉瑣諾木來降，上召宴，德參濟旺與焉。上因言：「察哈爾傾覆，爾諸臣來歸，朕皆預知。」德參濟旺奏曰：「聖諭及此，洵有如神之鑒也！」順治二年，坐事，降三等。三年，從豫親王多鐸北討騰機思，鄂特克山之役，及破土謝圖汗，德參濟旺皆與有功焉。語詳奇塔特徹爾貝傳。復進一等。是歲，改一等精奇尼哈番。五年八月，卒。乾隆初，定封一等子。

多爾濟達爾罕，博爾濟吉特氏，居翁牛特，爲察哈爾部宰桑。與德參濟旺等同降，隸蒙古鑲黃旗。崇德元年，授世職一等梅勒章京，以爲都察院承政。三年，更定官制，改參政。六年，上自將擊洪承疇，命多爾濟達爾罕偕承政阿什達爾罕度善地駐軍，並察諸軍斬級多寡，還報稱旨，擢內大臣，仍兼參政。七年七月，祖大壽來降，上幸牧馬所，命諸內大臣與較射，賞中的者，多爾濟達爾罕得駝一。十月，從饒餘貝勒阿巴泰伐明，行略地，自薊州至於兗州。師還，上言：「師自兗州還，右翼諸固山不遵貝勒期約，先左翼諸軍出塞。賴上威靈懾敵，我軍縱橫如行無人地，得全師以還。萬一有失，悔何及？」請論罰，上爲停右翼諸軍賞。順治間，上推太宗舊恩，並考滿，進三等精奇尼哈番，復授都察院承政。七年，命以內大臣與議政，恩詔一等，兼拖沙喇哈番。十七年四月，卒，謚順僖。乾隆初，定封三等子。

奇塔特徹爾貝，哈爾圖特氏。初爲察哈爾部宰桑。林丹汗敗，奇塔特徹爾貝以四百戶保哈屯河。天聰八年十一月，上使招焉，渡河次西拉木輪，旋從使者來歸，上厚賚之，隸蒙古正藍旗。林丹汗有八大福金，掌高爾土門固山事福金，其一也。林丹汗殂，所部宰桑衮出克僧格妻焉。上以衮出克僧格叛主，奪福金畀奇塔特徹爾貝。

崇德元年，授世職三等昂邦章京。三年九月，從伐明，自青山口入，越明都，略山東。

明年，師還，以所部牛彔額眞珠額文經三屯營，率兵役掠敵糧，戰死。奇塔特徹爾貝未及援，罰納馬。九月，從伐明，薄寧遠，以火攻擊卻明兵。六年，圍錦州，破洪承疇。既，復與阿爾沙瑚共擊敗明兵來劫砲者及承疇所將步兵，進世職二等昂邦章京。

順治初，從入關，逐李自成，至慶都。三年，從豫親王多鐸北討騰機思，師次英噶爾察克山，聞騰機思在滾葛魯台，疾馳逐之，至鄂特克山，獲其孥。土謝圖汗以六萬人次扎濟布拉，爲騰機思聲援，奇塔特徹爾貝等率所部擊之，敗走，逐北三十餘里。詰旦，碩類汗復以二萬人至，復擊之，亦敗走。以功進一等。康熙三年，卒。子鄂諾勒，襲。十八年，鄂諾勒以參領從護軍統領莽吉圖南討鄭錦，卒於軍。

洛哩，鄂爾沁氏。初爲察哈爾林丹汗護衞。天聰六年，太宗自將伐察哈爾，林丹汗走死，洛哩持元初巴斯巴喇嘛所鑄嘛哈噶拉金佛，率百餘人來歸。隸蒙古正黃旗，授世職一等參將。崇德三年，從貝勒岳託伐明，自牆子嶺毀邊牆入，擊敗明總督吳阿衡。六年，從伐明，圍錦州，城兵出戰，左翼三旗巴牙喇兵擊之不利，退入壕，明師環之，逼洛哩分守地。洛哩力戰，沒於陣，卹贈三等梅勒章京。

洛哩兄沙濟，弟烏班和碩齊、沙哩岱。沙濟襲洛哩遺爵。烏班和碩齊當林丹汗走死，別率七十人來歸，授游擊。卒，以其弟沙哩岱襲。順治初，沙哩岱以牛彔額眞從睿親王多爾袞入關擊李自成，復從豫親王多鐸討騰機思，擊敗土謝圖汗、碩類汗，進二等阿達哈哈番。尋沙濟亦卒，沙哩岱兼襲，合爲二等精奇尼哈番，授散秩大臣。順治十八年，聖祖卽位，加恩諸大臣舊自察哈爾來歸者，沙哩岱及內大臣噶爾瑪、散秩大臣札木素等，並賜莊田、奴僕。康熙元年，卒。乾隆初，定封二等子。

太宗時諸將自蒙古來歸以戰死者，又有奇塔特偉徵、巴賴都爾莽奈、巴賴都爾莽奈子阿南達、孫阿喇納，皆有聲績，自有傳。其事世祖戰死，則有袞楚克圖英、琿津、沙爾布。

奇塔特偉徵，博爾濟吉特氏，鄂爾多斯哈爾濟農族人也。世居克魯倫。太宗時，與其弟額爾格勒珠爾、喀蘭圖、扎克托會率所屬來歸，隸蒙古正黃旗。天聰八年正月，上遣蒙古軍略錫爾哈、錫伯圖，收察哈爾流散部衆，奇塔特偉徵與岱青塔布囊斬七十三人，降百餘人，獲馬駝數十。五月，上自將伐明，次古爾班圖勒噶，命蒙古軍別出間道，與大軍會錫喇烏蘇河，奇塔特偉徵行遇察哈爾五人將遁入阿祿部，擒以獻。九年五月，從貝勒多鐸伐明，次寧遠。奇塔特偉徵時爲噶布什賢噶喇昂邦，率所部前驅，至大凌河西，明將劉應選、趙國志將七千人迎戰，我兵寡，奇塔特偉徵力戰，沒於陣，卹贈三等梅勒章京。

額爾格勒珠爾，崇德間，屢從伐明，徇山東，圍錦州，戰松山，皆有功。順治間，從入關擊李自成，予世職牛彔章京，加半箇前程。卒，無子，以喀蘭圖子察琿襲。

喀蘭圖，崇德間爲一等侍衞。順治初，世祖推太宗舊恩，復屢遇恩詔，世職累進二等阿達哈哈番。睿親王多爾袞攝政，請上幸其第，喀蘭圖方退直，聞上扈從無多人，卽持弓矢趨詣左右防衞。及世祖親政，敕獎喀蘭圖忠篤，賜金帛、鞍馬、莊田，命以其族改隸滿洲正黃旗，進世職一等。尋以上行圍扈從愆遲，復爲二等。事聖祖，累官理藩院尚書。乞老，授內大臣，加太子太保。卒，謚敏壯。子察琿兼襲，合爲三等阿思哈尼哈番。康熙十三年，安親王岳樂討吳三桂，次袁州，與吳三桂將馬寶戰鈐岡山，死之。進二等。

扎克托會，事太宗，授正黃旗蒙古梅勒額眞。從伐朝鮮，坐所部戰艦不時至，解官。尋以追敍來歸功，累遇恩詔，授世職一等阿達哈哈番兼拖沙喇哈番。卒，子錫喇布，襲。順治間，從靖南將軍珠瑪喇徇廣東，擊明將李定國，戰於新會，錫喇布力戰破敵，進三等阿思哈尼哈番。

袞楚克圖英，和勒依忒氏。初爲察哈爾宰桑。林丹汗敗走，部衆皆潰散。天聰八年，太宗自大同還師，屯尚方堡，袞楚克圖英將二百餘人，與故宰桑德參濟旺等來歸。蒙古旗制定，隸正紅旗，授甲喇額眞。崇德元年，授世職一等梅勒章京。二年，坐事，降一等甲喇章京。三年，從伐明，入牆子嶺，明兵自密雲至，袞楚克圖英引避，當譴，上以降將貸之，收其牲畜，分界諸自察哈爾降者。六年，復從伐明，圍錦州，戰松山。八年，略寧遠，屢擊敗明兵。順治初，從入關，擊李自成，與固山額眞恩格圖合軍力戰敗賊。二年，進三等梅勒章京。三年，從討張獻忠，屢戰皆勝。六年正月，從討姜瓖，攻大同，城兵出劫土默特營，袞楚克圖英赴援，中流矢，沒於陣，進二等阿思哈尼哈番。乾隆初，定封二等男，袞楚克圖英六世孫望吉爾襲。從討霍集占兄弟，戰死葉爾羌，贈一等男。

琿津，薩爾圖氏，世居敖漢部。太宗收敖漢，琿津從衆來歸，行失道，入明錦州。崇德六年，我師圍錦州，琿津與蒙古台吉諾木齊、武巴什等縋城出降，授世職牛彔章京，隸蒙古鑲藍旗。旋授甲喇額眞。順治初，從入關，擊李自成，署梅勒額眞。督後隊，有功，加半個前程。六月，與固山額眞覺羅巴哈納略山東。七月，移師徇山西，自成將陳永福據太原，琿津單騎行城下，城兵驟出，擊之，敗走，遂克太原，其屬州縣十有五皆下，賚白金。二年，與固山額眞都雷逐自成至九江口，得其舟。三年，從肅親王豪格討張獻忠，時叛將賀珍據漢中，以二千人守鷄頭關，拒我師。琿津率右翼兵從貝勒尼堪擊之，敗走，遂進兵入四川，與固山額眞巴特瑪等擊獻忠，屢戰皆捷。

獻忠既誅，復與巴牙喇甲喇額眞希爾根定涪州，以功進三等阿達哈哈番，眞除鑲藍旗蒙古梅勒額眞。復從鄭親王濟爾哈朗徇湖廣，時自成餘衆降於明，分屯寶慶、沅州諸郡縣。

六年，琿津與噶布什賢噶喇依昂邦努山、梅勒額眞拜音岱等攻克寶慶，徇沅州，破敵於洪江，斬所署總兵二、副將四、兵二千餘，得舟九。師還，進一等阿達哈哈番兼拖沙喇哈番。十五年，從信郡王多尼下雲南。十六年四月，克永昌。師渡潞江，明將李定國爲伏磨盤山。師至，破其柵，琿津與固山額眞沙爾布率衆深入，伏起，遂戰死，諡壯勤。

沙爾布，博爾濟吉特氏。崇德二年，自察哈爾率百餘丁來歸，授牛彔額眞，卽使轄其衆，隸蒙古鑲白旗。尋擢一等侍衛。至順治九年，三遷，授本旗固山額眞。恩詔予世職拖沙喇哈番。十年十一月，命與寧南大將軍陳泰帥師守湖南。十二年，明將劉文秀、盧明臣、馮雙禮等將數萬人分道侵岳州、武昌，沙爾布與巴牙喇纛章京蘇克薩哈設伏邀擊，大敗之。敵復攻常德，舟千餘蔽江而下，沙爾布督軍截擊，六戰皆捷，縱火焚其舟。明臣赴水死，雙禮被創遁，文秀走桃源。沙爾布與巴牙喇纛章京都爾德等以師從之，文秀走貴州。十五年，從多尼下雲南。明年，與琿津同戰死，諡襄壯，進世職拜他喇布勒哈番。乾隆間，高宗命八旗世職先世以死事卹敍，襲次已滿者，皆予恩騎尉，世襲罔替，沙爾布等皆與焉。

論曰：蒙古喀爾喀、科爾沁諸部，東與扈倫四部接。太祖兵初起，一戰知不敵，率先歸附。明安、恩格德爾皆申以姻盟，賞延於世。鄂齊爾桑初爲質子，恩禮與相亞。阿濟拜等於蒙古爲庶姓，皆以功受賞。察哈爾林丹汗庭，西處宣、大邊外，太宗乘其衰，以兵收之。布延等有戰績，而洛哩諸人效命疆場，尤有足多者。最初蒙古來附，即隸滿洲；有自明至者，又入漢軍。天聰九年，定蒙古旗制，先已籍滿洲、漢軍者，亦不復追改也。

清史稿卷二百三十

列傳十七

武理堪 子吳拜 蘇拜 蘇拜子和託 武納格 子德穆圖 齊墨克圖

阿什達爾漢 蘇納 固三泰 固三泰子明阿圖 明阿圖子賽弼翰 瑚什布

瑚什布子穆徹納 鄂莫克圖 喀山 喀山子納海 安達立 綽拜 布丹

孫達哩 吉思哈 弟吉普喀達 吳巴海 康喀勒 從兄子和托 瑪拉

兄孫通嘉 薩璧翰

武理堪，瓜爾佳氏，世居義屯。父伊蘭柱，徙居哈達費德里。太祖初起，武理堪來歸。歲癸巳，葉赫糾九部之師，三道來侵，上遣武理堪出東路偵敵。武理堪出虎攔哈達新城，行將百里，方度嶺，羣鴉競噪，若阻其行者，武理堪心異之，度行且與敵左，馳歸告上，上命改道自札喀路向渾河部。武理堪行，薄暮至渾河，敵方屯北岸會食，爨火密如星。武理堪得葉赫邏卒一，言敵兵三萬，將夜度沙濟嶺而進，遂挾以還報，時夜方半，上命旦日出師。武理堪慮我軍怵敵衆，言曰：「敵雖衆，心不一，誰能禦我？」及戰，遂破諸路兵。

旗制定，武理堪隸滿洲正白旗，分轄丁戶，爲牛彔額眞。出從征伐，率選鋒前驅，爲噶布什賢噶喇昂邦。天命四年，明經略楊鎬合諸鎭兵四道來侵，太祖督諸貝勒帥師禦之。既敗其三道，獨總兵李如柏出鴉鶻關，未與我師遇，鎬檄使引還。武理堪方率二十騎邏虎攔山，見如柏軍行山麓，乃令諸騎立馬山巔，鳴螺，脫帽繫弓末，揮且譟，若指揮伏兵者，如柏軍望而愕顧。武理堪遂縱騎疾馳下擊，斬四十人，獲馬五十匹，如柏軍奪路走，相蹂藉死者復千餘。武理堪尋卒，太祖嘆曰：「武理堪從朕摧鋒陷陣，幾死者數矣！」乃錄其二子吳拜、蘇拜。

吳拜，年十六，從太祖伐明，略撫順，遇敵輒奮鬭，矢中頞不顧。嘗從太祖獵，有熊突圍出，躍上峻嶺，太祖遙望見一人躍馬射熊，貫胸而墮。上顧侍臣雅蓀曰：「是非吳拜不能。」遣視之，吳拜也。因諭諸皇子曰：「吳拜之勇，今共見之矣！」遂授侍衞。天命四年，從伐葉赫，負重創，力戰不退，師還，賜良馬。明總兵毛文龍誘我新附之衆實皮島。吳拜循徼三日，獲逋八十餘，射殺文龍使者，還告上。時吳拜已代父爲牛彔額眞，上命以所獲隸所轄牛彔。六年，從伐明。破明軍於南壽山，授備禦。既克遼陽，以俘獲分隸諸將，上以吳拜能繼父志，年少建功，命視一等大臣，隸千人。十一年，蒙古巴林部貝勒囊努克背盟掠境上，上遣將討之，吳拜從，諜者爲敵困，援之出，殪敵百人。

太宗卽位，列十六大臣，佐鑲白旗。命逐蒙古亡去者，至都爾弼。蒙古亡去者十五人，拒戰，吳拜旣被創，仍奮擊，盡斬之。太宗諭諸大臣曰：「是固先帝數嘉許者！」賞特厚。天聰四年，伐明，取永平、灤州等四城，吳拜從貝勒阿敏守永平。阿敏引還，吳拜當坐罪逮繫，以嘗率擺牙喇兵援灤州，夜入敵營，太宗命貰之，釋其縛。尋授噶布什賢甲喇章京。五年，從伐明，圍大凌河城，與甲喇章京蘇達喇詣錦州偵敵。六年，從伐察哈爾，率精騎前驅，道遇蒙古亡去者，擊殺之，察哈爾林丹汗西奔土默特部。師還，取歸化城，上命吳拜撫輯降者。

八年，伐明，攻大同，多爾濟將中軍，圖魯什將左軍，吳拜將右軍，明總兵曹文詔迎戰，擊敗之。復與甲喇章京席特庫設伏宣府，獲明守備一，殲其游騎。尋與承政阿什達爾漢等招林丹汗子額哲來歸。九年五月，明屯軍大凌河西，吳拜與固山額眞阿山、石廷柱、圖賴要其歸路，斬明副將劉應選，獲游擊曹得功及守備三，殲步騎五百餘，復攻克松山城南堡。師還，進三等甲喇章京。是時，上遣諸貝勒分道伐明，命吳拜等帥師駐上都城舊址，偵軍事。崇德元年，復命與勞薩等齎書投明邊吏。

冬，征朝鮮，命與承政馬福塔等率兵三百爲前驅，襲朝鮮都城，朝鮮王倧走南漢山城。師進，吳拜與勞薩擊破朝鮮援兵，斬二百餘級。二年，授噶布什賢噶喇昂邦，列議政大臣。甲喇章京丹岱、阿爾津等如土默特互市，將還，命吳拜率將校至歸化城迎護，遇明邏卒十六人，斬其十五，獲馬十九，俘一，以還。

三年四月，略寧遠，逐敵墮壕，斬馘甚衆。八月，率兵八十人至洪山口，遇明兵，斬其裨將，復擊走羅文峪騎兵五百，奪其纛，獲馬四十，殲密雲步兵百餘。五年，與勞薩率兵過中後所，略海濱，斬級二百，獲馬騾牲畜。我師攻錦州，命吳拜駐軍要隘爲策應，屢敗敵兵。六年春，以攻錦州勿克，論統師王貝勒罪，吳拜坐罰鍰。秋，上自將攻松山，明兵敗走，吳拜未邀擊，逮繫，旋命釋之。七年，從貝勒阿巴泰入明邊，敗敵豐潤、三河、靜海，至於青州。八年，從鄭親王濟爾哈朗取明中後所、前屯衞。十一月，復授正白旗梅勒額眞。順治初，從入關，擊李自成。二年，解梅勒額眞，授內大臣。三年，從豫親王多鐸討蘇尼特部長騰機思。四年，與輔國公鞏阿岱、內大臣何洛會帥師戍宣府。論功，遇恩詔，累進二等伯。

蘇拜，年十五，從太祖伐蒙古有功，授侍衞，兼領牛彔額眞。天聰間，從軍收察哈爾林丹汗子額哲，遂入明邊，攻代州，明兵三百自崞縣赴援，蘇拜爭先當敵，明兵潰走。崇德元年，從伐朝鮮，破敵桃山村。三年，授擺牙喇甲喇章京。從貝勒岳託伐明，自牆子嶺入，越明都，擊敗明太監馮永盛。四年，圍錦州，蘇拜屢擊敗明援兵自松山、杏山至者；又與固山額眞圖爾格等伏兵烏忻河口，多所俘獲，敵千餘躡師後，擊卻之，獲其輜重。六年，復圍錦州，敗松山騎兵，又敗明總督洪承疇所將步兵，予世職牛彔章京，兼半個前程。七年，從貝勒阿巴泰伐明，敗敵，克樂安、昌邑。八年，師還，進三等甲喇章京。

順治初，從入關，擊李自成。世祖旣定鼎，命將分道討自成：以豫親王多鐸爲定國大將軍，出山西、河南；英親王阿濟格爲靖遠大將軍，道塞外土默特、鄂爾多斯諸部入邊，南取西安，蘇拜佐阿濟格軍。方冬，渡黃河，鑿冰以濟。明年春，至榆林。自成兵夜襲蒙古軍，蘇拜與擺牙喇纛章京徹爾布赴援，賊敗走，還軍遇伏，復擊卻之。攻延安，七戰皆勝。自成走湖廣，追之至安陸，屢破賊壘，俘馘無算。三年，攝擺牙喇纛章京。從肅親王豪格討張獻忠，敗獻忠將高汝礪於三寨山，進擊獻忠於西充。賊攻正藍旗營，蘇拜與阿爾津共援之，大破賊兵。五年，師還，授擺牙喇纛章京。論功，遇恩詔，累進二等精奇尼哈番。

八年正月，吳拜、蘇拜及內大臣洛什、博爾輝發英親王阿濟格罪狀，吳拜進三等侯，蘇拜進一等精奇尼哈番加拖沙喇哈番。二月，洛什、博爾輝以諂媚諸王、造言構釁，論死；吳拜兄弟坐削爵，奪官，籍沒。蘇拜又坐阿徇睿親王多爾袞，論死，上特宥之。九年，起蘇拜爲正白旗梅勒額眞。十三年，擢內大臣。十五年，上念吳拜兄弟事太祖、太宗有戰功，復授吳拜世職一等精奇尼哈番，蘇拜一等阿思哈尼哈番。尋授蘇拜領侍衞內大臣。康熙三年十二月，蘇拜卒，諡勤僖。四年四月，吳拜卒，年七十，諡果壯。吳拜子郎談，自有傳。

蘇拜第三子和託，康熙間以侍衞從討王輔臣，戰平涼城北，殺賊甚衆；從討吳三桂，戰攸縣，敗三桂將王國佐等；戰永興，敗三桂將胡國柱等。十九年，自廣西進兵攻石門坎、黃草壩，薄雲南省城，敗吳世璠將胡國柄、劉起龍等，皆有功。官至護軍參領，予世職騎都尉加一雲騎尉。五十二年，卒。

武納格，博爾濟吉特氏，隸蒙古正白旗。其先蓋出自蒙古，而居於葉赫。太祖創業，武納格以七十二人來歸。有勇略，通蒙、漢文，賜號「巴克什」。歲癸丑，從伐烏喇有功，授三等副將。天命十一年，太祖伐明，圍寧遠城未下，命武納格別將兵攻覺華島。明參將姚撫民將兵四萬，倚島列屯，鑿冰爲壕，袤十五里，衞以盾。武納格督軍爭壕，首排盾逕入，盡殲其衆，焚所儲芻糗及舟二千餘，進三等總兵官。

太宗卽位，武納格總管蒙古軍，位亞揚古利、李永芳，在八大臣上。旋以蒙古軍益衆，分左、右二營，武納格與鄂本兌同爲固山額眞。天聰三年春，與額駙蘇納等率蒙古軍，益以滿洲驍卒八十人，伐察哈爾，降其邊境二千戶。軍中流言降者瞷我師寡將爲變，於是盡殲其男子，惟二台吉得免，俘其孥八千。太宗責武納格等殺降非義，奪所給牲畜，命以所俘分隸二翼，贍之毋失所。冬，從太宗伐明，入龍井關，克遵化，進薄明都。明督師袁崇煥自寧遠來援，左翼蒙古兵迎戰不能勝，武納格麾右翼蒙古兵繼進，遂敗敵。賜俘獲之半以犒其軍。尋克固安。四年春，克永平。明將以三千騎自玉田至，武納格遣兵擊之走，獲馬百餘。行略豐潤，還，聞明兵四千攻大安口城急，與察哈喇赴援，解其圍。又就軍士行樵，設伏致敵，斬獲無算。

五年秋，復從伐明。明總兵祖大壽守大凌河城，杏山守將與大壽書，謀攜軍棄城相就，武納格獲以獻，得其情，於是環城築壘鑿壕，爲久困計。武納格統蒙古兵屯城東南，大壽縱兵出攻我所下臺堡，武納格與貝勒阿濟格等率兵夾攻，殲敵過半，自是城兵不復出。六年夏，與阿濟格招撫大同、宣府邊外察哈爾部衆。七年秋，與貝勒阿巴泰等侵明，攻山海關，有所俘獲。師還，明兵追襲，武納格爲殿，力戰却之。太宗諭諸貝勒大臣曰：「武納格所在建功，今又爲殿敗敵。人臣爲國，當如是也！」

八年五月，改蒙古軍左、右營爲左、右翼，以武納格爲左翼固山額眞。定諸將功次，武納格以一等昂邦章京世襲，旋進三等公。是年，太宗復率諸貝勒分道伐明，命武納格統蒙古軍爲策應，入獨石口，越興安嶺，經保安州，至應州，與大軍會，道收察哈爾千餘戶，所過諸州縣，或攻或撫，悉稱上意。閏八月，自得勝堡班師，收蒙古逃人自陽和入者四百七十人。九月，喀爾喀部衆爲察哈爾所襲殺，命將百人往詗，斬二十餘人而還。九年二月，卒。子德穆圖、齊墨克圖、廣泰。

德穆圖，武納格長子也。初任牛彔額眞。崇德三年正月，擢戶部承政。七月，更定官制，改右參政。四年，從上伐明，圍松山，樹雲梯攻城。會明兵自錦州赴援，德穆圖度不能克，棄雲梯引還，罪當死，上特貰之，論罰。尋兼任梅勒額眞。六年，從鄭親王濟爾哈朗伐明，圍錦州。蒙古貝勒諾木齊等守外城，約降，鄭親王令德穆圖迎之。諾木齊方率所部與明兵戰，德穆圖以其子阿桑喜出我師克外城，諾木齊始來歸。德穆圖詭言諾木齊父子皆所拔出，論罰，籍家產之半，罷參政、梅勒額眞，俾專領牛彔。七年，從貝勒阿巴泰伐明，自薊州入邊，薄明都，略山東。順治元年，從入關擊流賊，授拜他喇布勒哈番。二年，從豫親王多鐸攻潼關，遂定江南。敗明將鄭鴻逵於瓜洲，與都統馬喇希徇常州，與明將黃蜚等遇，再戰皆捷。分兵下宜興、崑山諸縣，加拖沙喇哈番。復任本旗蒙古副都統，三進一等阿達哈哈番。九年，卒。

齊墨克圖，武納格次子。早歲屢從行陣，略寧遠，敗明兵。武納格既卒，以廣泰襲世職，從伐明，坐違令不前，奪世職，以齊墨克圖降襲一等阿思哈尼哈番。復從伐明，與沙爾虎達等率邏卒至錦州，明兵五百來追，還擊敗之，獲馬六十及其纛。太宗伐明，三圍錦州，齊墨克圖皆在軍中，遇城兵出戰，驟馬截擊，陣斬十人。攻洪承疇所將步卒，掩殺甚衆，又敗敵援兵。崇德八年三月，與阿爾津、哈寧阿等伐黑龍江，圍都里屯，克之；又降大小噶爾達蘇、能吉爾三屯師；賚貂皮、銀幣。十一月，擢梅勒額眞，佐本旗。順治初，從入關，加拜他喇布勒哈番，合爲三等精奇尼哈番。三年，從定西大將軍何洛會擊破叛將賀珍。五年，卒，復以廣泰襲一等阿思哈尼哈番，別以齊墨克圖子薩哈炳分襲拜他喇布勒哈番。廣泰遇恩詔，進二等精奇尼哈番。乾隆初，定封三等子。

阿什達爾漢，納喇氏，與葉赫貝勒金台石同族，爲兄弟，太宗諸舅也。太祖滅葉赫，阿什達爾漢率所屬來歸，授牛彔額眞，隸滿洲正白旗。天命六年二月，從伐明，攻奉集堡，圍其城，阿什達爾漢先諸將奮進，三月，攻遼陽，復先登，克之，授一等參將，敕免死一次。

太宗嗣位，以阿什達爾漢典朝鮮、蒙古諸屬部，嘗奉使宣諭。天聰六年，明邊吏遣使議和，上命阿什達爾漢及白格、龍什等報聘。旣盟而歸，白格言阿什達爾漢及龍什等受明邊吏餽，命奪入官。六年，從貝勒濟爾哈朗、薩哈璘如蒙古鞫獄，賚敕二十道，失其九，論罰。十一月，復以定律令頒布蒙古諸部。

八年五月，上自將伐察哈爾林丹汗，命徵兵科爾沁部，會於宣府左衞。林丹汗西遁，道死。所屬額爾德尼囊蘇等以其衆降。上命阿什達爾漢及吳拜等挾額爾德尼囊蘇詗林丹汗子額哲所在。九月，率來降台吉塞冷等還，並報復有祁他特等率千人而來者，踵相接也。旋命至春科爾大會蒙古諸部，分畫牧地，使各有封守，復與諸貝勒亭平其獄訟。十一月，還報稱旨，令專轄一牛彔。九年二月，從貝勒多爾袞等將萬人取額哲。四月，師至托里圖，多爾袞等遵上所授方略，遣阿什達爾漢及金台石孫南褚諭額哲母。額哲母，金台石女孫也，阿什達爾漢爲其族尊行，額哲遂從其母舉部來降。當我軍未至，有鄂爾多斯濟農圖巴者招額哲，與盟而去。阿什達爾漢偵知之，追及圖巴，令悉歸額哲之餽。又率兵入明邊，略宣府、大同，入山西境，多所俘獲。師還，上親迎勞之。

崇德元年六月，授都察院承政。上御崇政殿，侍臣巴圖魯詹、額爾克戴青後至，阿什達爾漢責其慢，叱出之。十月，與希福使察哈爾、喀爾喀、科爾沁諸部，申明律令。十二月，從伐朝鮮，國王李倧走保南漢山城，豫親王多鐸帥師追之，圍城。朝鮮諸道援兵合萬八千人，樹二柵城外，悉衆出戰，阿什達爾漢及貝子碩託率精騎銳進，大破其軍。朝鮮別將以五千人屯山麓爲聲援，復分兵百，循河而南，阿什達爾漢馳擊盡殲之，攻破其壘，餘衆皆潰。二年正月，倧請降。論功，進三等副將，世襲。尋復使科爾沁、巴林、扎魯特、喀喇沁、土默特、阿祿諸部，頒赦，且讞獄。明年五月，部議阿什達爾漢讞獄失平，受蒙古諸部餽，命罷承政，奪所餽入官。七月，復授都察院承政。

五年，與參政祖可法等疏論時事，略言：「皇上欲恢張治道，深思篤行之。今諸國景附，朝廷清明，而諸王以下至諸固山額眞，彼此瞻顧，第念身家，莫肯一心爲國，有所論列。不知果無可言耶，抑有所畏忌而不敢言耶？夫刑所以防民之姦，骫於法則麗於刑，此不可宥也。今刑部斷獄不依本律，諸臣有坐者，或從重論，輒削其職。臣思諸臣歷戰陣，出死力，蒙恩授官；一旦有過，豈可不論重輕而遽削其職乎？臣等竊思先時簡選議事十人，今皆不稱職，宜罷斥。令甲，戰死者將吏得世職，兵則恤其妻孥。今又未盡行，惟皇上裁察。」疏入，上嘉納之。

六年，從伐明，上督諸軍圍松山。明總兵曹變蛟屯乳峯山，乘夜棄寨，率步騎直犯御營，諸將力戰卻之。阿什達爾漢未至，論罪，罷承政，降世職爲牛彔章京。尋卒。

太祖諸臣自葉赫來歸者，蘇納、固三泰、瑚什布皆與金台石同族。

蘇納當葉赫未亡，棄兄弟歸太祖，太祖妻以女，爲額駙。編所屬人戶爲牛彔，使領牛彔額眞，隸正白旗。天命四年，太祖滅葉赫，命蘇納收其戚屬隸所領牛彔。十年，授甲喇額眞。錄戰功，賜敕免死四次。尋擢梅勒額眞。

天聰元年，太宗自將伐明，攻錦州，以貝勒莽古爾泰等將偏師屯塔山，衞餉道；命蘇納選八旗蒙古精銳別屯塔山西路，截明兵。明兵二千人至，蘇納領纛進擊，敗之，乘勝逐敵，多所俘斬，獲馬百五十。三年春，命與武納格將兵伐察哈爾，以殺降見詰責。十月，復與武納格將兵逐蒙古亡去者。語並見武納格傳。五年，授擺牙喇纛章京，擢兵部承政。從伐明，圍大凌河城，敗城兵及錦州援兵，授備禦世職。八年，考滿，進三等甲喇章京，免徭役。九年，以隱匿壯丁，削世職。七月，定蒙古旗制，以蘇納領鑲白旗。

崇德元年，從武英郡王阿濟格伐明，薄明都，攻鵰鶚、長安、昌平諸城隘，五十六戰皆捷；復與薩穆什喀共攻容城，克之。師還，以先出邊，後隊爲敵乘，潰敗，奪所俘獲。十二月，從伐朝鮮，朝鮮將以步騎兵千餘禦戰，蘇納及吳塔齊等邀擊，大破之，俘其將。二年，吏議蘇納坐朝鮮國王朝行在，亂班釋甲，又離大軍先還，論罰。三年，又坐有所徇隱，論罰，罷固山額眞，仍領牛彔。順治五年，卒。世祖追錄蘇納舊勞，復原職。子蘇克薩哈，自有傳。

固三泰歸太祖，太祖妻以女，爲額駙。領牛彔，隸滿洲鑲藍旗。從伐明，戰於廣寧，單騎入敵陣，身被數創，戰愈力，師乘之，遂敗敵，授副將世職。太宗卽位，爲八大臣，領本旗。天聰元年三月，從貝勒阿敏伐朝鮮有功，師還，上郊勞。三年，上自將伐明，攻遵化，固三泰率本旗兵攻其西南，克之。四年，上命固三泰與達爾漢等助攻昌黎。語詳達爾漢傳。復命與高鴻中、庫爾纏等下灤州，籍其倉庫銀穀以聞。五年，上幸文館，覽達海所譯武經，因諭羣臣曰：「爲將當恤士。朕聞額駙固三泰與敵戰，士有死者，以繩繫其足曳歸，蔑視若此，何以得其死力乎？」尋命解固山額眞。九年，詔免徭役，並增賜人戶，俾專領牛彔。順治初，卒。

子明阿圖。睿親王多爾袞帥師入關，明阿圖攝梅勒額眞爲殿。累官都察院理事官、鑲藍旗蒙古副都統，授三等阿達哈哈番。順治八年，卒。

明阿圖子賽弼翰，初爲簡親王濟度護衞。康熙四年，授護軍參領。從護軍統領瑚里布西禦吳三桂將吳之茂，克陽平、朝陽諸關；趨保寧討王輔臣，克秦州。從平南將軍賴塔南討鄭錦，戰漳州，敗錦將劉國軒等。誅吳世璠，定雲南。累官鑲藍旗滿洲副都統，授拜他喇布勒哈番。二十九年，卒。

瑚什布，與固三泰同隸鑲藍旗，領牛彔。尋任侍衞，兼甲喇額眞。天聰二年，從伐通古索爾和部，身被七創，戰益力，斬敵將，授備禦世職。八年，從伐明，攻大同，與圖魯什等擊敗明總兵祖大弼；攻萬全左衞，擊敗明總兵曹文詔；復設伏邀擊，斬三十餘級，俘四人。九年，定蒙古旗制，瑚什布領鑲藍旗。崇德元年，從武英郡王阿濟格伐明，越明都，克定興。師還，部議出邊時不爲殿，爲敵所乘，士卒戰死者十人，罰白金六百，奪世職，罷固山額眞，專領牛彔。三年，授理藩院副理事官。順治四年，復世職。遇恩詔，進二等阿達哈哈番。七年，卒。

子穆徹納。順治間，官護軍參領。從豫親王多鐸征蘇尼特部騰吉思，敗喀爾喀兵。從武英親王阿濟格討姜瓖，敗其將劉偉思等；攻寧武關，敗宜孟臣援兵；至左衞城，戰於吳家峪。從靖南將軍珠瑪喇定廣東，敗李定國于新會。累進三等阿達哈哈番。十三年，卒。

鄂莫克圖，納喇氏。自葉赫歸太祖，隸滿洲正藍旗。初爲擺牙喇壯達。天聰元年正月，從伐朝鮮，克義州。五月，上自將伐明，攻寧遠。明總兵滿桂陣於城東，鄂克莫圖從諸將進戰，殪敵。三年，從貝勒岳託伐明，攻保安州，先登，克之，賜號「巴圖魯」，授備禦世職，任甲喇章京。八年，從伐黑龍江虎爾哈部，計俘，爲諸甲喇章京冠。崇德二年，復從伐卦爾察部，計俘如伐虎爾哈部時。

三年七月，授兵部理事官。九月，從睿親王多爾衮伐明，自青山口入邊，越明都，擊敗明太監馮永盛，克臨潼關，略地至濟南。四年七月，上遣使如明，命與努山等率兵護使者以行。五年，授噶布什賢噶喇昂邦。從伐明，圍錦州，擊敗明總兵祖大壽。六年，復圍錦州，擊敗明經略洪承疇。語見喀山傳。上軍松山、杏山間，明軍自松山潰遁，騎兵走杏山，步兵走塔山，鄂莫克圖先後邀擊，並有斬獲。七年，復從圍杏山，分兵略寧遠，掠牲畜。明總兵吳三桂以兵躡我師後，我師擊之，敗走，復益兵覘我師壘，鄂莫克圖與戰，窮追至連山，敵騎自沙河犯我師牧地，復奮擊破之。錦州既下，進二等參將。

順治元年，從入關，敗賊安肅，追之至慶都。尋率前鋒兵徇山西，敗賊絳州渡口。二年，從英親王阿濟格定陝西，敗賊延安。李自成走湖廣，追之至安陸，屢破賊壘，得戰艦三十，授一等甲喇章京。三年，從肅親王豪格下四川，敗賊漢中。逐張獻忠至西充，與護軍統領白爾赫圖等屢戰皆捷，加授半個前程。遇恩詔，進一等阿思哈尼哈番。十一年，授正藍旗滿洲副都統。十三年，致仕。康熙十二年，卒，年七十八。乾隆初，定封一等男。

喀山，納喇氏，世居蘇完。當葉赫未滅，挈家歸太祖，隸滿洲鑲藍旗，授牛彔額眞。屢從伐明，下遼、瀋有功，予游擊世職。天命九年，明總兵毛文龍以兵百人劫額駙康果禮莊，喀山率所部禦之，斬二裨將，殲其衆。天聰六年，從伐察哈爾，與勞薩、吳拜率精銳前驅。林丹汗遁走。八年，進三等梅勒章京。目失明，辭牛彔。順治初，進二等昂邦章京。尋改二等精奇尼哈番。十二年，卒，諡敏壯。

子納海。初以喀山病目，命代領牛彔。旋授噶布什賢甲喇額眞。從伐明，與席特庫等以步兵四千擊敗明陽和騎兵，斬級二百，獲馬六十餘；復設伏宣府，捕明邏騎。天聰九年，復從伐明，攻大同，命與布丹等駐上都城故址，詗軍事。尋命與鄂莫克圖等齎書諭明邊守將，歷喜峯口、潘家口、董家口諸隘，及還，斬邏卒百餘。

崇德二年，命與席特庫齎書諭明錦州守將祖大壽，自廣寧入邊，獲邏卒十二，斬其九，縱二人使齎諭以往，俘一人以還。四年，從武英郡王阿濟格伐明錦州，還報捷。復從上攻松山，明兵出戰，擊卻之。祖大壽遣兵自寧遠乘舟趨杏山，將入城；納海與瑚密色、索渾將兵擊其後，斬級五十，獲甲四十、舟一。又與瑚密色、席特庫等行略地，俘採薪者二十二人，牛、羊、驘馬無算。五年，從伐明，圍錦州，敵築臺城外，納海與色赫、布丹、蘇爾德將騎兵馳擊，斬四十人，復逐斬刈草者四十二人，敵來犯，屢擊卻之。與色赫等略小凌河，斬祖大壽所遣蒙古十七人。

六年，明總督洪承疇集各道兵赴援，次松山，與吳拜擊敗其騎兵。上自將攻松山，敵自杏山走塔山，與鄂莫克圖帥師邀擊，追至筆架山，斬級四百，俘二十八，得纛六，獲馬二百餘。七年，錦州下。敍功，予半個前程，命攝噶布什賢噶喇昂邦。從貝勒阿巴泰伐明，自黃崖口入長城，趨薊州，敗明總兵白騰蛟、白廣恩，遂略山東。明年，師還。以右翼諸將不俟左翼軍至，先出邊，功不敍。順治初，遇恩詔，進三等阿達哈哈番。及喀山卒，兼襲二等精奇尼哈番，例進二等伯。雍正中，從孫奇山，降襲一等阿思哈尼哈番。乾隆元年，定封一等男。

安達立，納喇氏。自葉赫歸太祖，隸滿洲正紅旗。太祖遣兵徇鐵嶺，刈其禾，有蒙古人降於明，出拒，安達立擊之走。事太宗，從貝勒薩哈璘駐牛莊。師攻永平，葉臣率二十四人冒矢石先登，安達立其一也。師還，從圖魯什偵敵建昌，夜戰，甲士有中矢墜馬者，援之出，擢噶布什賢章京。從伐明，攻崞縣，率所部先登；復以四十人伏忻口，敗敵，得纛三、馬五十餘。出邊，圖爾格擊敵潰竄，安達立邀擊，迫敵入壕，所殺傷過當。天聰九年，授牛彔章京世職，擢正紅旗蒙古梅勒額眞。

崇德三年，從貝勒岳託伐明，將至牆子嶺，聞明軍備甚固，安達立與固山額眞恩格圖率所部趨嶺右，陟高峯間道入邊，擊敗明軍。越燕京，略山東。明年，師自青山口出邊，復擊敗明軍。五年，圍錦州，屢戰皆捷。六年，復圍錦州，洪承疇援師至，與戰，破三營，至暮，敵潰，翌日復戰，又擊卻之。敍功，加半個前程。尋卒。

子阿積賴，襲職。順治初，從入關，逐李自成，戰於慶都。又從葉臣徇山西，署正紅旗蒙古梅勒額眞。又從英親王阿濟格攻延安，逐自成至武昌，竄入九宮山，率師搜勦，殲其徒甚衆。四年，兼任刑部理事官。五年，署巴牙喇纛章京。從鄭親王濟爾哈朗征湖南，分兵徇道州，攻永安關。敍功，進一等阿達哈哈番兼拖沙喇哈番。卒。

京。

綽拜，巴林氏。自葉赫歸太祖，隸蒙古鑲白旗，爲牛彔額眞。天聰八年，授世職牛彔章京。九年，與吳巴海伐瓦爾喀部，深入額赫庫倫、額埒岳索諸地，進三等甲喇章京。崇德三年，兼任戶部理事官。從睿親王多爾袞伐明，徇山東，至濟南，敵騎千餘拒戰，何洛會先衆奮擊，遂克其城。七年，從肅親王豪格圍明總督洪承疇於松山，承疇遣兵夜越壕攻鑲黃旗營，擊卻之。八年，進二等。順治初，從入關，破流賊，進一等。四年，加拖沙喇哈番。五年，授參領。從征南大將軍譚泰討叛將金聲桓，克饒州、南昌，師還，賚白金千、馬四十。七年，遷倉塲侍郎。八年，授鑲白旗蒙古梅勒額眞，兼工部侍郎。擢本旗固山額眞，進一等阿思哈尼哈番。九年十二月，卒。

布丹，富察氏。自葉赫歸太祖，隸滿洲正紅旗，授牛彔額眞。尋遷甲喇額眞，領擺牙喇兵。天聰八年，從伐明，克萬全左衞城，先登，授半個前程。九年，從貝勒多鐸伐明，攻錦州，師還，明兵驟至，固山額眞石廷柱所部有陷陣不能出者，布丹破陣援之出。旋命與納海等詗軍事。崇德元年，從武英郡王阿濟格伐明，破鵰鶚、長安二隘，皆先登，與蘇納同功。轉戰至涿州，師還，明兵出居庸關，設伏邀我軍輜重，擊破之。四年，與沙爾瑚達等將士默特兵二百，略寧遠北境，以數騎挑戰，敵堅壁不出，乃俘其樵者以歸。五年，圍錦州，殺敵。語見納海傳。六年，與明兵戰松山、杏山，屢勝。錦州下，進牛彔章京世職。七年冬，復與納海等從貝勒阿巴泰伐明。順治初，從入關，破流賊。敍功，並遇恩詔，進一等阿達哈哈番。九年，擢正紅旗蒙古副都統。十一年，卒，謚毅勤。

孫達哩，魯布哩氏。太祖取葉赫，以其民分屬八旗，孫達哩隸正黃旗。選充驍騎，遇戰必先，中創不爲卻，屢得優賚。崇德三年，從睿親王多爾袞伐明，入自青山口，越明都，轉戰至山東，攻濟南，先登第一，賜號「巴圖魯」，授二等參將，領牛彔額眞。順治間，累進二等阿思哈尼哈番，遷擺牙喇纛章京。從穆里瑪、圖海討李自成餘黨李來亨、袁宗第等，破茅麓山，有功。十二年，加太子少傅。十四年四月，卒，謚果壯。

吉思哈，烏蘇氏，世居瓦爾喀馮佳屯。初屬烏喇，見其貝勒不足事，與弟吉普喀達歸太祖，並授牛彔額眞，隸滿洲正白旗。旋改隸鑲白旗。天命四年，從伐明有功，授游擊世職。六年，以甲喇額眞帥師圍遼陽，樹雲梯先登。天聰八年，太宗追錄其功，進二等參將。是年，與甲喇額眞吳巴海伐東海虎爾喀部，俘一千五百有奇，及牲畜輜重。九年，與梅勒額眞巴奇蘭等伐黑龍江，收二千人以還，進一等參將。崇德元年，太宗自將伐朝鮮，聞明兵入皭埸，遣吉思哈率兵躡其後，擊敗之。二年，師既克朝鮮都城，上命旗出甲士十，並簡科爾沁、敖漢、柰曼、扎魯特、烏拉特諸部兵，俾吉思哈及理藩院承政尼堪爲將，自朝鮮伐瓦爾喀，因擊破朝鮮軍，斬平壤巡撫，進略瓦爾喀，奏捷稱旨。語詳尼堪傳。累遷至吏部參政。三年四月，卒。子吉瞻，襲。

吉普喀達，吉思哈弟也。天命四年，授游擊。六年，任甲喇額眞。從伐明，攻奉集堡，明總兵李秉誠赴援，師與戰，明兵走入城，師從之，至壕，城上發巨礮，吉普喀達中礮卒。天聰八年，贈二等參將。子瓜爾察，襲。

吳巴海，瓜爾佳氏，自烏喇歸太祖。太祖討尼堪外蘭，吳巴海實從。隸滿洲鑲藍旗，授牛彔額眞。天聰元年四月，從貝勒阿敏伐朝鮮，攻義州，與梅勒額眞阿山、穆克譚等先登，克之。五月，從太宗伐明，攻錦州，敵來犯，我師少却，吳巴海爲殿，督戰敗敵。五年，與梅勒額眞蒙阿圖伐瓦爾喀，略額黑庫倫、額勒約索二部，收降人數千，上郊勞，賜宴，賜號「巴圖魯」。六年，從伐察哈爾，林丹汗西遁，上命吳巴海逐逋逃，斬察哈爾兵五，獲其馬及牲畜。旋率師伐烏扎喇，部署所將兵四道並進，會敵方漁於握黑河，吳巴海揮騎直前，斬三百餘人，得其輜重。七年，與牛彔額眞郎格如朝鮮互市，得瓦爾喀部長族屬十五人以歸。八年，與吉思哈伐東海虎爾哈部。語詳吉思哈傳。十二月，復與牛彔額眞景固爾岱將四百人伐瓦爾喀，降屯長分得里，收阿庫里尼滿部衆千餘。師還，上命大臣迎勞，以所獲賚之。九年，從貝勒岳託率師鎮歸化城。土默特人訐部長博碩克圖，謂其子陰遣使與明通，岳託遣吳巴海及甲喇額眞阿爾津等四人要諸途，毛罕私以告，喀爾喀人潛遁，吳巴海追獲之，並得明使。毛罕者，博碩克圖子乳母之夫也，初從上默特來降，旣而有叛志，號博碩克圖子爲汗，自號貝勒。吳巴海旣執喀爾喀使人，遂殺毛罕。十年，授梅勒額眞，世職一等甲喇章京。

崇德元年六月，進三等梅勒章京，移鎭寧古塔。十二月，喀木尼漢部葉雷等叛，將其孥俱亡，吳巴海部兵逐之。行數十日無所見，見宿雁三，射之，一雁負矢飛且墮，往取之，見遺火，知逃者自此過。躡其跡，及之於溫多，獲其孥。葉雷入山，追及圍之，諭使降，不可，射之。葉雷將注矢，有狐起於前，觸葉雷弓，弓墜，遂射殺葉雷及其從者。師還，太宗命諸固山額眞迎勞。二年，敍功，進三等昂邦章京，賜衣服、僕、馬、莊田。三年，與梅勒額眞吳善帥師戍歸化城。旋坐匿罪人、徇厮養卒盜米，罷梅勒額眞，論罰，四年卒，分世職爲一等甲喇章京者一，爲牛彔章京者二，授其子弟。

康喀勒，納喇氏，輝發貝勒王機砮之孫也。太祖時，偕從兄通貴率族屬來歸，隸滿洲鑲紅旗，授牛彔額眞。天聰六年，從伐察哈爾部。八年正月，上以察哈爾林丹汗西遁，其部衆流散錫爾哈、錫伯圖，命康喀勒與岱靑塔布囊等率蒙古及諸部駐牧兵往取以歸。五月，授世職牛彔章京。崇德三年，兼刑部副理事官。五年，擢鑲紅旗蒙古梅勒額眞。六年，從伐明，圍錦州，並攻松山城。七年，松山、錦州皆下，復克塔山城。尋追論攻松山避敵、克塔山與固山額眞葉臣爭功，罪當死，太宗特貰之。

順治初，從入關，擊李自成，加半個前程。尋從豫親王多鐸下江南，與固山額眞準塔自徐州水陸並進，次清河。明總兵劉澤清遣部將馬花豹、張思義等率戰艦千餘、兵數萬，屯黃淮口。康喀勒與游擊范炳、吉天相等發礮毀其舟，分兵追擊，澤清走，淮安下。復與梅勒額眞譚布擊明總漕田仰，仰方屯湖口橋，以三千人迎戰，擊破之；又戰於三里橋，逐至海岸，獲舟八十；又戰於如皋，攻通州，以雲梯克其城，旁近諸縣皆下。二年十一月，授鎭守江寧梅勒額眞。時江北未定，羣相聚爲亂，江寧有諜爲內應者，康喀勒與駐防總管巴山先期捕治，殺三十人而定。已而明潞安王朱誼石集衆二萬餘，分三道來攻，康喀勒等擊卻之。三年，以功進三等甲喇章京，世襲。四年，改三等阿達哈哈番。旋卒。子洛多，襲職。

和托，康喀勒從兄之子也。順治元年，以噶布什賢甲喇章京從入關，破李自成潼關，移兵下江寧。復從貝勒博洛徇浙江，破明總兵方國安等於杭州。復略福建，所向克捷。攻汀州，先登，克其城。論功，幷遇恩詔，授拜他喇布勒哈番兼拖沙喇哈番，世襲。十一年，從征雲南，擊敗明將白文選，進取永昌，奪瀾滄江鐵索橋。康熙九年，卒。

瑪拉，和托弟也。順治十二年，以三等侍衞署甲喇額眞。從固山額眞伊勒德攻舟山，從擺牙喇纛章京穆成額破鄭成功兵於泉州；十六年，從安南將軍達素擊成功廈門：皆有功。康熙二十二年，卒。

通嘉，康喀勒兄孫。初襲其父莽佳三等阿達哈哈番。順治十八年，以護軍參領從靖東將軍濟什喀討山東賊于七。于七據棲霞、峘嵎山爲亂，其黨呂思曲、俞三等以數千人拒戰，通嘉擊敗之，賊遂以平。康熙六年，改前鋒參領。十四年，從信郡王鄂托討察哈爾布爾尼，師至達祿，布爾尼爲伏山谷間，通嘉督所部盡擊殺之，布爾尼以三十騎遁。以功加拖沙喇哈番。旋坐事削。十八年，以護軍統領從討吳三桂，破譚弘於雲陽。二十三年，遷本旗蒙古都統。二十四年，卒。

薩璧翰，亦納喇氏。父三檀，自輝發率屬歸太祖，授牛彔額眞，隸滿洲正藍旗。卒，薩璧翰與其兄薩珠瑚並授牛彔額眞。太宗卽位，以薩璧翰列十六大臣，佐正藍旗。天聰五年，擢戶部承政。八月，上自將伐明，圍大凌河，城兵出禦，薩璧翰與戰，舍馬而步，逐敵薄壕。城上發礮矢，甲士巴遜沒於陣，薩璧翰力戰，入敵陣，取其尸還。八年五月，上自將伐察哈爾，貝勒濟爾哈朗居守，薩璧翰與梅勒額眞蒙阿圖副之。考滿，授世職甲喇章京。崇德二年，從伐朝鮮，取皮島。師還，薩璧翰與其兄薩珠瑚發貝子碩託以厮役冒甲士請卹，坐論罰，薩璧翰初隸碩託，至是命改隸饒餘貝勒阿巴泰。旋以薩璧翰從子侍衞吳達禮從伐朝鮮，私役甲士，坐奪世職。三年，改吏部右參政。四年，授議政大臣。六年八月，從伐明，攻錦州，明援兵自松山至，誘戰，薩璧翰被創，卒於軍。

子漢楚哈、哈爾沁，皆授牛彔額眞。哈爾沁從討吳三桂，從討噶爾丹，皆有功，授拖沙喇哈番。漢楚哈子哈爾弼，授一等護衞，從擊鄭成功，戰厦門，歿於陣，亦授拖沙喇哈番。

論曰：太祖初起，扈倫四部與爲敵，四部之豪俊，先後來歸。武理堪等自哈達，武納格、阿什達爾漢、鄂莫克圖等自葉赫，吉思哈等自烏喇，康喀勒等自輝發，皆能效奔走，立名氏。武納格其先出自蒙古，遂爲「白奇超哈」統帥，勳績尤著。四部有才而不能用，太祖股肱爪牙取於敵有餘。國之興亡，雖曰天命，豈非人事哉？

清史稿卷二百三十一

列傳十八

佟養性孫國瑤　李永芳　石廷柱　馬光遠弟光輝
李思忠子蔭祖　蔭祖子鈵　金玉和子維城　王一屏　一屏子國光
國光子永譽　孫得功　張士彥　士彥子朝璘　金礪

佟養性，遼東人。先世本滿洲，居佟佳，以地爲氏。有達爾哈齊者，入明邊爲商，自開原徙撫順，遂家焉。天命建元，太祖日益盛强。養性潛輸款，爲明邊吏所察，置之獄，脫出，歸太祖。太祖妻以宗女，號「施吾理額駙」，授三等副將。從克遼東，進二等總兵官。太祖用兵於明，明邊吏民歸者，籍丁壯爲兵。至太宗天聰間，始別置一軍，國語號「烏眞超哈」。五年正月，命養性爲昂邦章京，諭曰：「漢人軍民諸政，付爾總理，各官受節制。爾其殫厥忠，簡善黜惡，恤兵撫民，毋徇親故，毋蔑疏遠。昔廉頗、藺相如共爲將相，以爭班秩，幾至嫌釁。賴相如舍私奉國，能使令名焜燿於今日。爾尙克效之！」又諭諸漢官曰：「漢人軍民諸政，命額駙佟養性總理，各官受節制。其有勢豪嫉妬不從命者，非特藐養性，是輕國體、褻法令也，必譴毋赦！如能謹守約束，先公後私，壹意爲國，則爾曹令名亦永垂後世矣。」

是歲，初鑄礮，使養性爲監。礮成，銘其上曰「天祐助威大將軍」，凡四十具。師行則車載以從，養性掌焉。八月，上伐明，圍大凌河城。養性率所部載礮越走錦州道爲營，擊城西臺，臺兵降；又擊城南，壞睥睨；翌日，擊城東臺，臺圮，臺兵夜遁，盡殲之。九月，明兵出關援錦州，上遣親軍迎擊，養性以所部兵五百從，敵潰遁。明監軍道張春合諸路兵援大凌河，夜戰，上督騎兵擊破之。方追奔，明潰兵復陣，上命養性屯敵壘東，發礮燬敵壘。十月，攻于子章臺，發礮擊臺上堞，臺兵多死者。十一月，祖大壽以大凌河降，上命盡籍城中所儲鎗礮彈藥付養性。尋率兵隳明所置臺壕，自大凌河至於廣寧。

六年春正月，上幸城北演武場閱兵，養性率所部烏眞超哈試礮，擐甲列陣，軍容甚肅。上嘉養性能治軍，因追奬大凌河戰功，賜雕鞍良馬一、白金百，遂徧及諸將，自石廷柱以下皆有賜，設宴以勞之。養性疏言：「新編漢兵，馬步僅三千有奇，宜盡籍漢民爲兵，有事持火器而戰，無事則爲農。火器攻城，非礮不克，三眼鎗、佛朗機鳥鎗特城守器耳，宜增鑄大礮。兵食未足，宜令民廣開墾，無力者官畀牛若種，穫則以十一償。」四月，上自將伐察哈爾，命與貝勒阿巴泰、杜度，大臣揚古利、伊爾登留守。七月，卒。順治間，追謚勤惠。

子普漢，改襲二等昂邦章京。卒，以弟六十襲。崇德四年，漢軍旗制定，隸漢軍正藍旗。順治四年，改二等精奇尼哈番。遇恩詔，累進三等伯。

國瑤，六十子也，襲爵。康熙九年，授本旗副都統。十二年，吳三桂反，特命國瑤爲鄖陽提督，帥師鎭撫。十三年，襄陽總兵楊來嘉以穀城叛附三桂，鄖陽副將洪福應來嘉，劫部兵千餘攻國瑤。國瑤率游擊杜英、佟大年以健丁三百拒戰，福退，復至，苦戰數日，斬二百餘級，福敗遁。事聞，加左都督。十四年，福挾諸叛將分五道來犯，復擊敗之，逐戰泥河口、板橋河，斬其將林躍等七輩、兵數百人。

十五年，四川叛將譚弘與福等復分道來犯，弘屯鄖江北，福掠鄖江南，相聲援；國瑤分兵禦之，戰坪溝、戰黃畈、戰九里岡，又渡鄖江戰江南岸，皆勝，焚其舟及械，斬獲無算。福復遣衆伏鄖江兩岸，以三十餘舟順江下，泊琵琶灘，偪鄖陽運道爲寨。國瑤及將軍噶爾漢、撫治楊茂勳等率水陸兵大破之，戰陡嶺，福敗走，運道復通。敍功，加一等。

十六年，以捐俸賚軍賑難民，加太子少保。十七年，進討來嘉、福，戰於房縣，獲其將五十二輩、印十二、劄牌二十四，遂克其城，進復保康。十八年，與噶爾漢等攻興安，久而不下，命削戰陡嶺所敍加一等。六月，授福建將軍。二十八年，卒，謚忠愨。乾隆初，定封二等子。達爾哈齊子養眞，自有傳。

李永芳，遼東鐵嶺人。在明官撫順所游擊。太祖克烏喇，烏喇貝勒布占泰走葉赫。太祖伐葉赫，葉赫愬於明。明使告太祖，誡毋侵葉赫。太祖以書與明，言葉赫渝盟悔婚，復匿布占泰，不得已而用兵，躬詣撫順所，永芳迎三里外，導入教場，太祖出書畀永芳，乃引師還。

後三歲爲天命元年，又三歲，始用兵於明。四月甲辰昧爽，師至撫順所，遂合圍，執明兵一，使持書諭永芳曰：「明發兵疆外衞葉赫，我乃以師至。汝一游擊耳，戰亦豈能勝？今諭汝降者：汝降，則我卽日深入；汝不降，是誤我深入期也。汝多才智，識時務，我國方求才，稍足備任使，猶將舉而用之，與爲婚媾；况如汝者有不加以寵榮與我一等大臣同列者乎？汝若欲戰，我矢豈能識汝？既不能勝，死復何益？且汝出城降，我兵不復入，汝士卒皆安堵。若我師入城，男婦老弱必且驚潰，亦大不利於汝民矣。勿謂我恫喝，不可信也。汝思區區一城且不能下，安用興師？失此弗圖，悔無及已。降不降，汝熟計之。毋不忍一時之忿，違我言而僨事也！」永芳得書，立城南門上請降，而仍令軍士備守具。上命樹雲梯以攻，不移時，師登陴，斬守備王命印等。永芳冠帶乘馬出降，固山額眞阿敦引永芳下馬，匍匐謁上，上於馬上以禮答之，傳諭勿殺城中人。東州、馬根單二城及沿邊諸臺堡五百餘，悉下。是日，上駐撫順。明日，命隳其城，乃還。編降民千戶，遷之赫圖阿喇。命依明制設大小官屬，授永芳三等副將，轄其衆，以上第七子貝勒阿巴泰女妻焉。太祖伐明取邊城，自撫順始；明邊將降太祖，亦自永芳始。

是年七月，上復伐明，拔清河。四年，克鐵嶺。六年，下遼、瀋。永芳皆從，以功授三等總兵官。明巡撫王化貞及諸邊將屢遣諜招永芳，永芳輒執奏，上嘉獎，敕免死三次。

太宗卽位，以朝鮮與明將毛文龍相應援，納逋逃，命貝勒阿敏等帥師討之，永芳從。上諭阿敏等曰：「朝鮮理當討，然非必欲取之。凡事相機度義而行。」克義州，分兵攻鐵山，擊走文龍；進下定州、安州，次平壤，其官民皆遁，遂渡大同江。朝鮮王李倧使齎書迎師，諸貝勒答書歷數其罪，許以遣大臣蒞盟，當班師。使既行，師復進，次黃州，倧使馳告已遣大臣蒞盟。阿敏欲遂攻其都城，諸貝勒謂宜待所遣大臣至，永芳進曰：「我等奉上命，仗義而行。前與朝鮮書，許以遣大臣蒞盟當班師，今食言不義。盍暫駐待之？」諸貝勒皆是其言，阿敏怒，叱永芳曰：「爾蠻奴，何多言！我豈不能殺爾耶？」師再進，次平山，倧所遣大臣至師，卒如永芳議，遣劉興祚、庫爾纏如倧所，蒞盟而還。

八年，永芳卒，有子九人。漢軍旗制定，隸正藍旗漢軍。次子李率泰，自有傳。

第三子剛阿泰，順治初，官宣府總兵。時姜瓖爲亂，山西北境諸州縣土寇蠭起，瓖既平，所部竄匿代州、定襄、繁峙五臺山中。剛阿泰先後逐捕，諸山砦悉平。旋以屬吏侵餉劾罷。

第五子巴顏，天聰八年襲父爵，例改三等昂邦章京。崇德間，以參領從太宗征科爾沁，圍錦州，與洪承疇戰松山城下：皆有功。七年，定漢軍八旗，以巴顏爲正藍旗固山額眞。八年九月，從鄭親王濟爾哈朗等征寧遠，拔中後所、前屯衞。順治元年，進二等昂邦章京。旋與固山額眞石廷柱勦寇昌平，與固山額眞葉臣徇直隸饒陽，河南懷慶，山西澤州、潞安諸府縣，師還，賜白金五百。二年，從定西大將軍和洛輝自陝西徇四川，流寇孫守法、賀珍犯西安，再戰大破之，逐至黑水峪，斬守法；又破流寇一隻虎於商州，克延安諸路山寨。四年，例改二等精奇尼哈番。五年，進一等精奇尼哈番。討叛將姜瓖，從睿親王多爾袞復渾源州；從英親王阿濟格復左衞；從巽親王滿達海復朔州、汾州及太谷諸縣。巴顏在軍將左翼，挾火器以攻，所向皆克。八年，敍平姜瓖功，復遇恩詔，進一等伯。九年，卒。乾隆間，定封號曰昭信。四十年正月，命以其族改隸鑲黃旗。

石廷柱，遼東人。先世居蘇完，姓瓜爾佳氏。明成化間，有布哈者，爲建州左衞指揮。布哈生阿爾松阿，嘉靖中襲職。阿爾松阿生石翰，移家遼東，遂以「石」爲氏。石翰子三：國柱、天柱、廷柱。萬曆之季，廷柱爲廣寧守備，天柱爲千總。太祖師至，巡撫王化貞走入關，天柱先與諸生郭肇基出謁，且曰：「吾曹已守城門矣。」翌日入城，廷柱從衆降，授世職游擊，俾轄降衆。

蒙古巴林部貝勒囊努克背盟劫掠，廷柱從上討之，取其寨，收牲畜以還，進三等副將。天聰三年，太宗命率兵搜勦明故毛文龍所轄諸島，敵自石城島來犯，擊斬二百人，俘十九人。尋從上伐明，薄明都。四年，師還，至沙河驛，廷柱與達海諭城中軍民出降；又與達海以千人詗漢兒莊，漢兒莊與三屯營、喜峰口諸堡先已降而復叛，至是復降。

五年，明總兵祖大壽築城大凌河，上自將圍之。大壽窮蹙，使從子澤潤射書請降，并乞上令廷柱往議。廷柱與達海至城南，先使姜桂詗大壽，桂故明千總，爲我軍所俘。大壽使游擊韓棟從桂出迎廷柱，並以其義子可法爲質。廷柱乃踰壕與語，大壽言決降，惟乞速取錦州，俾妻子得相見。廷柱以告，上復遣廷柱諭指，大壽乃降。是時佟養性爲烏眞超哈昂邦章京，廷柱爲副。六年，養性卒，廷柱代爲昂邦章京。從伐察哈爾，多斬獲。七年，從貝勒岳託伐明，攻旅順，師還，上酌金卮以勞，進三等總兵官。八年，從伐明，攻應州，克石家村堡。九年，復從伐明，與明兵戰大凌河西，斬明副將劉應選，獲游擊曹得功等。

崇德元年，上自將伐朝鮮，命廷柱帥所部整兵械，儲糗糒，挾火器以從。二年，既定朝鮮，還攻皮島，廷柱與戶部承政馬福塔攻其北隅。尋追論朝鮮王李倧謁上時廷柱亂班釋甲，及縱士卒違法妄行罪，解任，罰鍰，奪賞賚。是年分烏眞超哈爲左、右翼，以廷柱爲左翼固山額眞。三年，上與諸臣論兵事，舉呂尙相勗，廷柱言：「呂尙制閫外專生殺，故所向有功。今臣等若有過下部逮訊，雖牛彔以下亦當比肩對簿，其何以堪？」諸臣以其言戇，請下刑部議罪論死，上命宥之。是年十月，從伐明，攻錦州，克城外諸屯堡，進破城旁臺。臺上餘敵兵潛自間道走，廷柱弗追擊，部議降爵罰鍰，上復命宥之。

四年二月，上自將伐明，烏眞超哈諸將孔有德、耿仲明、尙可喜、馬光遠及廷柱皆率所部從。上駐軍松山，命廷柱攻城南臺，毀其堞，臺兵不能禦，守將王昌功等四十餘人出降。上登松山南岡度地形，命廷柱從。可喜以砲攻城南門之左，廷柱與光遠先取城西南隅臺，諸將繼進，攻城，城堞皆盡，會以日暮罷。明日攻益急，城兵守禦甚固，我兵緣雲梯上不能入，死者二十餘人，廷柱兄子達爾漢亦被創。上召詢諸將，皆謂攻必克。翌日復集議，有德、仲明、可喜、光遠欲鑿地道以攻，廷柱持不可。上責廷柱曰：「爾爲主將，恇怯無鬬志，與諸將異議。爾豈因兄子被創，故驚怖不欲戰耶？」廷柱惶恐，對曰：「臣昔嘗巡邏至此，知地中有水石不可穿，且亦不能越壕而過，故不敢不言。今衆皆謂可攻，臣焉敢獨異？」乃與有德等鳩役於城南鑿地道。初，祖大壽旣降，請得入錦州，乃復叛，爲明守；至是，聞松山急，遣蒙古兵三百乘夜入城，詗得我軍謀，多爲備，地道不能達，乃罷攻。師還，部議廷柱攻城不盡力，當罷任罰鍰，上仍命宥之。時烏眞超哈復析爲八旗，合二旗爲一固山，於是漢軍旗制始定。廷柱隸正白旗。

六年七月，廷柱上言：「錦州爲遼左首鎭，我師築壘浚壕，誓必翦滅，以策進取，誠至計也。第明恃大壽爲保障，我師圍之急，彼必益發援兵，併力一戰。宜及此時簡精銳，分布各旗屯田所，遇警卽並進。如敵已立營，以砲環擊，伺其稍動，我師卽突起乘之，轉戰過錦州至松山、杏山間，敵必敗走，則錦州破矣。錦州旣破，關外八城聞而震動。昔年克瀋陽，遼陽從之下；克沙嶺，廣寧亦從之下。此其明徵也。近聞喀爾喀扎薩克圖揚言取歸化，恐陰欲取鄂爾多斯。臣擬令鄂爾多斯移牧黃河南，使與歸化相接，彼此策應。仍選才勇將士挾火器戍焉，而令王貝勒帥師道宣、大，略應州、雁門。歸化有警，輕騎倍道赴援。明所恃爲遼東援者，不過宣大、陝西榆林、甘肅寧夏諸路。我師西入，諸路自顧不遑，豈能復出援遼哉？此一舉而兩得也。明援兵自寧遠至松山，所齎行糧不過六七日，其鋒少挫，勢必速退；卽宿留數日，終且託糧盡而返。宜設伏於高橋險陿處，鑿壕截擊，仍發勁兵綴其後，使進退無路，則彼援兵皆折而降我矣。我師遇敵步兵，每奮勇陷陣，彼軍多火器，恐致傷夷。宜誘敵遠離城郭，或憑據高阜，水竭糧匱，乃環而攻之。夜則鑿壕以守，晝則發砲以擊。不一二日，勢且生變，其斃可坐俟也。洪承疇書生耳，所統援遼諸鎮，皆烏合亡命，外張聲勢，內實恇懾。如大壽爲我師所破，承疇與諸將縱得脫去，亦東市就僇而已。彼聞上恩豢降將，或慕義納款，亦未可料。今明災異迭見，流寇方熾，乘時應運，定鼎中原，機不可失。」疏入，上深嘉之。九月，師圍松山，敵夜犯廷柱營，廷柱力禦，斬十餘級，獲刀甲、鎗砲無算，進二等昂邦章京。七年，定漢軍八旗，置八固山，以廷柱爲鑲紅旗固山額眞。

順治元年四月，從師入關，破李自成。五月，與固山額眞巴顏等平昌平土寇。六月，與固山額眞巴哈納帥師撫定山東諸郡縣。七月，移師會固山額眞葉臣共克太原。山西、河南悉平。師還，賜白金五百兩，進一等昂邦章京。四年，改一等精奇尼哈番。六年，從討叛將姜瓖，復渾源、太谷、朔州、汾州。十二年五月，授鎭海將軍，駐防京口。十四年二月，以老乞休，加少保兼太子太保，致仕，進三等伯，世襲。十八年二月，卒，贈少傅兼太子太傅，謚忠勇，立碑紀績。

廷柱兄國柱，亦自廣寧降，與天柱先後授三等副將。廷柱六子，三子華善，四子石琳，自有傳。

馬光遠，順天大興人。明建昌參將。天聰四年，我師克永平，光遠以所部降，命隸正藍旗，授梅勒額眞，賜冠服、鞍馬。五年，上復伐明，圍大凌河，光遠從，招城南臺降，得百總一、男婦五十餘，卽畀光遠育焉。

六年十一月，光遠疏言：「六部既設，當建內閣，選清正練達二三臣爲總裁，日黎明入閣。八家固山、六部承政，有事詣閣集議，請上指揮。」幷議置六科，立八道言官。翌日再疏，申言六科職掌。七年正月，烏眞超哈昂邦章京佟養性及光遠合疏言：「上及諸貝勒豢漢官恩厚，臣等叨冒首領。上有命，敢不竭心力。臣等有罪，聽諸臣彈劾。諸漢官如或抗令欺公，誑言誤事，諉避偸安，玩法科歛，臣等當彈劾，不敢避忌。惟慮諸漢官茹怨，以蜚語中臣等，臣等得罪，雖死不知其故。乞上及諸貝勒鑒臣等意，今後有過失，卽時處分；有讒言，卽時質問：俾僉邪不得行其險慝。」三月，光遠疏陳整飭軍政：省戎器，視牧馬，習砲，治砲車，節火藥，謹城守，制火箭，建藏砲儲藥之局，贍鑄砲造藥之役，厚養砲兵，凡十事。七月，上命舊隸滿洲戶下漢人十丁授棉甲一，得千五百八十人，命光遠等統之，分補舊甲喇缺額。

時孔有德、耿仲明來降，克旅順。光遠言：「有德等初來，登萊、旅順幷各島兵艦隨至江口不敢歸，畏明法也。今旅順既失，江口兵艦必退保登萊。宜急遣水師逐彼舟後，乘風而西。上親帥師取山海，進攻北京，不半載大事可定。」十月，授一等總兵官。八年三月，疏請出師：「一自薊東入，一自八里鋪趨山海關，內外夾攻，先取其水關，則山海關易下也。既克山海關，還取祖大壽，整旅而西，進攻北京，塞衝要，阻運道，不數月必有內變。但乞上於出師之日，戒諭將士，毋殺，毋淫，毋掠貨財，毋焚廬舍。四方聞之，皆引領而歸上矣。」四月，改一等昂邦章京。九年七月，甄別轄治漢人各官，以各堡戶丁增減行賞罰，丁減初額三之一者削世職爲民。光遠疏言：「各官功次不等，皆蒙敕賜世襲，得之至艱。今以養人不如法，皆罷爲民，衆情驚懼。乞恩從重議罰，而毋遽奪世職；令戴罪視事，使功不如使過。臣爲王法持平，敢昧死以請。」梅勒額眞張存仁亦以爲言，上從之。十年四月，諸臣勸進，漢將列孔有德、耿仲明、尙可喜、石廷柱及光遠，凡五人。

崇德元年十二月，從伐朝鮮，克平壤、江華島。二年八月，分烏眞超哈爲兩翼，置固山額眞二。以廷柱轄左翼，光遠轄右翼。三年，上伐明，攻錦州，烏眞超哈運火器爲前驅。尋與有德以火器克臺五，復與廷柱克李雲屯、柏士屯、郭家堡、開州、井家堡，俘七百有三，得牲畜稱是。光遠率甲喇額眞郎紹貞圍攻錦州城旁臺，敵遁，不追擊，上詰之，光遠妄辯，當奪職，上命罰鍰。四年，上復伐明，光遠以所部克松山西南隅臺，降其將楊文顯，攻城不克。

語詳石廷柱傳。師還，數其罪而罷之；又以庇所部參將季世昌鑄礮子不中程，論死，上特宥之。六月，析烏眞超哈爲八旗，置固山額眞四，復起光遠爲正黃、鑲黃兩旗固山額眞。漢軍旗制定，光遠隸鑲黃旗。順治四年，以老病乞休。康熙二年，卒，謚誠順。以弟之子思文襲爵。恩詔進三等伯。乾隆初，定封一等子。

光輝，光遠弟。明武舉。與其兄光先從光遠來降。天聰七年，授光先二等參將，光輝游擊。崇德三年，任戶部理事官。以貸官商物不償，罷官，奪世職。四年六月，漢軍旗制定，授鑲黃旗梅勒額眞。六年，兼任吏部。七年，以從克杏山城，復世職。師已克錦州，命光輝從固山額眞孟喬芳詣錦州監鑄礮。八年，以從克中後所、前屯衞二城，進一等甲喇章京。

世祖入關定鼎，參政改侍郎，光輝仍貳吏部。順治四年，考滿，加拖沙喇哈番。五年，從征南大將軍譚泰討江西叛將金聲桓，聲桓既誅，譚泰將承制授光輝江西提督，光輝辭。既，譚泰欲以都察院理事官紀國先爲都司，國先亦辭。譚泰劾國先，辭連光輝，吏議從重比，上命罷光輝梅勒額眞、侍郎，降世職爲拜他喇布勒哈番。七年，復任梅勒額眞。八年，上命追錄光輝軍功，屢遇恩詔，累進三等阿思哈尼哈番。五月，授戶部侍郎。十月，命以兵部尙書、右副都御史總督直隸、山東、河南三行省。

十年九月，膠州總兵海時行叛，爲暴萊、沂間，光輝帥師討之。時行走宿遷，師從之，復走永城。光輝會漕運總督沈文奎帥師自靈璧向永城，戰洪河集西，大破之，縛時行以歸。以功加級，任子。十一年，甄別諸督撫，加太子少保，以老病乞休。十二年七月，卒，諡忠靖。

光先，順治間遇恩詔，亦授三等阿思哈尼哈番，官山西左布政使。

李思忠，字葵陽，鐵嶺人。父如樾，明遼東總兵官寧遠伯成梁族子也，仕明爲太原同知，罷歸居撫順。太祖天命三年，始用兵於明，克撫順，得思忠，如樾徙還鐵嶺。明年，師下鐵嶺，如樾及弟如梓子一忠、存忠死之。六年，定遼陽，勑思忠收其族人，俾復故業，卽授牛彔額眞，予世職備禦。尋以獲諜，進游擊。

天聰三年，太宗自將伐明，取永平等四城。師還，貝勒阿敏護諸將分守，察哈喇以蒙古兵守遵化，思忠及甲喇額眞英固勒岱等爲之佐。既而明將謝尙忠等來攻，思忠與戰，敵三進三却。阿敏議棄四城東還，檄察哈喇合軍出塞。時尙忠攻遵化正急，發火箭焚我軍火器，我軍方恇擾，思忠戒無輕動，徐結陣出城，挾降吏四人以俱，身爲殿，出塞無一亡失。師還，上譴阿敏等，以思忠力戰，貸勿罪。五年，從固山額眞楞格里等伐明，攻南海島，未至，遇明兵茨檢圪，俘十一人，得舟五。明兵爭舟，思忠與戰，砲傷額，勿却，卒敗明兵，進二等參將。九年，察漢官所領城堡戶口盈耗，思忠轄沙河堡郎寨，增丁百十有三，上嘉賞，賜狐裘一襲，進三等梅勒章京。尋命駐蓋州。崇德二年，命修遼陽諸城，思忠疏言：「蓋州處邊，士卒任防守，餘丁僅足以耕。今棄農就役，工竄而農亦廢。請俟諸城工竟，庀役造甎從事。」上允其請。七年，漢軍旗制定，隸正黃旗。

順治元年，從豫親王多鐸徇陝西，破潼關；下江南，克揚州，撫定江北州縣凡十。三年二月，命以梅勒額眞戍西安。三月，擢陝西提督。恩詔，累進一等阿思哈尼哈番兼拖沙喇哈番。十一年，致仕。十四年七月，卒。

思忠子五，第三子顯祖襲爵，世祖賜名塞白理，授二等侍衞、甲喇額眞。康熙初，授隨征江南左路總兵官，遷廣東水師提督，改浙江提督。耿精忠叛，自福建侵浙江，塞白理疏請分兵援台州，防寧波。尋從貝子傅喇塔擊走精忠將曾養性。十四年九月，卒於軍。乾隆初，定封三等男。

蔭祖，思忠次子。事世祖，自廕生授戶部員外郎，三遷兵部侍郎。順治十一年，直隸災，命與尚書巴哈納等治賑。尋授兵部尚書，右副都御史，總督直隸、山東、河南三行省。疏請蠲被災諸州縣秋糧，招流民還故里，當隨地安集，以時予賑，毋使道殣。又疏言：「直隸濱海北塘、澗河、黑洋諸地，宜分兵駐守。」時議禁海船，魚鹽米麥不能轉輸，請官爲編號，譏其出入，則商民皆便。並下部議行。

十四年四月，疏發河南管河道方大猷貪惏狀，上切責河道總督楊方興失劾，奪大猷官，鞫治論死。有高鼎者，據五臺山爲亂，出三岔口擾眞定，蔭祖遣井陘道陳安國諭降，悉散其黨。疏言：「太行天下險，三岔居其衝，林密山深，藏姦甚易。自鼎降，其黨散在民間，雖戍以兵，視營壘爲傳舍。當置游擊一，定額兵六百，耑司守禦。」上從之。

是歲蔭祖年才二十有九，會湖南北用兵，上察蔭祖才，加太子太保，移督湖廣。師方徇貴州，故李自成諸將郝永忠、袁宗第、劉體純、李來亨輩挾十餘萬人降於明，踞鄖、襄間，擾餉道。蔭祖請選襄陽水師及均、黃、漢陽諸營兵二千人戍穀城，地扼上游；選武昌洞庭營兵千人戍九谿，斷通蜀道。十五年，漢陽、天門、潛江、沔陽諸郡縣水災，上命蔭祖治賑，民賴以得拯。

十六年，經略大學士洪承疇疏請發湖北提鎭標兵六千人戍雲南，蔭祖以承疇已發湖廣兵萬三千五百有奇，湖南新收降人數萬，鄖、襄間流賊未殄，留兵不宜復發，請敕承疇就滇中召募，下部議行。復疏議：「討永忠等，請敕四川總督李國英帥師駐重慶，扼巫峽，阻達州；西安將軍富喀禪帥師趨興安；河南協剿兵詣襄陽合軍。臣督諸軍分出彝陵、襄陽、鄖陽，三道深入，期一舉滅賊。」疏既上，會鄭成功犯江南，詔將軍明安達哩將荆州駐防兵赴援，部議緩師期。十七年，以疾乞罷。康熙三年，卒。祀直隸、山東、河南、湖廣名宦。

鈉，蔭祖子。事聖祖，自佐領授兵部員外郎。十三年，以參將從征吳三桂，再遷御史。二十七年，湖廣夏逢龍爲亂，上授鈉湖北按察使。累擢兵部侍郎。三十五年，上親征噶爾丹，命與左都御史于成龍等督餉。三十七年，授山東巡撫，以疾辭，改授安徽巡撫。三十九年，疾未瘳，被彈事罷。四十二年，山東饑，鈉請往助賑，卒於賑所。

金玉和，遼東人。仕明爲開原千總。太祖克開原，玉和降，授甲喇額眞，予世職三等副將。漢軍旗制定，隸正黃旗。天聰五年，擢禮部承政。六年，上閱兵，玉和與額駙佟養性等率所轄烏眞超哈擐甲列陣試礮，上賚以鞍馬。八年，考績，進二等副將。崇德元年，坐與吏部參政李延庚互舉子弟，罷官，降世職三等甲喇章京。二年，從武英郡王阿濟格伐明皮島，以水師戰不利，玉和不赴援，論死，上特宥之，但削世職。四年，復授甲喇額眞。六年，從圍明錦州，屢敗敵。敵夜攻壕塹，擊卻之，斬級五十。七年，錦州下，幷克塔山，予世職牛彔章京。八年，從鄭親王濟爾哈朗伐明寧遠，與王國光同克前屯衞、中後所二城。順治元年，擢工部參政。敍寧遠功，進三等甲喇章京。既入關，遷梅勒額眞。從軍河南，署懷慶總兵官。

時李自成竄陝西，餘黨掠河南，犯濟源縣城，玉和帥師往援，至則城已陷，夜半遇賊，力戰，中流矢，沒於陣。河南巡撫羅繡錦疏報得玉和遺骸於柏鄉西，請賜卹，進二等梅勒章京。乾隆初，定封二等男。

金維城，玉和子也。崇德初，師攻錦州，維城以甲喇額眞奉命與梅勒額眞金礪督餉，屢從伐明有功。克中後所、前屯衞二城，維城亦在行間。累官正白旗漢軍梅勒額眞，兼兵部參政，世職至牛彔章京。從入關，改兵部侍郎，兼梅勒額眞如故。順治四年，改拜他喇布勒哈番。考績，加拖沙喇哈番。復從定湖廣，同克武岡、沅州、靖州，進一等阿達哈哈番。調正黃旗漢軍梅勒額眞。十年，坐總兵任珍行賕罷官，降世職爲三等。十五年，卒。

子世礪，康熙間，以佐領從平南大將軍賚塔征福建，敗敵江東橋。鄭成功將劉國軒攻漳州，世礪戰死，予世職拖沙喇哈番。

太祖克開原，玉和與同官王一屏、戴集賓、白奇策，守堡百總戴一位降；下廣寧，游擊孫得功，守備張士彥、黃進、石廷柱，千總郎紹貞、陸國志、石天柱降；收遼河諸城堡，參將劉世勳，游擊羅萬言、何世延、閻印，都司金礪、劉式章、李維龍、王有功、陳尙智，備禦朱世勳、黃宗魯，中軍王志高，守堡閔雲龍、兪鴻漸、鄭登、崔進忠、李詩、徐鎭靜、鄭維翰、臧國祚、周元勳、王國泰，各以所守城堡來降。玉和、一屏、得功、士彥、廷柱、礪皆以有功授世職。廷柱自有傳。

王一屛，先世本滿洲，姓完顏氏。初降，授牛彔額眞。漢軍旗制定，隸正紅旗。天聰八年，授世職三等甲喇章京。旋卒。

子國光，以牛彔額眞兼戶部理事官，襲職。擢正紅旗漢軍梅勒額眞，兼戶部參政。八年，從鄭親王濟爾哈朗伐明，克前屯衞、中後所二城，進二等甲喇章京。順治元年，改戶部侍郎，兼梅勒額眞如故。從定西大將軍和洛輝禦寇西安。考滿，進一等阿達哈哈番。遷本旗固山額眞。六年，從英親王阿濟格討叛將姜瓖，克左衞、朔州、汾州、太谷四城。敍功，遇恩詔，累進一等阿思哈尼哈番。十年，從定遠大將軍、貝勒屯齊征湖廣，擊敗明將李定國、孫可望。十二年，從寧海大將軍伊勒德援浙江，擊敗明將鄭成功、張名振。十三年二月，授兩廣總督，諭獎其才品，賜蟒服、鞍馬，加太子太保。十五年，以疾解任。十八年，聖祖卽位，授鎭海將軍，帥師鎭潮州。康熙三年，與平南王尚可喜會師討碣石叛將蘇利，師至海豐，偵破敵伏，逕燈籠山。蘇利乘我軍未成列，以萬餘人搏戰，我軍左右夾擊，賊潰遁。薄碣石衞城，環攻拔之，斬蘇利及所部陳英、李慧等，遂殲其餘黨。五年，還京，仍任本旗都統。九年，卒，諡襄壯。

子永譽，字孝揚，襲爵。十二年，授河南提督。河北總兵蔡祿叛應吳三桂，內大臣阿密達帥師討之。上命永譽如懷慶，拊循士卒，因請留駐鎭撫。旋設安慶提督，以授永譽。耿精忠將宋標方自饒州犯徽州，十四年，永譽督兵駐建德，令參將傅爾學破標於餘干，俘標，磔於市。尋移駐徽州。十七年，江西平。改永譽江南提督，駐松江。十九年，遷廣東將軍。二十年，疏言：「廣東瀕海，陸路兩鎭，請各以一營改練水師。」二十二年，復請留滿洲兵四千駐防廣東省城。皆如所議行。二十七年，授本旗都統。二十三年三月，命定北將軍瓦岱帥師屯張家口，詗噶爾丹，以永譽與都統喀岱等參贊軍務。三十五年，上親征噶爾丹，分漢軍爲四營，永譽帥正黃、正紅二旗出中路，噶爾丹不戰遁。永譽與平北將軍馬斯喀督兵追躡，偵噶爾丹行遠，乃還。三十六年，從上至寧夏，命督餉運，貯黃河西岸，聞噶爾丹竄死，罷，還。四十三年，卒。乾隆十八年，命其族改隸滿洲正紅、鑲白二旗。

孫得功，在明爲廣寧巡撫王化貞中軍游擊，化貞倚得功爲心膂。太祖圍西平堡，劉渠等赴援，令得功從。渠等戰死，得功潛納欵於太祖，還言師已薄城，城人驚潰。化貞走入關，得功與進、紹貞、國志等，率士民出城東三里望昌岡，具乘輿，設鼓樂，執旗張蓋，迎太祖入駐巡撫署，士民皆夾道俯伏呼萬歲。時天命七年正月庚申，月之二十四日也。上授得功游擊，隸鑲白旗，轄降衆，移駐義州。天聰六年十月，得功疏言：「上命修城，天寒土凍，徒勞民力而不能堅固，請俟春融。又上發帑畀官兵市布製冬衣，官已足用，兵人給銀五錢六分，得布不足以爲衣，乞恩使人得市布一二疋，官兵均霑上澤。」七年四月，又疏言：「禁淡巴菰，令未能行。步兵皆用火器，尤宜申諭戒革。上令民輸糧，因禁百穀不得入市，貧民無所得食，則宜任民便。」八年，追敍得功廣寧功，授三等梅勒章京。旋卒，以其子孫有光襲。漢軍旗制定，改隸正白旗。以從克前屯衞、中後所及順治間討姜瓖有功，幷遇恩詔，進三等精奇尼哈番。卒。乾隆初，定封一等男。得功次子思克，自有傳。

張士彥，化貞中軍守備。太祖兵至，化貞走入關，士彥降。漢軍旗制定，隸正藍旗。天聰八年，與一屛同授三等甲喇章京。旋乞休。

子朝璘，襲職。崇德七年，授牛彔額眞。從貝勒阿巴泰伐明，敗敵於膠州。八年，與國光同功，進二等甲喇章京。遷兵部理事官。順治二年，從豫親王多鐸下江南，克揚州、江陰，率兵戍蘇州，擊敗明將黃斐。四年，從恭順王孔有德等平湖南，破明將劉承胤於夕陽橋，克武岡；復破明將張先璧於黔陽，克沅州。六年，從討姜瓖，復與國光同功。考滿，遇恩詔，進一等阿思哈尼哈番，授正藍旗漢軍梅勒額眞。十年，授都察院左副都御史。十三年，遷戶部侍郎。尋出爲江西巡撫。江西當金聲桓亂後，民少田蕪，御史笪重光請蠲賦，下朝璘議。朝璘疏言：「田畝荒蕪，惟從容勸墾，則熟者恆熟，荒者不終荒。若急於徵賦，則始以荒爲熟，漸至熟者仍荒，非足國恤民計也。南昌、瑞州二府新墾田四十餘頃，請三年後起科；未墾二千餘頃，請與豁除。」上允其請。十五年，加兵部尚書銜。十八年，擢江西總督。康熙二年，右布政使王庭疏請減南昌府屬浮糧，下朝璘議。朝璘疏言：「江西重賦，自陳友諒始，明世因之。前巡撫蔡士英請減袁、瑞二府賦額，未及南昌。南昌諸州縣，惟武寧爲友諒鄉里，賦額循元、宋之舊。他六縣一州，請敕部核減。」戶部覈上南昌府屬浮糧銀十二萬五千有奇、米十四萬九千有奇，上命悉蠲之。三年，朝璘疏言：「吉安舊食粵鹽，遠且阻，請改食淮鹽。」下所司從之。四年，以江西總督省入江南，解任。五年，授福建總督。六年，以老疾乞休。越十餘年，卒。

金礪，遼東人。明武進士，爲鎮武堡都司。初降，授甲喇額眞，予世職三等副將。天聰五年，始設六部，以礪爲兵部承政。六年，上閱兵，與玉和等幷賜鞍馬。調戶部承政。八年，考績，進二等梅勒章京。崇德二年，從伐明，攻皮島，甲喇額眞巴雅爾圖等先入敵陣，礪與副將高鴻中所將水師不進，前軍以是敗，坐論死，上以礪與鴻中來歸有功，特宥之。四年，漢軍旗制定，礪隸鑲紅旗，復爲甲喇額眞。五年，授吏部參政。六年，擢固山額眞。迭克松山、塔山、前屯衞、中後所，授世職三等甲喇章京。順治元年，從入關。五月，與梅勒額眞李率泰安集天津亂民；六月，復與固山額眞葉臣宣撫山西。時李自成西遁，其將陳永福猶據太原，礪與葉臣潛往覘焉，城兵驟出，礪擊敗之，督本旗兵發砲克其城。師還，賜白金四百兩，進世職二等甲喇章京。二年，從順承郡王勒克德渾征湖廣，明將馬進忠降復叛，礪與固山額眞劉之源擊進忠武昌，奪戰艦六十餘，遂下湖南，戰衡州，斬明將黃朝宣；復戰長沙，斬明將楊國棟。師還，賜黃金二十兩、白金四百兩，進世職一等阿達哈哈番。

六月，授平南將軍，鎭浙江。遇恩詔，加拖沙喇哈番。明魯王以海及其臣阮進、張名振屯舟山，礪與梅勒額眞吳汝玠等率兵自寧波出定海，會總督陳錦破獲進於横洋，遂克舟山，名振擁以海出走。九年，鄭成功攻漳州，命礪帥師赴援，至泉州，成功退屯江東橋。礪自長泰進屯漳州城北，分兵萬松關爲犄角，七戰皆勝，漳州圍解，海澄、南靖、漳浦諸縣悉定。敍功，遇恩詔，進一等阿思哈尼哈番兼拖沙喇哈番。十一年，授陝西四川總督。十三年，引年乞休，加太子太保致仕。康熙元年，卒。

論曰：養性、廷柱先世本滿洲，懷舊來歸，申以婚媾。永芳歸附最先，思忠爲遼左右族，皆蒙寵遇，各有賢子，振其家聲。光遠初佐養性，後與廷柱分將漢軍，罷而復起。玉和戰死。同時諸降將有績效，賞延於世，或其子顯者，得以類從。後先奔走，才亦盛矣。

清史稿卷二百三十二

列傳十九

希福 子帥顏保 曾孫嵩壽 范文程 子承勳 承斌 孫時繹 時捷 時綬 時紀 曾孫宜恆 四世孫建中 寧完我 鮑承先

希福，赫舍里氏。世居都英額，再遷哈達。太祖既滅哈達，希福從其兄碩色率所部來歸。居有頃，以希福兼通滿、漢、蒙古文字，召直文館。屢奉使蒙古諸部，賜號「巴克什」。旗制定，隸滿洲正黃旗。

天聰二年，太宗伐察哈爾，以希福使科爾沁徵兵，土謝圖額駙奧巴止之曰：「寇騎塞路，行將安之？即有失，誰執其咎？」希福曰：「君命安得辭？死則死耳，事不可誤也。」遂行。再宿，達上所，復命曰：「科爾沁兵不赴徵，土謝圖額駙奧巴方率所部行掠，掠竟乃來耳。」上怒，使希福再往，以壯士八人從。行四晝夜，道遇敵，擊殺三十餘人，卒至科爾沁，以其兵來會。明年，奧巴來朝，上命希福與館臣庫爾纏輩責讓之，奧巴服罪，上駝馬以謝。敍功，授備禦。從伐明，薄明都，敗明兵於城下。攻大淩河，援兵自錦州至，與譚泰爭先奮擊，破之。師還，又力戰敗追兵，進游擊。

崇德元年，改文館爲內三院，希福爲內國史院承政。尋授內弘文院大學士，進二等甲喇章京。二年，請禁造言惑衆，違者罪之，著爲令。三年，偕大學士范文程建言定部院官制。希福雖以文學事上，官內院，筦機務，然常出使察哈爾、喀爾喀、科爾沁諸部，編戶口，置牛彔，頒法律，亭平獄訟；時或詣軍前宣示機宜，相度形勢，覈諸將戰閥，行賞，諭上德意於諸降人。每還奏，未嘗不稱旨也。順治元年，譯遼、金、元三史成，奏進，世祖恩賚有加。

希福故與譚泰有隙，屢詆其衰慵。譚泰暱附攝政睿親王多爾袞，因與其弟譚布搆希福妄傳王語，謂堂餐過侈，詆謾諸大臣，搆釁亂政，罪當死；王命罷官削世職，並籍其家。八年二月，世祖親政，雪其枉，仍授內弘文院大學士，復世職。九年，世祖以希福事太祖、太宗，銜命馳驅，殫心力。曩定鼎燕京，希福方削籍，功未賞，乃一歲三進爲三等精奇尼哈番，世襲。是年十一月，卒，贈太保，謚文簡。長子奇塔特，襲職。乾隆初，定封三等子。

帥顏保，希福次子。康熙初，聖祖念希福事先朝久，躬預佐命，用大學士范文程、額色黑例，超授內國史院學士。八年六月，遷吏部侍郎。七月，授漕運總督。九月，疏言：「淮安水陸孔道，乃十五里中爲關者三，板閘有鈔關，淮安有倉稅，隸戶部；清江有稅廠，隸工部。胥役繁冗，商民耗資失時，請減三爲一，合併稅額，省胥役，便商民。」下部議，戶部言倉稅併鈔關便；工部言稅廠徵船料諸稅，葺治漕船，併鈔關不便。上心韙帥顏保言，下九卿科道再議，卒如所請。九年正月，疏言：「淮、揚被水，高郵、宿遷、桃源、鹽城、贛榆災尤重。舊逋漕米，例當補徵，民力不能勝。」下部議，請改折，仍補徵。上以諸縣頻歲被災，民重困，下部再議，免舊逋漕米三萬一千石有奇。十二年正月，偕河道總督王光裕疏請漕運畢事，當復舊例，舉劾所屬文武官吏。既得請，疏薦山東糧道遲日巽、河南糧道范周、無錫知縣吳興祚等，劾溧陽知縣王錫范等。十三年，吳三桂兵犯江西，十月，命帥顏保帥所部移鎮南昌。十二月，安親王岳樂師至，命罷還。十七年，岳樂進軍湖南，復命鎮南昌。九月，移吉安。十八年三月，招降吳三桂部將五十餘、兵萬餘。十九年八月，逮尚之信勘治，命帥顏保移鎮南雄、韶州。十月，命罷還。二十年五月，遷工部尚書。十二月，移禮部尚書。二十三年十二月，卒。子赫奕，自侍衞累遷工部尚書。

嵩壽，希福曾孫。雍正元年進士，選庶吉士，授編修。乾隆二年，册封安南國王黎維禕，以侍讀充正使，賜一品服。累擢內閣學士。十四年，頒詔朝鮮，擢禮部侍郎。十九年，襲一等子爵。二十年，卒。

范文程，字憲斗，宋觀文殿大學士高平公純仁十七世孫也。其先世，明初自江西謫瀋陽，遂爲瀋陽人，居撫順所。曾祖鏓，正德間進士，官至兵部尙書，明史有傳。

文程少好讀書，穎敏沉毅，與其兄文宷並爲瀋陽縣學生員。天命三年，太祖既下撫順，文宷、文程共謁太祖。太祖偉文程，與語，器之，知爲鏓曾孫，顧謂諸貝勒曰：「此名臣後也，善遇之！」上伐明，取遼陽，度三岔攻西平，下廣寧，文程皆在行間。

太宗卽位，召直左右。天聰三年，復從伐明，入薊門，克遵化。文程別將偏師徇潘家口、馬蘭峪、三屯營、馬欄關、大安口，凡五城皆下。旣，明圍我師大安口，文程以火器進攻，圍解。太宗自將略永平，留文程守遵化，敵掩至，文程率先力戰，敵敗走。以功授世職游擊。五年，師圍大凌河，降其城，而蒙古降卒有陰戕其將叛去者，上怒甚，文程從容進說，貸死者五百餘人。時明別將壁西山之巓，獨負險堅守未下，文程單騎抵其壘，諭以利害，乃請降。上悅，以降人盡賜文程。

六年，從上略明邊，文程與同直文館寧完我、馬國柱上疏論兵事，以爲入宣、大，不若攻山海。及師至歸化城，上策深入，召文程等與謀。文程等疏言：「察我軍情狀，志皆在深入。當直抵北京決和否，毀山海關水門而歸，以張軍威。若計所從入，惟雁門爲便，道旣無阻，道旁居民富庶，可資以爲糧。上如慮師無名，當顯諭其民，言察哈爾汗遠遁，所部歸於我，道遠不可以徒行，來與爾國議和，假爾馬以濟我新附之衆。和議成，償馬值；不成，異日興師，荷天之寵，以版圖歸我，凡軍興而擾及者，當量免賦稅數年。此所謂堂堂正正之師也。否則，作書抵近邊諸將吏，使以議和請於其主，爲期決進止。彼朝臣內撓，邊將外諉，遷延逾所期，我師卽乘釁而入。我師進，利在深入；否，利在速歸；半途而返，無益也。」疏入，上深嘉納之。

七年，孔有德等使通款，而明兵迫之急，上命文程從諸貝勒帥師赴援；文程宣上德意，有德等遂以所部來歸。自是破旅順，收平島，討朝鮮，撫定蒙古，文程皆與謀。

崇德元年，改文館爲內三院，以文程爲內祕書院大學士，進世職二等甲喇章京。初，旗制既定，設固山額眞。諸臣議首推文程，上曰：「范章京才誠勝此，然固山職一軍耳，朕方資爲心膂。其別議之。」文程所典皆機密事，每入對，必漏下數十刻始出；或未及食息，復召入。上重文程，每議政，必曰：「范章京知否？」脫有未當，曰：「何不與范章京議之？」衆曰：「范亦云爾。」上輒署可。文程嘗以疾在告，庶務塡委，命待范章京病已裁決。撫諭各國書敕，皆文程視草。初，上猶省覽，後乃不復詳審，曰：「汝當無謬也。」文程迎父楠侍養，嘗入侍上食，有珍味，文程私念父所未嘗，逡巡不下箸。上察其意，卽命徹饌以賜楠，文程再拜謝。

世祖卽位，命隸鑲黃旗。睿親王多爾袞帥師伐明，文程上書言：「中原百姓蹇離喪亂，備極荼毒，思擇令主，以圖樂業。曩者棄遵化，屠永平，兩次深入而復返。彼必以我爲無大志，惟金帛子女是圖，因懷疑貳。今當申嚴紀律，秋毫勿犯，宣諭進取中原之意：官仍其職，民復其業，錄賢能，恤無告。大河以北，可傳檄定也。」及流賊李自成破明都，報至，文程方養痾蓋州湯泉，驛召決策，文程曰：「闖寇塗炭中原，戕厥君后，此必討之賊也。雖擁衆百萬，橫行無憚，其敗道有三：逼殞其主，天怒矣；刑辱搢紳，拷劫財貨，士忿矣；掠人貲，淫人婦，火人廬舍，民恨矣。備此三敗，行之以驕，可一戰破也。我國上下同心，兵甲選練，聲罪以臨之，卹其士夫，拯其黎庶。兵以義動，何功不成？」又曰：「好生者天之德也，古未有嗜殺而得天下者。國家止欲帝關東則已，若將統一區夏，非乂安百姓不可。」翌日，馳赴軍中草檄，諭明吏民言：「義師爲爾復君父仇，非殺爾百姓，今所誅者惟闖賊。吏來歸，復其位；民來歸，復其業。師行以律，必不汝害。」檄皆署文程官階、姓氏。

既克明都，百度草創，用文程議，爲明莊烈愍皇帝發喪，安撫孑遺，舉用廢官，蒐求隱逸，甄考文獻，更定律令，廣開言路，招集諸曹胥吏，徵求册籍。明季賦額屢加，册皆燬於寇，惟萬曆時故籍存，或欲下直省求新册，文程曰：「卽此爲額，猶慮病民，其可更求乎？」於是議遂定。論功，並遇恩詔，進一等阿思哈尼哈番加拖沙喇哈番，賜號「巴克什」。復進二等精奇尼哈番。

順治二年，江南既定，文程上疏言：「治天下在得民心，士為秀民。士心得，則民心得矣。請再行鄉、會試，廣其登進。」從之。五年正月，定內三院為文臣班首，命文程及剛林、祁充格用珠頂、玉帶。七年，睿親王多爾袞卒。八年，大學士剛林、祁充格以附睿親王妄改太祖實錄，坐死。文程與同官當連坐，上以文程不附睿親王，命但奪官論贖。是歲即復官。九年，遇恩詔，復進世職一等精奇尼哈番，授議政大臣，監修太宗實錄。

時直省錢糧多不如額，一歲至缺四百餘萬，賦虧餉絀。文程疏言：「湖廣、江西、河南、山東、陝西五省亂久民稀，請興屯，設道二、同知四，令督撫選屬吏廉能敏幹者任之，以選吏當否為督撫功罪。官吏俸廩，初年出興屯母財，次年以所穫償。自後皆出所穫，官增而俸不費。屯用牛，若穀種，若農器，聽與屯道發州縣倉庫以具。屯始駐兵，地荒蕪多而水道便者，以次及其餘。地無主，若有主而棄不耕，皆為官屯。民願耕而財不足，官佐以牛若穀種，分所穫三之一，三年後為民業。編保甲，使助守望，絕奸宄。若無財，官畀以傭值。民將逭饑，流亡當大集。初年所穫糧草，聽屯吏儲留，出陳易新，為次年母財；有餘，畀近屯駐軍，勿為額以取盈。三年所穫寖多，僦舟車運以饋餉。毋煩屯吏，毋役屯民，毋用屯牛。

屯所在州縣吏受與屯道指揮，屯吏稱其職，三歲進二秩，視邊俸；不職，責撫按糾舉；有所徇，則併坐：所謂信賞必罰也。」上深韙其議。

十年，復與同官疏：「請敕部院三品以上大臣，各舉所知，毋問滿、漢新舊，毋泥官秩高下，毋避親疏恩怨，舉惟其才，各具專疏，臚舉實蹟，置御前以時召對。察其論議，覈其行事，並視其舉主爲何如人，則其人堪任與否，上早所深鑒，待缺簡用。稱職，量效之大小，舉主同其賞；不稱職，量罪之大小，舉主同其罰。」上特允所請。

上勤於政治，屢幸內院，進諸臣從容諮訪。文程每以班首承旨，陳對稱上意。嘗値端陽，諸臣散直差早，上曰：「乘藉天休，猥圖安樂，人情盡然。特欲逸必先勞，俾國家大定，其樂方永。不然，樂亦暫耳。」復言：「人孰無過，能改之爲美。成湯盛德，改過不吝。若明武宗嬉游無度，諉罪於其臣，豈修己治人之道耶？」文程因奏：「君明臣良，必交勉釋回，始克荷天休，濟國事。」上曰：「善。自今以往，朕有過卽改。卿等亦宜黽勉，毋忘啓沃可也！」上嘗命遣官莅各省恤刑，文程言：「前此遣滿、漢大臣巡方，慮擾民，故罷。今四方水旱災傷，民勞未息，宜罷遣使。現禁重囚，令各省巡撫詳勘，有可矜疑，奏聞裁定。」上從之。文程論政，務簡要，持大體，多類是。

十一年八月，上加恩輔政諸臣，特加文程少保兼太子太保，文程疏謝，因自陳衰病，乞休。九月，上降溫諭，進太傅兼太子太師，致仕。上以文程祖宗朝舊臣，有大功於國家，禮遇甚厚：文程疾，嘗親調藥餌以賜；遣畫工就第圖其像，藏之內府；賚御用服物，多不勝紀；又以文程形貌頎偉，命特製衣冠，求其稱體。聖祖卽位，特命祭告太宗山陵，伏地哀慟不能起。康熙五年八月庚戌，卒，年七十。上親爲文，遣禮部侍郎黃機諭祭，賜葬懷柔紅螺山，立碑紀績，謚文肅，御書祠額曰「元輔高風」。文程子承廕、承謨、承勳、承斌、承烈、承祚，承謨自有傳。

承勳字蘇公，文程第三子也。以任子歷官御史、郎中。康熙十九年，譚弘叛，聖祖命承勳與郎中額爾赫圖如彝陵，趣將軍噶爾漢戰，並督湖廣轉粟運軍。二十年，師進攻雲南，命趣軍督餉如故。二十二年，還京，監崇文門稅。二十三年，上命九卿舉廉吏，承勳與焉，遷內閣學士。二十四年，授廣西巡撫，疏免容縣、鬱林州追徵陷賊後逋賦；定諸屬徵米，本折兼納。二十五年，擢雲貴總督，疏定雲南援剿兩協駐軍地，裁貴州衞十五、所十，改併州縣，並增設縣七。二十七年，湖廣兵亂，雲南時歲鑄錢，錢壅積，軍餉十之三皆予錢，軍勿便。會移左協赴尋甸，遂鼓譟爲變，省城兵亦將起應，承勳誅其渠二十一人，亂乃弭。遂疏罷雲南鑄錢，以銀供餉。二十八年，番阿所殺土目魯姐走匿東川土婦安氏所，恆出掠爲民害。事聞，上命郎中溫葆會承勳等如東川檄安氏獻阿所，斬之。

雲南自吳三桂亂後，康熙二十一年訖二十七年，逋屯賦當補徵，承勳疏請分年附徵，上命悉蠲之。二十九年，疏定雲南秋糧，本折兼納，貴州提督馬三奇請軍餉折銀，承勳疏言：「折賤困兵，折貴病民，宜以時損益。秋成，各府察市值，本折兼納。」三十一年，疏設永北鎭，罷洱海營，增置大理府城守將吏。三十二年，入覲。

三十三年，遷都察院左都御史。六月，江南江西總督傅拉塔卒，上難其人，以授承勳。並諭：「承勳堅定平易，當勝此任。」承勳上官，疏移鳳陽關監督駐正陽關。江西民納糧，出貲俾吏輸省城，謂之脚價，尋以違例追入官，承勳疏請罷追，部議不可，上特允其請。江南地卑濕，倉穀易朽蠹，承勳疏請「江蘇、安徽諸州縣，歲春夏間，以倉穀十二三平糶，出陳易新」。又以江南賦重，疏請「州縣經徵分數，視續完多寡爲輕重。康熙十八年後逋賦分年附徵，俾寬吏議，紓民力」。皆如議行。三十五年，淮、揚、徐諸府災，疏請發省倉米十萬石，續借京口留漕鳳倉存麥，治賑，民賴以全。三十八年，授兵部尚書。三十九年，命監修高家堰隄工。四十三年，工成，加太子太保。五十三年，卒。

承勳初授廣西巡撫，入辭，上誡之曰：「汝父兄皆爲國宣力，汝當潔己愛民，毋信幕僚，沽名妄作。」及自雲貴總督入覲，上方謁孝陵，承勳迎謁米峪口，上曰：「汝父兄先朝舊臣，汝兄復盡節。朕見汝因思汝兄，心爲軫戚。不見汝八九年，汝鬚髮遂皓白如此。郊外苦寒，以朕所御貂冠、貂褂、狐白裘賜汝。汝且勿更衣，慮中風寒。明日可服以謝。」聖祖推文程、承謨舊恩，因厚遇承勳如是。

時繹，承勳子。雍正初，自佐領三遷爲馬蘭鎭總兵。四年，命署兩江總督。是年，遷正藍旗漢軍都統。五年，移鑲白旗漢軍都統，並署總督如故。十二月，時繹疏：「請自雍正六年始，江蘇、安徽各州縣應徵丁銀，均入地畝內徵收。」地丁併徵始此。六年，授戶部尙書，仍署總督。時繹在官，嘗疏請就通州運河入海處，作涵洞以時蓄洩。規揚州水利，濬海口，疏車路、白塗、海溝諸水，泰州運鹽河爲之隄。鹽城、如臯諸水入海處，爲之閘若涵洞。釐兩淮鹽政，增漕標廟灣、鹽城二營兵吏。皆下部議行。上以蘇、松諸處多盜，時繹戢盜才絀，命以江蘇七府五州盜案屬浙江總督李衞。衞名捕江寧民張雲如以符呪惑衆謀不軌，而時繹嘗與往還，衞因論劾。八年，命尙書李永陞會鞫得實，誅雲如，解時繹任。召還京，命董理太平峪吉地。旋復命協理河東河務，河東總督田文鏡復以誤工論劾，諭曰：「朕以范時繹爲勳臣後，加以擢用。朱鴻緖嘗奏時繹廉，至日用不能給，朕深爲動念，優與養廉。後知時繹例所當得，未嘗不取。朕猶令增精，蓋欲遂成其廉，使殫心力於封疆也。顧時繹祖私交，容姦宄，朕復密諭李衞善爲保全。且范氏爲大僚者，惟時繹及其從弟時捷，勳臣後裔，漸至零落，朕心不忍，所以委曲成全之者至矣。復命協理河務，豈意伏汛危急，時繹安坐於旁，置國事弁髦，視民命草芥。負恩瘝職，他人尚不可，況時繹乎？」逮治，部議坐雲如獄論斬，上復特宥之。授鑲藍旗漢軍副都統。十年，授工部尚書，兼鑲黃旗漢軍都統。十二年，罷尚書。十三年，復以侍衞保柱劾行賄，下部議罪，尋遇赦。乾隆六年，卒。

承斌，文程第四子，襲一等精奇尼哈番。卒。

時捷，承斌子。自參領再遷爲陝西、寧夏總兵。康熙五十七年，署陝甘提督。雍正元年，授陝西巡撫。三年，遷鑲白旗漢軍都統。五年，年羹堯得罪，世宗以羹堯嘗舉時捷，及羹堯敗，事連時捷，罷都統，授侍衞。八年，授散秩大臣，護陵寢。是時，時捷從兄時繹以協理河東河務誤工罷黜，世宗以文程諸孫無爲大僚者，命時捷署古北口提督，直隸總兵官聽節制，詔勉以改過。旋移陝西固原提督。乾隆元年，例改一等子。二年，以病召還，授散秩大臣。三年，卒。

建中，時捷孫，襲一等男。自副參領再遷副都統、侍郎。嘉慶四年，授戶部尚書，署正黃旗漢軍都統。尋改都察院左都御史，出爲杭州將軍。五年，卒，謚恪愼。

時綬，文程諸孫。雍正間，自筆帖式累遷至戶部郎中。乾隆初，復累遷至湖北布政使。十六年，署湖南巡撫，疏言：「湘陰、益陽諸縣，察有私墾千餘頃，皆瀕洞庭，歲旱方穫，請緩升科。洞庭諸私垸窒水道，勸禁增築。」報可。十八年，移江西巡撫，病免。二十一年，起授戶部侍郎，署都統，請赴西路屯田。二十四年，副都統定長劾時綬役兵漁利，遣使就讞，時綬未嘗役兵，特其僕從藉事求利，命奪官，交定長責自效。二十六年，授頭等侍衞，遷鑲藍旗漢軍副都統、吏部侍郎、哈爾沙爾辦事。三十一年，遷左都御史，仍留哈爾沙爾辦事。三十二年，授湖北巡撫。入對，上以時綬弱不能任封疆，三十三年，復授都統、左都御史。三十五年，遷工部尙書。明年，罷。四十七年，卒。

時紀，亦文程諸孫。乾隆初，以任子授工部員外郎。四遷，署廣東按察使。二十五年，倖滿入覲，諭范氏無大僚，授鑲紅旗漢軍副都統。二十六年，授工部侍郎。二十七年，疏請就京南諸州縣開田植稻，下直隸總督方觀承察土宜酌行。屢移倉塲、戶部、禮部諸侍郎。四十二年，以年衰改副都統。尋卒。

宜恆，時綬子。乾隆中，自鑾儀衞、整儀衞，五遷，爲福建福寧鎭總兵。四十七年，授正藍旗漢軍副都統。五十七年，授工部侍郎。嘉慶元年，遷戶部尙書。二年，卒。

文程曾孫行又有宜清，乾隆間官盛京工部侍郎；四世諸孫建豐，嘉慶時官吏部侍郎：皆以漢軍任滿缺，一時稱異數云。

寧完我，字公甫，遼陽人。天命間來歸，給事貝勒薩哈廉家，隸漢軍正紅旗。天聰三年，太宗聞完我通文史，召令直文館。完我入對，薦所知者與之同升，鮑承先其一也。尋授參將。四年，師克永平，命與達海宣諭安撫。又從攻大淩河及招撫察哈爾，皆有功，授世職備禦。五年七月，初置六部，命儒臣賜號「榜式」得仍舊稱，餘稱「筆帖式」。

完我遇事敢言，嘗議定官制，辨服色。十二月，上疏言：「自古設官定職，非帝王好為鋪張。慮國事無綱紀也，置六部；慮六部有偏私也，置六科；慮君心宜啓沃也，置館臣；慮下情或壅蔽也，置通政。數事相因，缺一不可。上不立言官，不過謂我國人人得以進言，何必言官。臣請明辨之，我國六部既立，曾見有一人抗顏論劾者否？似此寂寂，豈國中眞無事耶？舉國然諾浮沉，以狡滑爲圓活，以容隱爲公道，以優柔退縮爲雅重，上皇皇圖治，亦何樂有此景象也？況今日秉政者，豈盡循理方正？屬僚既不敢非長官，局外又誰敢議權貴？臣知國中事，上亦時得聞知，然不過猶古之告密，孰若置言官，興利除害，皆公言之之爲愈耶？言官既設，君身尚許指摘，他人更何忌諱？苟不至貪汚欺誑，任其盡言，勿爲禁制，此古帝王明目達聰之妙術也。若謂南朝言官敗壞，此自其君鑑別不明，非其初定制之不善也。我國『筆帖式』，漢言『書房』，朝廷安所用書房？官生雜處，名器弗定。不置通政，則下情上壅，勵精圖治之謂何也？至若服制，尤陶鎔滿、漢第一急事。上遇漢官，溫慰懇至，而國人反陵轢之。漢官不通滿語，每以此被辱，有至傷心墮淚者，將何以招徠遠人，使成一體？故臣謂分別服色，所繫至大，願上勿再忽之也。臣等非才，惟耿介忠悃，至死不變。昨年副將高鴻中出領甲喇額眞，臣具疏請留；今游擊范文程又補刑曹，諒臣亦不得久居文館。若臣等二三人皆去，豈復得慷慨爲上盡言乎？」疏入，上頗韙之，命俟次第舉行。

六年正月，完我疏言：「昨年十一月初九日，自大凌河旋師，上豫議今年進取，至誠惻怛，推心置腹，藹然家人父子。臣敢不殫精畢思，用效駑鈍。臣聞千里而戰，雖勝亦敗。近年將士貪欺之習，大異於先帝時，更張而轉移之。上固切切在念，而曾未顯斡旋之術。人心不鍊，必不得指臂相使之用。分軍駐防，萬難調停，雖諸葛復生，無能爲也。又況蜂蠆有毒，肘腋患生，疑貳之祖大壽，率寧、錦瘡痍之衆，坐伺於數百里間，杞人之見，不得不慮及也。」三月，上決策自將伐察哈爾，而完我以爲大凌河降卒思遁，宜先圖山海，還取錦州，因上疏諫。四月，師西出，度興安嶺，次都勒河，偵言林丹汗西走。完我與同值文館范文程、馬國柱合疏申前議，略言：「師已度興安嶺，察哈爾望風遠遁，上威名顯𤏑。臣度上且罷西征，轉而南入。上憐士卒勞苦，不能長驅直入，徒攜子女、囊金帛而歸。苟若是，大事去矣！昔者遼左之誤，諉諸先帝；永平之失，諉諸二貝勒。今更將誰諉？信蓋天下，然後能服天下。臣等爲上籌之，以爲當令從軍蒙古，每人擇頭人三二輩，挾從者十餘人，從上南入；餘悉遣還部。然後嚴我法度，昭告有衆，師行所經，戒殺戒掠，務種德樹仁，宏我後來之路。

今此出師，諸軍士賣牛買馬，典衣置裝，離家益遠，見財而不取，軍心怠矣，取則又蹈覆轍。上豈不曰『我厲禁取財，其孰敢違』？上耳目所及，或不敢犯；耳目所不及，孰能保者？無問蒙古部長，及諸貝勒，稍稍擾民，怨歸於上，此上所當深思者也。與其以長驅疲憊之兵入宣、大，孰若留精銳有餘之力取山海。臣等明知失上旨，但既見及此，不容箝口也。」是時上已決用兵於宣、大，五月，上駐歸化城，召完我等計事。完我等疏論機宜，語詳文程傳。翌日，上諭蒙古諸部及諸貝勒申軍律，蓋採完我等前疏所陳也。

七年正月，完我疏言：「近日朝鮮交益疏，南朝和未定，瀋城不可以常都，兵事不可以久緩，機會不可以再失。漢高祖屢敗，何爲而帝？項羽橫行天下，何爲而亡？袁紹擁河北之衆，何爲而敗？昭烈屢遘困難，何爲而終霸？無他，能用謀不能用謀，能乘機不能乘機而已。夫天下大器也，可以智取，不可以力爭。臣請以棋喻，能者戰守攻取，素熟於胸中，百局而百不負。至於取天下，是何等事，而可以草草僥倖耶？自古君臣相需，先帝時，達拉哈轄五大臣，知有上不知有人，知有國不知有家，故先帝以數十人起，克成大業。上今環觀國中，如五大臣者有幾人耶？每侍上治事，不聞諫諍，但有唯阿；惟務苟且，不肯任勞怨。於國何利？於上何益？釣餌激勸，振刷轉移，臣望上於旦暮間也。古人有言：『騏驥之局促，不如駑馬之安步；孟賁之狐疑，不如庸夫之必至；雖有堯、舜之智，吟而不言，不如喑啞之指揮。』此言貴能行之。臣謹昧死上言，惟上裁擇。」

完我他所獻替，如論譯書，謂：「自金史外，當兼譯孝經、學、庸、論、孟、通鑑諸籍。」論試士，謂：「我國貪惰之俗，牢不可破，不當祇以筆舌取人，試前宜刷陋習，試後宜察素行。且六部中，滿、漢官吏及大凌河將備，當悉令入試，既可覘此等人才調，且令此等人皆自科目出，庶同貴此途不相冰炭也。」論六部治事，謂：「六部本循明制，漢承政皆墨守大明會典，宜參酌彼此，殫心竭思，就今日規模，別立會典。務去因循之習，漸就中國之制度，庶異日既得中原，不至於自擾。昔漢繼秦而王，蕭何任造律，叔孫通任制禮。彼猶是人也，前無所因，尚能造律制禮；今既有成法，乃不能通其變，則又何也？六部漢承政宜人置一通事，上亦宜以譯者侍左右，俾時召對，毋使以不通滿語自諉。」完我疏屢上，上每採其議。完我又嘗疏薦李率泰、陳錦，皆至大用。惟論用兵，力主自寧、錦直攻山海，不願出宣、大；孔有德、耿仲明降時，完我疏言當收其兵入烏眞超哈，繼又言有德、仲明暴戾無才，其兵多礦徒，食盡且爲盜：皆未當上旨。

九年二月，范文程上言薦舉太濫，舉主雖不連坐，亦當議罰。完我亦疏請功罪皆當並議，略言：「上令官民皆得薦舉，本欲得才以任事，乃無知者假此倖進，兩部已四五十人，其濫可見。當行連坐法，所舉得人，舉主同其賞；所舉失人，舉主同其罪；如有末路改節，許舉主自陳，貸其罪。如採此法，臣度不三日，請罷舉者十當八九；其有留者，不問皆眞才矣。」上並嘉納。

完我久預機務，遇事敢言，累進世職二等甲喇章京，襲六次，賜莊田、奴僕，上駸駸倚任，顧喜酒縱博。初從上伐明，命助守永平，以博爲禮部參政李伯龍及游擊佟整所劾，上爲誡諭，宥之。十年二月，復坐與大淩河降將甲喇章京劉士英博，爲士英奴所訐，削世職，盡奪所賜，仍令給事薩哈廉家。是年改元崇德，以文館爲內三院，希福、文程、承先皆爲大學士，完我以罪廢，不得與。

及世祖定鼎京師，起完我爲學士。順治二年五月，授內弘文院大學士，充明史總裁。是年及三年、六年，並充會試總裁。又命監修太宗實錄，譯三國志、洪武寶訓諸書，復授二等阿達哈哈番。八年閏二月，大學士剛林、祁充格得罪，完我以知睿親王改太祖實錄未啓奏，當奪職，鄭親王濟爾哈朗等覆讞，以爲無罪，得免。三月，調內國史院大學士，命班位祿秩從滿洲大學士例。尋授議政大臣。

十一年三月，疏劾大學士陳名夏結黨懷姦，臚舉名夏塗抹票擬稿簿，删改諭旨，庇護同黨，縱子掖臣爲害鄉里，凡七事；復言：「從古奸臣賊子，黨不成則計不行。何則？無眞才，無實事，無顯功，故必結黨爲之虛譽。欲黨之成，附己者雖惡必護，異己者雖善必仇，行之久而入黨者多。若非審察鄉評輿論，按其行事，則黨固莫可破矣。臣竊自念，壯年孟浪疏庸，辜負先帝，一廢十年。皇上定鼎，始得隨入禁地，謹守臣職，又復十年，忍性緘口。然愚直性生，遇事勃發，埋輪補牘，雖不敢行；若夫附黨營私以圖富貴，臣寧死不爲也。皇上不以臣衰老，列諸滿大臣；聖壽召入深宮，親賜御酒。臣非土木，敢不盡心力圖報。名夏姦亂日甚，黨局日成。人鑒張煊而莫敢言，臣不憚舍殘軀以報聖主。」名夏坐是讉死。八月，加太子太保。十三年，加少傅兼太子太傅。

十五年九月，以老乞休，溫諭命致仕。康熙元年正月，聖祖念完我事太宗、世祖有勞，命官一子爲學士。四年四月，卒，諡文毅。雍正六年七月，世宗命錄完我子孫，得曾孫蘭，以驍騎校待缺，賜宅，予白金五百。

鮑承先，山西應州人。明萬曆間，積官至參將。泰昌元年，從總兵賀世賢、李秉誠守瀋陽城，遷開原東路統領新勇營副將，城守如故。經略熊廷弼疏請獎勵諸將，承先預焉，加都督僉事銜。是歲爲天命五年。太祖已克開原，乃自懿路、蒲河二路進兵向瀋陽。承先偕世賢、秉誠出城，分汛駐守，見太祖兵至，皆不戰退。上令左翼兵逐承先等，迫瀋陽城北，斬百餘級而去。七年三月，上克瀋陽、遼陽，世賢戰死，承先退保廣寧。八年正月，克西平堡，承先從秉誠及總兵劉渠、祁秉忠等自廣寧赴援，渠、秉忠戰死，承先與秉誠敗走，全軍盡殪。巡撫王化貞棄廣寧走入關，游擊孫得功等以廣寧降。承先竄匿數日，從衆出降，仍授副將。

天聰三年，太宗自將伐明，自龍井關入邊，承先從鄭親王濟爾哈朗略馬蘭峪，屢敗明兵，承先以書招其守將來降。師進薄明都，承先復招降牧馬廠太監，獲其馬贏以濟師。明經略袁崇煥以二萬人自寧遠入援，屯廣渠門外，憑險設伏。貝勒豪格督兵出其右，戰屢勝。是時承先以寧完我薦直文館，翌日，上誡諸軍勿進攻，召承先及副將高鴻中授以祕計，使近陣獲明內監繫所並坐，故相耳語，云：「今日撤兵乃上計也。頃見上單騎向敵，有二人自敵中來，見上，語良久乃去。意袁經略有密約，此事可立就矣。」內監楊某佯臥竊聽，越日，縱之歸，以告明帝，遂殺崇煥。

四年，師克永平，承先從，以書諭遷安諸紳朱堅台、卜文煥以城降，遂取灤州。上命承先與副將白格率鑲黃、鑲藍二旗兵守遷安，立臺堡五，明兵來攻，力戰却之。明監軍道張春、總兵祖大壽等合諸軍攻灤州，貝勒阿敏令承先以守遷安兵守永平。及灤州破，阿敏棄永平，率諸將出冷口，東還瀋陽。上命定諸將棄地罪，以承先、白格守遷安，完城退敵，釋弗問。五年，從攻大淩河，降翟家堡。

六年十一月，上諭文館諸臣，考各部啓心郎優絀以爲黜陟。承先與寧完我、范文程疏言：「當察其建言，或實心爲國，或巧言塞責，以爲去留。」七年五月，孔有德、耿仲明來降，泊舟鎭江。承先疏言：「用舟師攻明宜急進，否則，明亦廣練舟師以禦，卽不能爲功。」七月，旣克旅順，承先復請移鎭江諸艦泊蓋州，收旁近諸島，以仁義撫其人。

八年五月，上伐明大同，明總督張宗衡、總兵曹文詔等遣承先子韜齎書請和。初，承先降，明人執韜繫應州獄，至是出之，使以書來，山行，遇土謝圖濟農兵，奪其騎，斫韜及從者，皆死。兵去，韜復蘇。有馮國珍者，送韜至貝勒代善營，令與承先相見，遂使入謁上。上見韜創甚，留軍中，遣國珍齎書還。

九年正月，承先疏言：「臣竊見元帥孔有德、總兵耿仲明爲其屬員請敕，上許其自行給劄。帝王開國，首重名器，上下之分，自有定禮。倘欲加意招徠遠人，可諭吏部奏請給劄，使恩出上裁。」上不謂然，諭曰：「元帥率衆航海遠來，厥功匪小。任賢勿貳，載在虞書。朕推誠待下，前旨已行，豈可食言？承先敗走乞降，今尙列諸功臣，給敕恩養。豈遠來歸順諸將吏反謂無功？朕此言亦非責承先也，彼以誠入告，朕亦以誠開示之耳。」

旋自察哈爾得元傳國璽，承先請命工部制璽函，卜吉日，躬率羣臣郊迎入宮，仍以得璽敕示滿、漢、蒙古，上從之。旣，承先與文館諸臣隨諸貝勒文武將吏請上尊號。崇德元年，改文館爲內三院，承先授內祕書院大學士。三年，改吏部右參政。四年，漢軍八旗制定，承先隸正紅旗。五年，從鄭親王濟爾哈朗等圍明錦州，令防守袞塔。耕時明兵傷我農民，承先退避不及援，坐論死，上宥之。尋以病解任。順治元年，世祖定鼎燕京，承先從入關，賜銀幣、鞍馬。二年，卒，命大學士范文程視含斂。

子敬，授三等阿思哈尼哈番，官河北總兵。康熙四年，剿流賊郝摇旗，縱不追，坐降四級。復起爲大同總兵。入爲鑾儀衞鑾儀使。卒。

高鴻中與承先同直文館。克永平四城，承先助守遷安，而令鴻中助守灤州，蓋使文館諸臣習武事。旋以鴻中領甲喇額眞。天聰五年，設六部，授刑部承政。六年，疏論刑部事當釐正者四，謂：「諸臣敕書賜免死，有罪宜先去『免死』字，更有罪乃追敕書，不當遽議削奪。諸臣坐罪輒罰鍰，非古制；且罰鍰視職崇庳，不問罪輕重，宜有定程。滿民有罪待讞，所屬牛彔若家主，輒與讞獄吏同坐，辨論紛擾，擬嚴定以罪，著爲令。刑曹讞獄，滿、漢官會讞，民不便，宜令滿官主滿民獄訟，漢官主漢民獄訟。」旋復條奏時政，上諭文館諸臣曰：「上書建言，固不可禁遏。鴻中疏多言古人過失，昔元成吉思皇帝子察罕代以刀削檉柳爲鞭，曰：『我國，父皇所定；此檉柳鞭，乃我所手創也。』其臣俄齊爾塞臣曰：『非先帝鳩工製此刀，則此檉柳豈能以指削，以齒齧耶？凡此土地人民一切諸政，皆先帝所創立。』今榜式等當以此等事相啓迪，毋妄議前人爲也。」既又疏論兵，略謂：「上策宜薄明都，中策先取山海。當申軍令，毋辱婦女，毋妄殺人，毋貪財物。有以離家久得財多而勸還師者，上毋爲所惑。」九年，以所屬戶口耗減，坐黜。

論曰：太祖時，儒臣未置官署。天聰三年，命諸儒臣分兩直，譯曰「文館」，亦曰「書房」；置官署矣，而尙未有專官，諸儒臣皆授參將、游擊，號榜式；未授官者曰「秀才」，亦曰「相公」。崇德改元，設內三院，希福、文程、承先及剛林授大學士，是爲命相之始。希福屢奉使，履險效忱，撫輯屬部；文程定大計，左右贊襄，佐命勳最高；完我忠讜耿耿，歷挫折而不撓，終蒙主契；承先以完我薦直文館，而先完我入相，參預軍畫。間除敵帥，皆有經綸。草昧之績，視蕭、曹、房、杜，殆無不及也。

清史稿卷二百三十三

列傳二十

圖爾格兄徹爾格 伊爾登弟超哈爾 超哈爾子額赫里 巴奇蘭岱松阿
岱松阿子阿納海 巴漢 齊爾格申巴都里 巴都里從弟子海都 托克雅
葉臣子車爾布 蘇魯邁 蘇魯邁子蘇爾濟 鄂洛順 翁鄂洛
珠瑪喇瓦爾喀珠瑪喇 瓦爾喀珠瑪喇弟伊瑪喇

圖爾格，滿洲鑲白旗人，額亦都第八子也。少從太祖征伐，積功授世職參將。尙和碩公主。太宗卽位，八旗各設大臣二，備調遣，亦號「十六大臣」，以圖爾格佐鑲白旗。尋還本旗固山額眞，列八大臣。天聰元年，上伐明，圖爾格率所部從攻錦州，不克，隳大小凌河二城而還。二年，追錄其父額亦都功，進世職總兵官。

三年，從伐明，克遵化。四年，上還師，命貝勒阿敏護諸將屯永平，而圖爾格與正黃旗固山額眞納穆泰，正紅旗調遣大臣湯古岱，榜式庫爾纏、高鴻中守灤州。明監軍道張春，總兵官祖大壽、馬世龍、楊紹基等，合軍來攻，圖爾格與納穆泰、湯古岱分地設汛以守。明兵攻納穆泰急，圖爾格分兵授裨將阿玉什使赴援。明兵舉火，火將及城樓，有執纛者乘雲梯以登，阿玉什揮刀斬之，奪其纛，明兵稍卻。阿敏聞明兵攻灤州，遣巴都禮以數百人赴之，夜三鼓，突圍入，明兵發巨礮，城圮，城樓焚。圖爾格等守四日，度不能禦，率所部夜棄城，爲散隊潰圍出。會雨，明兵截擊，死者四百餘人。至永平，阿敏遂盡棄諸城，引師出塞，令圖爾格爲殿。師還，命收諸將議罪，上詰責圖爾格、納穆泰等，湯古岱因引罪請死。上曰：「汝等不能全師歸，陷於彼爲敵所殺，歸至此朕又殺之，於朕復何益？且汝等旣擕俘獲人畜而還，何不收我士卒與之俱來？彼等何辜，忍令其呼天搶地以死也！」圖爾格坐削總兵官，解固山額眞。

五年，初設六部，起圖爾格爲吏部承政。上自將伐明，攻大凌河，督諸軍合圍，令圖爾格從正白旗固山額眞喀克篤禮當城東迤北。城兵出攻城南礮臺，圖爾格不及騎，徒步擊走之。略松山，大凌河旋下。八年，與固山額眞譚泰帥師略錦州。上自將伐明，命貝勒濟爾哈朗留守，使圖爾格帥師屯張古臺河口，防敵自沿海至。旣，又使與梅勒額眞勞薩帥師出邊，渡遼河，循張古臺河駐軍，衞蒙古諸部。

是時察哈爾部林丹汗死，其子額哲不能馭其衆，諸宰桑皆來降。九年，命貝勒多爾袞等爲帥，納穆泰將右翼，圖爾格將左翼，徇察哈爾，至其庭，額哲遂降。師還，略明邊，自平魯衞入塞，躪代州，乘勝至忻口，遇伏，敗之，逐北至崞縣，殲明兵。還過平魯衞，明兵邀於途，圖爾格戰，陷陣，得數百級，明兵引入城，不敢出。圖爾格度追師且至，設伏以待，與納穆泰將千人爲殿。明將祖大壽等以三千人赴戰，圖爾格返兵步戰，力衝其中堅，伏起夾擊，明兵大奔，乃徐引兵出塞。十年，敍功，授世職一等梅勒章京。

崇德元年，復授鑲白旗固山額眞。從武英郡王阿濟格伐明，圖爾格率所部自坤都入邊，會於延慶，遂深入，克十六城。攻昌平，下雄縣，圖爾格皆先登。旋坐女爲貝勒尼堪福晉詐取僕女爲女，事發，貸死奪官。八月，復命攝固山額眞。四年，上命睿親王多爾袞爲奉命大將軍，率師伐明，圖爾格從，擊破明太監馮永盛、總兵侯世祿軍。復與固山額眞拜音圖敗明兵於董家口，毁邊牆，奪靑山關入，下四城。

五年，從多爾袞帥師攻錦州，取其禾，屢擊敗明兵。又與固山額眞葉克書將三百人伏烏忻河口，伺城兵出牧，驅牲畜以歸。明兵千餘人逐戰，葉克書馬中矢蹶，敵將兵焉，圖爾格射敵殪，翼葉克書上馬，併力擊敵，敵敗去復至，凡六合，圖爾格身中二十餘創，猶殿後力戰，護所俘還。敍功，復進世職三等昂邦章京。尋授內大臣。六年，太宗自將伐明，困洪承疇松山，圖爾格從。明總兵曹變蛟夜犯御營，兵至倉卒，守營大臣侍衞皆未集，圖爾格首發矢殪二人，與弟伊爾登、宗室錫翰督親軍攢射，變蛟中創敗去。復從諸貝勒邀擊明敗兵，戰於塔山，爲伏於高橋，殺敵無算。

七年十月，上命饒餘貝勒阿巴泰爲奉命大將軍，以圖爾格副之，帥師伐明。左翼道界嶺口，右翼破石城、雁門二關，並深入，越明都，自畿南徇山東，南極兗州，克府三、州十八、縣六十七，獲明魯王以派及樂陵、陽信、東原、安丘、滋陽五郡王，他宗室官屬千餘人。遇敵三十九戰皆勝，俘三十六萬九千、駝馬鸁驢牛羊五十五萬一千三百有奇，得黃金萬二千、白金二百二十萬有奇，珠緞衣裘稱是。八年六月，師還，賜白金千五百。世祖卽位，敍功，進三等公。順治二年二月，卒。九年，謚忠義。配享太廟，立碑墓道。雍正九年，定封三等果毅公，世襲。

子武爾格，從征皮島，戰死；科布梭，襲三等昂邦章京。貝子屯齊等訐鄭親王濟爾哈朗諸罪狀，因及太宗崩時圖爾格等共謁肅親王豪格，將奉以嗣位，而以上爲太子。王大臣議追奪圖爾格公爵，命但削科布梭世職。科布梭亦訐其父當太宗崩時，以與白旗諸王有隙，命三牛彔護軍具甲冑弓矢衞其門，其祖母，其父，及其從父遏必隆；又嘗叱辱格格，格格，遏必隆妻也。語詳遏必隆傳。順治八年，上親政，命科布梭襲三等公，恩詔進二等。九年，追論科布梭妄訐其父，削爵。遏必隆兼襲進一等公，自有傳。

兄徹爾格，隸滿洲鑲黃旗。幼事太祖，從征伐有勞，授備禦，進游擊。天命十年四月，上命王善、達珠瑚及徹爾格率千五百人伐瓦爾喀部，王善，上族弟也。師大捷，多所俘獲。及還，上先五日出郊獵於避蔭，四日乃罷獵，至木戶角洛，與師會。王善等入謁，行抱見禮，以酒二百甕並出獵所獲獸百餘饗從征士卒，並及降人。還至瀋陽北岡，復以酒四百甕、牛羊四十，列四百筵爲大宴。既入城，又賜從征者人白金五兩。尋進徹爾格三等總兵官。

太宗卽位，設八大臣，徹爾格領鑲白旗。天聰元年正月，從貝勒阿敏等伐朝鮮，師還。尋解固山額眞授其弟圖爾格。二年五月，從貝勒阿巴泰等伐明，隳錦州、杏山、高橋三城。五年七月，初設六部，授刑部承政。尋遷兵部承政。七年八月，命與刑部承政索海偵明邊，至錦州，斬七級，獲把總一、兵九。十月，明副將尙可喜來降，上命徹爾格偵其蹤跡。八年二月，奏言：「可喜行且至，道遠馬不給，請諸牛彔凡有馬四者，借二以給用。」崇德二年四月，從武英郡王阿濟格等攻皮島，師還，以屢違軍令，削爵罷官。三年七月，更定部院官制，起授工部左參政。五年二月，擢戶部承政。八年，考滿，復授牛彔章京世職。世祖定鼎燕京，加半個前程。順治二年二月，卒。

子陳泰、法固達、拉哈達。陳泰、拉哈達自有傳。法固達襲世職，進三等阿達哈哈番，尋卒。

伊爾登，額亦都第十子，與圖爾格同旗。幼，太祖育之宮中，長授侍衞。屢從征伐，城界凡、薩爾滸，皆有勞，賚蟒服，授世職游擊。累進三等副將。太宗卽位，各旗置大臣二備調遣，伊爾登與其兄圖爾格同佐鑲白旗。尋命帥師戍國南界。天聰三年九月，攻獐子島，島故明將毛文龍所轄，文龍爲袁崇煥所殺。伊爾登帥師行略地，得舟四，沉之，俘其人以歸。十月，從伐明，攻龍井關，隳其水門入，斬明將易愛、王遵臣，盡殲其衆。攻遵化，敗明山海關援兵，斬其將趙率教，薄明都。四年，克永平、灤州、遵化諸城。師還，進一等副將。圖爾格罷固山額眞，以授伊爾登。五年八月，攻大凌河城，伊爾登當城東迤南，深溝壁壘，環而守之，卒以破敵。六年，上自將伐察哈爾，命與貝勒阿巴泰等留守。

七年六月，上以伐明若朝鮮若察哈爾三者何先，諭諸貝勒大臣各陳所見。時上留諸軍駐山海關外屯田，諸貝勒大臣皆請先用兵於明。伊爾登亦言：「與其頓兵關外，不若徑入內地。察諸城孰可攻者，多率步兵具梯牌，乘機摧陷，何堅不克？況蓄銳已久，人有戰心，及時而用之，所謂事半而功倍也。」七月，上命從貝勒岳託、德格類等取旅順，與固山額眞葉臣將二千五百人戍焉。八年，上自將伐明，自上方堡入，命伊爾登從貝勒阿濟格、多爾袞、多鐸等帥師自巴顏朱爾格入龍門，與上軍會宣府，擊敗明兵，得馬百餘。攻保安，克之，進拔靈丘。伊爾登忤諸貝勒，又與固山額眞貝子篇古等相詆諆，下法司集讞，坐奪世職，幷罷固山額眞，復授圖爾格，仍罰鍰。尋從豫親王多鐸伐朝鮮，師還，復從武英郡王阿濟格攻皮島，坐先軍纛渡江，復罰鍰。

崇德三年，起授巴牙喇纛章京。四年春，從武英郡王阿濟格伐明，伊爾登以三十人行略地，敗明兵千人，掠其馬。上自將大軍駐錦州。四月，阿濟格以其師會攻松山、杏山，詗知明總兵祖大壽、太監高起潛將二千人出戰，我師爲伏以待，敵逡巡不前。伊爾登以四十人紆道致敵，且戰且却，伏發合擊，大敗明兵。六月，命充議政大臣，兼內大臣。

六年六月，從鄭親王濟爾哈朗圍錦州，明總兵洪承疇以師赴援，屯松山西北。鄭親王令右翼軍擊之，戰不利，退保乳峯山。敵入兩紅旗、兩藍旗駐軍地，固山額眞葉臣等歛兵不與爭。伊爾登將多爾機轄與恭順王孔有德及蒙古敖漢、奈曼、察哈爾諸部兵禦敵，躍馬突陣，縱橫馳擊，身被數創不少卻，馬踣，易之，三戰益奮，明兵凡四合圍，卒潰圍出。上嘉其勇，復世職三等梅勒章京，賜白金四百。

八月，上自將禦洪承疇，陳師松山、杏山間，命諸貝勒大臣分道截擊明兵。伊爾登與公塔瞻率巴牙喇兵爲伏於高橋，甫出營，遇明兵千人自杏山潛出，擊斬之，遂至高橋；又遇明兵六百餘人自杏山南奔塔山，伏起，明兵殲焉。上移營逼松山，明將曹變蛟夜犯御營，圖爾格率先射敵，伊爾登與內大臣宗室錫翰整兵拒戰，變蛟敗遁。上命侍衞大臣疎防及戰不利者皆罰鍰，賞禦敵將士，伊爾登得優賚。

世祖定燕京，論功，遇恩詔，累進二等伯。順治十三年，以老致仕。上旌伊爾登功，命得乘馬入朝，輒召對賜食。圖其像，一藏內庫，一畀其家。康熙二年，卒，謚忠直。

伊爾登勇冠諸軍，尤長於應變，潛機制敵，諸宿將皆弗能及。子前卒，孫噶都襲，官至鑲黃旗蒙古副都統、領侍衞內大臣。乾隆初，定封一等男。

超哈爾，徹爾格弟，與同旗。幼事太祖，授牛彔額眞。天聰八年，予牛彔章京世職。九年，與牛彔額眞納海、巴雅、彰屯等齎書詣喜峯口、潘家口、董家口諸處諭明守邊將吏，還遇戍卒邀戰，斬獲百餘人，擢巴牙喇甲喇章京。崇德元年，從武英郡王阿濟格伐明，將入邊，遇邏卒，迎戰，俘二人，獲馬四。薄明都，奪礮以擊敵，殺百餘人。轉戰至盧溝橋，再遇敵，戰皆勝。二年，列議政大臣。三年七月，更定部院官制，授禮部左參政。

九月，從睿親王多爾袞伐明，自青石口入邊，會師涿州。超哈爾率所部攻任丘，穴地隳其城，趨趙北口，明兵毀橋，師不得渡，乃騎出水西襲明兵後，明兵大敗。南略山東，從克濟南。四年春，師還，出邊，超哈爾殿，敗明兵於太平寨。五年，轉兵部右參政。六年，從鄭親王濟爾哈朗伐明，圍錦州，城兵出戰，超哈爾率所部奮擊，逐入郛，力戰沒於陣。太宗深惜之，賜白金六百一十兩，進世職二等甲喇章京。順治間，追謚果壯，立碑紀績。子格黑禮、額赫里。格黑禮襲世職，凡四年而卒。

額赫里以牛彔額眞襲世職，尋遷甲喇額眞。從鄭親王濟爾哈朗徇湖廣，屢敗明兵。師還，授京城中城理事官。遷都察院理事官。累進二等阿思哈尼哈番。順治九年，命帥師戍江寧。鄭成功侵福建，駐軍海澄。平南將軍金礪請益師進剿，上命額赫里將千五百人以往，與金礪會師擊成功，大破之，遂攻海澄，復敗成功兵。十二年，擢兵部侍郎。以功進一等阿思哈尼哈番。十六年，成功兵逼江寧，給事中楊雍建劾樞臣失職。明年，甄別部院諸臣，上以額赫里弗任勞怨，解任，降三等阿思哈尼哈番。康熙初，復爲兵部侍郎。擢工部尚書。卒。

子英素襲。從征準噶爾有功，進二等阿思哈尼哈番。卒，子郎保仍襲三等阿思哈尼哈番。從大將軍傅爾丹征準噶爾，和通呼爾之敗，郎保殉焉，卹進二等阿思哈尼哈番。

巴奇蘭，納喇氏，世居伊巴丹。旗制定，隸滿洲鑲紅旗。太祖兵初起，巴奇蘭率衆來歸。屢從征伐，沙嶺之役，率五牛彔兵當前鋒，敗敵。天命十一年，從攻寧遠，克覺華島，授游擊。太宗卽位，各旗設調遣大臣二，巴奇蘭佐正黃旗。

天聰三年，從伐明，薄明都，駐軍城北，擊敗明總兵滿桂等。七年，從伐明，攻旅順口。巴奇蘭率白奇超哈兵與鑲白旗固山額眞薩穆什喀方舟而前，敵負崖，戰甚力，巴奇蘭被數創，冒矢石奮擊，且號於衆曰：「孰能先登，吾襮其功於上前！」於是牛彔額眞雍舜、珠瑪喇超距登崖，巴奇蘭督衆兵從之上，敵殊死戰，我軍少却。巴奇蘭疾呼曰：「敵兵敗矣！」士卒皆踴躍騰藉入，遂克之，進三等副將。

八年五月，太宗自將伐明，貝勒濟爾哈朗留守，巴奇蘭副之。十二月，命偕薩穆什喀分將左右翼兵伐虎爾哈諸部，師行，上諭之曰：「此行道殊遠，愼毋憚勞。得俘，撫以善言，與共甘苦。攜以還，皆可爲我用。汝曹當善體朕意。」九年五月，師還，上御殿設宴，親酌金巵勞之，分賚所獲牲畜，命籍降人二千餘戶俾安業，進一等梅勒章京。十年二月，病創潰，卒，贈三等昂邦章京。乾隆初，定封三等子。巴奇蘭伐虎爾哈諸部，牛彔額眞岱松阿實從。

岱松阿，佟佳氏，世居雅爾湖。旗制定，隸滿洲正紅旗。初亦逮事太祖。天聰二年，從伐明錦州，下十三站以東二十餘臺。七年，命與甲喇額眞英俄爾岱使朝鮮。語見英俄爾岱傳。八年，予牛彔章京世職。及巴奇蘭等師還，有功，加半個前程。崇德元年，從英親王阿濟格伐明，徇昌平。二年，戍海州，擊明兵旅順口，得舟二，俘七人，斬二人，命賚銀布。六年，卒。

阿納海，岱松阿子，襲職，授牛彔額眞。順治二年，從擊李自成，逐至富池口，掠其舟。三年，從擊張獻忠。師至西安，叛將賀珍以馬步二千人拒守雞頭關，阿納海與巴牙喇纛章京鰲拜等擊破賊壘，遂徇四川，屢破獻忠兵。五年，授工部理事官，尋兼任甲喇額眞。六年，從討叛將姜瓖，攻大同，掘塹環城，城兵出戰，阿納海及固山額眞噶達渾與戰屢勝。敍功，並遇恩詔，累進一等阿達哈哈番。十八年，從靖東將軍濟席哈討山東土寇于七，敗其黨喬玉季於連山，賊夜出，阿納海與戰，中創卒，進三等阿思哈尼哈番。

巴漢，亦岱松阿子，襲職。康熙十三年，以參領從副都統碩塔、穆森等討耿精忠。次安慶，聞建德陷，巴漢率兵詗之。至赤頭關，精忠兵出戰，擊之潰，遂導諸軍攻克之。十一月，精忠兵四千餘攻南康，巴漢從碩塔、穆森等擊敗之，斬千餘，盡收其械。十六年，從鎭南將軍莽依圖、江寧將軍額楚等討吳三桂，自廣東徇廣西，破三桂將蔣雄於樹梓墟。十八年，三桂將吳世琮攻南寧，巴漢從莽依圖等赴援，世琮屯新寧州西山下，列鹿角爲陣。巴漢與戰，多所俘馘，世琮負傷引去。南寧圍解。二十年，從征南大將軍賴塔進兵，敗三桂將何繼祖等於西隆州，奪石門坎、黃草壩諸隘，遂趨曲靖。會湖南、四川兩路兵，進克雲南。復從都統希福擊三桂將馬寶、巴養元等於楚雄烏木山。二十五年，論功，進一等阿思哈尼哈番。二十九年三月，卒。

齊爾格申，世居寧古塔，以地爲氏。兄納林率百餘人歸太祖，太祖命籍其衆爲牛彔，以爲牛彔額眞。旗制定，隸滿洲鑲白旗。納林卒，齊爾格申代爲牛彔額眞，率所部屯達卜遜木城。明兵攻耀州，齊爾格申赴援，敗之淤泥河，還駐平山。海濱鬻鹽者千人，具舟將出海，齊爾格申夜襲之，千人皆殪。明錦州守者以兵至，齊爾格申與戰，面中鎗，戰愈力，明兵敗去。

天聰六年，修蓋州城，移民以實之，命齊爾格申與梅勒額眞石國柱、甲喇額眞雅什塔等帥師戍焉。八年，授世職牛彔章京。蓋州與明爲界，諸新附多亡去歸於明。齊爾格申將兵行海濱，値明兵以舟迎逃人，已入海。齊爾格申涉水追射，殪舟中執鎗者及逃人一，遂躍入其舟，獲明備禦一、邏卒十有三。又將兵視北新渡口，諜言明兵以舟五十餘泊島中，命爲伏以待，明兵二十餘入島伐木，伏發，盡獲之。明兵以舟泛于海，有二人遙呼曰：「我逃人也，誰敢逐我者？」齊爾格申乘小舟逐之，斬一人，俘一人，餘舟明兵皆驚潰。

崇德元年，以齊爾格申出戍能稱職，賜良馬。五月，從武英郡王阿濟格伐明，薄大同，徇延慶，有所俘獲。世祖朝爲福陵總管。順治七年，授世職拖沙喇哈番。齊爾格申從弟多尼喀，以攻萊陽先登，賜號「巴圖魯」，授世職牛彔章京，加半個前程，至是卒，以齊爾格申兼襲爲一等阿達哈哈番，復以恩詔進三等阿思哈尼哈番。康熙十二年，卒。

巴都里，性佳氏，滿洲鑲藍旗人。父剛格，當太祖時率其族來歸。巴都里屢從戰伐，授牛彔額眞，兼甲喇額眞。天聰八年，從伐明，攻大同，與宗室拜音圖爲導，未入邊，得察哈爾宰桑四，擢巴牙喇纛章京。崇德元年，從伐朝鮮，巴都里與巴牙喇纛章京鞏阿岱圍南漢山城，屢敗敵。二年，從上獵葉赫，巴都里及哈寧阿所部行列不整，上嚴詰責之。三年，從伐明。明年，從濟南還，師出青山口，明師追至，巴都里率所部還戰，巴牙喇兵有被創墜馬者，令他兵護以歸，棄於道，坐罰鍰。六年，授兵部參政，兼任鑲藍旗滿洲梅勒額眞。八年，與梅勒額眞鄂羅塞臣伐黑龍江，降圖瑚勒禪諸城。師還，予世職半箇前程。遷鑲藍旗滿洲固山額眞。卒。

海都，其從弟杭嘉子也，襲職。恩詔，進拜他喇布勒哈番兼拖沙喇哈番。順治間，從擊明將孫可望、李定國、白文選，皆有功。康熙中，署護軍統領。從討吳三桂，卒於軍。敍功，進三等阿達哈哈番。

托克雅，先世居瑚爾哈，以地爲氏。兄納罕泰，爲瑚爾哈部屯長，天命四年，將其戚屬及所部百餘戶來歸，太祖使迎勞賜宴，賚裘服、奴僕、田宅、器用、牛馬。旗制定，隸滿洲正紅旗。尋授納罕泰扎爾固齊，托克雅牛彔額眞。天聰三年，遷巴牙喇甲喇章京。從伐明，入自龍井關，遇明三屯營邏卒，斬五人，獲馬七。護糧以行，明兵來劫，復斬數人，獲纛一。遂與大軍會，從克遵化。五年三月，與甲喇額眞榜素等將百人略錦州。八月，圍大凌河城，移屯斷錦州、松山道。明兵自錦州至，擊却之，逐至城下，俘馘甚衆。八年，從伐明，攻大同，歸還出尚方堡，察哈爾諸宰桑來歸，上命托克雅率師護降人以還。敍功，授甲喇章京世職。九年，戰於寧遠，與阿濟拜等敗敵。語詳阿濟拜傳。崇德三年八月，從貝勒岳託伐明，越明都，趨山東，圍臨邑，托克雅以雲梯攻克其城，賚馬及白金。四年六月，擢正紅旗蒙古梅勒額眞。六年，從圍錦州，與明總督洪承疇戰，當敵礮，被數創。七年，解梅勒額眞任。順治元年，起爲陵寢總管。二年九月，卒，年六十有三。

葉臣，完顏氏，世居兆佳。歸太祖。旗制定，隸滿洲鑲紅旗。天命四年，從伐明，攻鐵嶺，蒙古兵助守拒戰，奮擊破之。六年，復從伐明，克遼陽，以功授游擊。太宗卽位，各旗置調遣大臣二，葉臣佐鑲紅旗。

天聰元年，從貝勒阿敏伐朝鮮，以六十人闌入明邊，俘邏卒六。攻義州，與牛彔額眞艾博先登，以功授二等參將。率兵戍蒙古，捕斬逋逃，進三等副將。四年，從太宗伐明，攻永平，上命葉臣與副將阿山選部下壯士二十四人，樹雲梯先登。語詳阿山傳。城旣克，上嘉嘆，且諭諸將曰：「他日復攻城，毋令先登。驍將，當共惜之！」進三等總兵官，授議政大臣。諭以政有闕失，當盡言，葉臣對曰：「臣受恩重，願罄所知入告，但恐臣識未逮耳。」五年，授鑲紅旗固山額眞。從伐明，圍大淩河城，葉臣以所部當城西迤南。城兵出劘我壘，葉臣與額駙和碩圖等督兵夾擊，殲敵過半。

七年六月，上命諸貝勒大臣陳時政，時有議直擊山海關者，葉臣疏言：「今我師方聚，宜先往大同、宣府覘察哈爾蹤跡，近則攻之；若遠，卽入明邊，進逼明都。伐木爲梯，晝夜環攻，卽不遽克，亦足以威敵。」上韙其言。是月，從貝勒岳託、德格類等攻明旅順口，斬獲無算。八年，從貝勒代善自喀拉鄂博入得勝堡，略大同，西至黃河，擊敗明朔州騎兵。崇德元年五月，從武英郡王阿濟格等伐明，旣入邊，分兵下安州；又合攻寶坻，穴其城，克之。十二月，從上伐朝鮮，與諸固山額眞率阿禮哈超哈兵入其王都。二年四月，從阿濟格攻明皮島，與阿山督白奇超哈兵乘小舟攻島西北隅，麾兵先進，斬明總兵沈世奎，島下。師還，進一等總兵官。四年，從貝勒岳託等伐明，入青山口，略太平寨。岳託令每旗遣梅勒章京一，每牛彔簡甲士三，使葉臣與固山額眞譚泰爲將，攻克其關，遇敵十三戰皆勝，得馬六十。七年，命代貝勒阿巴泰戍錦州。

順治元年，從入關，率師徇山西。師所經行，自直隸饒陽至河南懷慶，傍近諸府縣悉下，進克太原。先後定府九、州二十七、縣一百四十一，署置官吏，安輯居民。明將李際遇屯河南境，依山爲寨。唐通、董學禮降李自成，擁衆擾邊。葉臣皆招使來降，山西底定。師還，至定州，土寇有自號掃地王者，糾徒黨剽掠，葉臣遣兵討平之。比至京，坐擅毀禁垣，屏其功不錄，但賜白金六百。二年，豫親王多鐸定江南。七月，命貝勒勒克德渾爲平南大將軍，以葉臣佐之，代多鐸鎭撫；並命大學士洪承疇招撫南方諸行省，敕滿洲諸軍會葉臣調遣，有不順命者，葉臣發兵搜捕，輒奏績。十一月，以自成餘黨一隻虎等出沒武昌、襄陽、荆州諸府，命葉臣從勒克德渾移師剿除。三年十月，師還，賜黃金三十、白金五百。四年，改一等精奇尼哈番。五年，卒。是年七月，定封二等精奇尼哈番，以長子車爾布襲；復兼一拖沙喇哈番，以第五子車赫圖襲。

車爾布初官甲喇額眞。崇德六年，從攻錦州，與諸將共爲伏，破明兵，擢巴牙喇纛章京。從入關，擊李自成，追及於安肅，復追及於慶都，殲賊甚衆，授世職拜他喇布勒哈番。旣，復從英親王阿濟格西討自成，師出塞，道土默特、鄂爾多斯，入塞渡黃河，鑿冰以濟。順治二年春，師至榆林，賊夜襲蒙古軍，車爾布與牛彔額眞蘇拜往援，破敵，還軍遇伏，復縱擊却之，與固山額眞伊拜拊循旁近諸府縣。師進圍延安，與梅勒額眞羅壁戰敗城兵。自成走湖廣，車爾布與巴牙喇纛章京鰲拜以師從之，攻安陸，得舟八十；復與巴牙喇甲喇章京噶達渾逐賊九宮山，敗其騎兵，自成死。師還，授議政大臣，加一拖沙喇哈番。

三年，從肅親王豪格討張獻忠，屢戰皆捷，與貝勒尼堪等徇遵義、夔州諸府縣。尋以巴牙喇纛章京哈寧阿被圍，車爾布未及援，降拖沙喇哈番，輟其賞及既襲父爵。六年，姜瓖以大同叛，車爾布從英親王阿濟格帥師討之。瓖出攻鑲紅旗營，車爾布率巴牙喇兵禦之，瓖敗走。瓖黨自阻馬、得勝二路分兵循北山逼我軍，瓖復以城兵出戰，鰲拜率先當賊，車爾布與梅勒額眞譚布合兵繼進，遂殲瓖兵。兩遇恩詔，累進三等伯。十二年十二月，命與寧海大將軍伊爾德率師徇浙江，擊斬明魯王將王長樹、王光祚、沈爾序等。與伊爾德自寧波航定海，分三路進攻，敵萬餘，列舟二百，戰敗；逐之，至衡水洋，斬思、六御，獲其將林德等百餘人，遂克舟山。語互見伊爾德傳。以功進一等伯，兼拖沙喇哈番。十五年十二月，命與安南將軍明安達理戍貴州。十六年二月，復命移駐荊州。八月，鄭成功入攻江寧，車爾布與明安達理自荊州赴援，循江而下，擊敗成功將楊文英，斬其裨將，獲舟及諸攻具。十七年十一月，師還。十八年，改鑲紅旗蒙古都統。康熙三年，以久疾解都統，降三等伯。七年三月，卒。乾隆十四年，定封號曰威靖。

初，從葉臣攻永平，先登凡二十四人，蘇魯邁其一也。

蘇魯邁，嵩佳氏，滿洲正藍旗人，世居棟鄂部。父遜札哩，歸太祖，太祖錄其長子蘇巴海，授牛彔章京。天命三年，蘇魯邁從伐明，攻撫順，樹雲梯先登。六年，授牛彔額眞。復從伐明，取瀋陽、遼陽。天聰元年，從阿敏伐朝鮮，攻義州，蘇魯邁以二十人先諸軍登城。三年，從太宗伐明，攻克洪山口城。予世職備禦。其從葉臣攻永平也，城上火器發，蘇魯邁面中鎗，不退；敵炮裂自焚，冒火援雲梯上，城遂下。上遣醫視創，賜號「巴圖魯」，賚牲畜、布帛，進世職游擊。復從伐明，取旅順，略寧遠，戰必先衆，恆以被創受賞。崇德元年，從武英郡王阿濟格伐明，將入邊，攻雕鶚城，砲傷口，因以殘疾家居。順治間，恩詔，累進三等阿思哈尼哈番。康熙元年十一月，卒，謚勤勇。蘇魯邁子蘇爾濟、遜哈、三塔哈、鄂洛順、翁鄂洛。

蘇爾濟，順治初以噶布什賢轄從入關，與噶布什賢噶喇依昂邦錫特庫擊敗李自成將唐通於一片石。三年，從端重親王博洛徇福建，敗明將姜正希於汀州，予世職拜他喇布勒哈番。七年，卒。

鄂洛順，事聖祖。以二等護衞從建威將軍佛尼埒討吳三桂，敗其將高定；以前鋒統領從裕親王福全擊噶爾丹。有功，累遷江寧將軍。卒。

翁鄂洛，事聖祖。從征南大將軍賚塔討吳世璠，師自廣西入，戰石門坎，敗其將何繼祖；再戰黃草壩，復敗繼祖，獲詹養、王有功。薄雲南，殲胡國柄，逐捕馬寶、巴養元等。以功進三等阿達哈哈番。卒。

珠瑪喇，碧魯氏，世居葉赫。太祖時，率所部虎爾哈人來歸。旗制定，隸滿洲鑲白旗，授牛彔額眞。天聰三年，從伐明，次遵化，擊敗明兵。後三日，太宗臨視遵化，明兵自山海關至，將入城，珠瑪喇以邏卒十人禦之，所擊殺甚衆。薄明都，遇明總兵滿桂、黑雲龍、麻登雲、孫祖壽諸軍入大紅門，與額駙揚古利、甲喇額眞音達戶齊擊之明兵左次，旋克永平。復攻昌黎，先登，被六創。以功　備禦。尋坐事奪世職。五年，從圍大凌河城，明監軍道張春赴援，珠瑪喇與甲喇額眞鄂諾迭戰，破其前鋒。

六年，從伐察哈爾，次穆魯哈岱，獲布延圖台吉，殲其從者百餘，俘其孥。七年，從貝勒德格類、岳託攻旅順口，將巴牙喇兵十人，以舟登擊甕城。巴奇蘭旣令於衆，珠瑪喇與牛彔額眞雍舜超躍而上，大聲自名曰：「珠瑪喇登城矣！」被三創，不少卻，卒拔其城。上聞，嘉歎，親酌金巵以賜，復世職。九年，從貝勒多鐸伐明，圍錦州，夜設雲梯以攻，被創甚。

崇德元年，從伐朝鮮，力戰，克山寨；從伐明，敗明總兵，取四縣。三年，授兵部理事官。從伐明，圍錦州。明兵屯廣寧北茗峙山，珠瑪喇別將四十人破其寨；又招降別軍屯駱駝山及大淩河北山諸寨。六年，命與甲喇額眞僖福監張家口互市。事畢，所司劾珠瑪喇以私財爲市，且索馬蒙古，論死，上命寬之，復奪世職，輸所市物入官。尋從鄭親王濟爾哈朗復圍錦州，敵將奪我軍礮，珠瑪喇擊之退；旣，復至，珠瑪喇射殪敵，敵乃潰。七年，與噶布什賢噶喇依昂邦沙爾虎達伐虎爾哈部，降喀爾喀木等十屯，俘壯丁千餘及牲畜、輜重以歸，上命迎勞。

順治初，珠瑪喇以甲喇額眞從入關，擊李自成。尋授正藍旗滿洲梅勒額眞、兵部侍郎，復世職。二年十一月，與梅勒額眞和託等帥師駐防杭州，珠瑪喇將左翼。馬士英、方國安自嚴州侵餘杭，珠瑪喇擊之走。還，未至杭州三十里，遇土寇，復擊破之。國安等仍以數萬人分屯江東諸山及杭州郊外朱橋、范村諸地，珠瑪喇與總兵田雄、副將張杰等分兵逐捕。三年，率師徇福建，與巴牙喇纛章京敦拜擊破明兵。五年，從征南大將軍譚泰討叛將金聲桓於江西，與固山額眞何洛會及沙爾虎達等屢敗聲桓兵，焚其舟千三百有奇，下九江及其屬縣凡六。遷正白旗蒙古固山額眞、吏部尙書。世職累進三等阿思哈尼哈番。

十年冬，坐選授山東驛道房之麒嘗占籍青州不詳勘，罷尙書。十一年，明將李定國等寇廣東，命珠瑪喇爲靖南將軍，副以敦拜，率師討之。方攻新會，尙可喜、耿繼茂等軍於三水，扼隘列屯。珠瑪喇至，與合軍擊敵，戰於珊洲，斬副將一，獲裨將十餘，馘一百五十餘級。師至新會，定國所將步騎卒四萬，分據山險列礮，以象爲陣。珠瑪喇督將士力戰，定國兵旣却，復出兵四千餘人自山上馳下，我師力禦敗之，奪其山，定國兵乃遁。十二年二月，定國走高州，珠瑪喇遣梅勒額眞畢力克圖、鄂拜等以師從之，戰於興業，再戰於橫州，定國渡江焚其橋，我師躡其後，三戰皆勝。定國走入安隆，珠瑪喇與尙可喜等復高州、雷州、廉州三府及所屬州三、縣八；又克廣西境州二、縣四：凡二十二城。得象十六、馬二百有奇，他器械稱是。上賜敕獎勵。九月，師還，入見，上諭大學士馮銓等曰：「珠瑪喇率師征廣東捷歸，年方五十。壯年能立功，爲有福也！」賜茶慰勞。部議進一等阿思哈尼哈番兼一拖沙喇哈番，上以珠瑪喇等擊破定國，雪衡州、桂林之憤，功高不當循常格，命再議，進三等精奇尼哈番。十五年，致仕。康熙元年，卒，謚襄敏。

瓦爾喀珠瑪喇，那木都魯氏，居瓦爾喀部渾春地。祖察禮，率族歸太祖。旗制定，隸滿洲正白旗。珠瑪喇方少時，卽從太祖征伐，授牛彔額眞。以同時有碧魯珠瑪喇，命綴地於名以爲別。

天聰八年，授世職牛彔章京。嘗率噶布什賢兵十人，逐得蒙古亡者四十三人，上特予優賚。崇德二年，與牛彔額眞喀凱等分道伐瓦爾喀部，徇額勒約索、額黑庫倫、僧庫勒諸路，俘獲甚衆。以功加半個前程。三年，授吏部理事官。四年三月，從貝勒岳託伐明，攻故城，夜以雲梯登，克之。明總兵侯世祿師赴援，珠瑪喇徒步突敵軍，力戰，世祿敗去，珠瑪喇創甚，明太監高起潛師復至，負創戰尤力，起潛亦敗去。十月，從略錦州，敗明兵，入邊至太平寨，明兵嚴陣以待，珠瑪喇徒步大呼，入陣斫鹿角，中創不稍却，明兵大潰。十一月，從承政索海、薩穆什喀伐索倫部，珠瑪喇俘十有九人。道攻虎爾哈部雅克薩，焚其郛，牛彔額眞和託先登，珠瑪喇繼之，克其城。師還，次黑龍江之濱，虎爾哈潰兵復合，烏魯蘇屯酋博穆博果爾以六千人擊正藍旗後隊，珠瑪喇與索海設伏掩擊，殲敵略盡。以功進三等甲喇章京。

六年，從伐明，圍錦州，擊敗松山騎卒。明總督洪承疇赴援，營松山西北，我師與戰，右翼敗；敵萃於左翼，珠瑪喇力戰，砲傷頷，踣且絕，上深悼之，賜繈以斂。後三日復蘇，上聞喜甚，令加意休養，毋卽從軍。命監造盛京塔，塔成，厚賚之。旋令率師戍錦州，明兵來攻，戰竟夜，敵敗去，斬四十餘級，得雲梯及軍械。累進一等甲喇章京。

順治初，從入關，擊李自成，平馬山口土寇，以功加半箇前程。二年十月，調戶部理事官。十一月，與固山額眞巴顏等帥師會定西大將軍何洛會西討張獻忠。三年，肅親王豪格代何洛會督諸軍向階州，聞獻忠兵屯禮縣南，遣珠瑪喇分兵擊之，獻忠兵驚竄；復與巴牙喇纛章京鼇拜進兵西充，獻忠死，乃還師。六年，從討叛將姜瓖，次左衞。瓖兵屯城外迎戰，珠瑪喇擊之走，城遂下。逐賊寧武關，壞兵置砲山岡以拒，珠瑪喇與甲喇額眞烏庫禮疾馳據岡脊，破其壘，壞所置總兵劉偉以關降。師還，擢正白旗梅勒額眞。世職累進一等阿思哈尼哈番。十年三月，卒，祀四川名宦。

伊瑪喇，其弟也。肅親王定四川，伊瑪喇以巴牙喇侍衞從。師次保寧，獻忠將趙雲桂來攻。伊瑪喇登城射中雲桂目，賊駭走，師從之，大捷，卽襲其兄世職，授甲喇額眞。康熙十三年，從揚威將軍阿密達討叛將王輔臣。十四年五月，克寧州。九月，進攻平涼，未至八里，輔臣率萬餘人出拒，伊瑪喇從貝勒洞鄂與戰，輔臣敗入城。十五年，從撫遠大將軍圖海復攻平涼，至城北虎山墩詗賊，賊合步騎猝至，伊瑪喇奮戰，賊敗去。事平，師還。二十七年，乞休。三十四年五月，卒，亦祀四川名宦。世宗卽位，命錄戰功未受賞者，加伊瑪喇拖沙喇哈番。

論曰：太宗與明戰，下大淩河，克錦州，皆以全力爭。壬午之師，閒道深入數千里，如行無人之境，爲前此所未有，則圖爾格之績也。以是戰多踵爲功宗。伊爾登、巴奇蘭、齊爾格中輩皆驍武，從太宗征伐，搴旗陷陣；而葉臣、珠瑪喇入關後，又以夙將力戰策勳。大業將成，羣才翊運，盛矣！

清史稿卷二百三十四

列傳二十一

孔有德 全節　耿仲明 子繼茂　繼茂子昭忠　聚忠　尚可喜 子之孝
沈志祥 兄子永忠　永忠子瑞　祖大壽 子澤潤　澤溥　澤洪　澤洪子良璧
大壽養子可法　從子澤遠

孔有德，遼東人。太祖克遼東，與鄉人耿仲明奔皮島，明總兵毛文龍錄置部下，善遇之。袁崇煥殺文龍，分其兵屬副將陳繼盛等。有德與仲明走依登州巡撫孫元化爲步兵左營參將。

天聰五年，太宗伐明，圍大凌河城。元化遣有德以八百騎赴援，次吳橋，大雨雪，衆無所得食，則出行掠。李九成者，亦文龍步將，與有德同歸元化，元化使齎銀市馬塞上，銀盡耗，懼罪。其子應元在有德軍，九成還就應元，咻有德謀爲變。所部陳繼功、李尚友、曹得功等五十餘人，糾衆數千，掠臨邑，凌商河，殘齊東，圍德平，破新城，恣焚殺甚酷。元化及山東巡撫余大成皆力主撫，檄所過郡縣毋邀擊，有德因僞請降。明年正月，率衆逕至登州，仲明與都司陳光福及杜承功、曹德純、吳進興等十五人爲內應，夕舉火，導有德入自東門，城遂陷。元化自剄不殊，有德等以元化故有恩，縱使航海去。旅順副將陳有時、廣祿島副將毛承祿亦叛應有德，勢益張。有德自號都元帥，鑄印置官屬，九成爲副元帥，仲明、有時、承祿、光福爲總兵官，應元爲副將，四出攻掠。明以徐從治爲山東巡撫，謝璉爲登萊巡撫，並駐萊州。有德等進陷黃縣、平度，遂攻萊州，從治中礮死城上。有德復僞請降，誘璉出，殺之。莊烈帝命侍郎朱大典督師討有德，援平度，斬有時，至昌邑，有德逆戰，大敗，復黃縣。有德等退保登州。

登州城東西南皆距山，北臨海，城北復有水城通海舶。大典督諸軍築長圍困之，九成出戰死，明師攻益急；有德乃謀來降，以子女玉帛出海，仲明單舸殿，經旅順，明總兵黃龍以水師邀擊，擒承祿、光福，殲應元，斬級千餘。有德等退屯雙島龍安塘，食盡，遣所置游擊張文煥、都司楊謹、千總李政明以男婦百人泛海至蓋州。蓋州戍將石國柱、雅什塔護使謁上，具言有德等舉兵始末，且請降。上諭范文程、羅什、剛林預策安置。有德等復遣所置副將曹紹中、劉承祖等奉疏，言將自鎭江登陸，上命貝勒濟爾哈朗、阿濟格、杜度帥師迓之。

朝鮮發兵助明師，要有德等鴨綠江口。濟爾哈朗等兵至江岸，嚴陣相對，敵師不敢逼。有德等舟數百，載將士、槍礮、輜重及其孥畢登，三貝勒爲設宴，上使副將金玉和傳諭慰勞。

七年六月，有德、仲明入謁，上率諸貝勒出德盛門十里至渾河岸，爲設宴，親舉金巵酌酒飲之，賜蟒袍、貂裘、撒袋、鞍馬，有德、仲明亦上金銀及金玉諸器、綵段、衣服。越二日，復召入宮賜宴，授有德都元帥、仲明總兵官，賜敕印，卽從所署置也。命率所部駐東京，號令、鼓吹、儀衞皆如舊，惟刑人、出兵當以聞。有德等怨黃龍，必欲報之。會聞龍發水師逐賊鴨綠江，旅順無備，上命貝勒岳託、德格類帥師襲之，以有德率爲導。龍數戰皆敗，遂自殺，克其城。有德等兵入占官吏富民廨宅，多收俘獲。岳託、德格類聞於上，上置不問。有德墜馬傷手，與仲明留遼陽，詔慰之曰：「都元帥遠道從戎，良亦勞苦。行間諸事，實獲朕心。招撫山民，尤大有裨益。不謂勞頓之身，又遭銜橛之失。佇聞痊可，用慰朕懷。」別敕令旗纛用皂色，並誡軍士以時演習槍礮、弓矢；馬以牌，甲冑以帶，皆書滿洲字爲識別。有德、仲明旋入朝，上誡毋餽遺貝勒大臣。八年，朝元日，命有德、仲明與八和碩貝勒同列第一班，遣官爲營第，疏辭不允。

有德、仲明軍駐遼陽，官吏經其地，必躬迎欵宴。上復誡諭之，謂：「爾等卽朕子弟，欵接諸臣理有未當。今後非貝勒，毋更迎宴。爾等偕至者如有困窮，當加愛養。爾等或遣使詣盛京，當令使者告禮部，禮部與館餼。不然，爾等新附，親知尙少，使來無居無食，不重困乎？」及尙可喜來降，上遇之亞有德、仲明。命更定旗制，以白鑲皂，號有德、仲明軍爲天祐兵，可喜軍爲天助兵。國語謂漢軍「烏眞超哈」，有德等自將所部不相屬。八月，從上伐明，自大同入邊，有德遣所部黑成功、佟延以八十人擊敗明兵代州城東，獲馬二十。九年，有德等爲部將請敕，上命自給札。鮑承先疏論當令吏部給劄付，上不允。有德等仍錄所部副將以下請敕，上曰：「爾等初來歸，朕許爾等黜陟部將。今復給敕，是背前言。朕非謂爾等無功不當畀敕書也，慮失信耳。」因賜有德、仲明、可喜人緞一、貂皮六十，副將以下白金有差。有德以新附者日衆，偕仲明輸糧佐餉，上卻之。

崇德元年夏四月，上受寬溫仁聖皇帝尊號，有德從諸貝勒奉寶以進，封恭順王。十二月，上自將伐朝鮮，命有德等從貝勒杜度護輜重繼後。二年二月，旣下江華島，命有德等從貝子碩託以水師取皮島。師還，有言其部衆違法妄行者，上命申嚴約束，毋蹈故轍。三年，從攻錦州，有德等以礮攻下戚家堡、石家堡及錦州城西臺，降大福堡；又以礮攻下大臺一，俘男婦三百七十九，盡戮其男子；又以礮攻五里河臺，臺隅圮，明守將李計友、李惟觀乃率其衆出降，皆籍爲民，勿殺。四年，從攻松山，以礮擊城東隅臺，臺上藥發，自燔，殲其餘衆；又降道旁臺二。上至松山，使有德等以礮攻其南郛。有德當郭門，仲明居右，馬光遠佐之；

可喜居左，石廷柱佐之。自夜漏下至翌日晡，城堞盡毁。明守將金國鳳卽夜繕治，守甚固，有德議穴地攻之，不克。六年，率兵更番圍錦州，破明師杏山。七年，松山、錦州相繼下。時析烏眞超哈爲八旗，有德等請以所部隸焉，乃分屬正紅旗。八年，從取中後所、前屯衞。

順治元年，從睿親王多爾袞入關，追擊李自成至慶都。九月，上至京師，賜有德等貂蟒朝衣。十月，上御皇極門大宴，復賜鞍馬。旋命有德從定國大將軍豫親王多鐸西討李自成。二年，陝西旣定，移師下江南，克揚州，取明南京，攻江陰，有德皆有勞。八月，師還，賜繡朝衣一襲、馬二、黄金百、白金萬。命還鎭遼陽，簡士馬待徵發。

三年五月，諭兵部召有德等率所部會京師。八月，授有德平南大將軍，率仲明、可喜及續順公沈志祥、右翼固山額眞金礪、左翼梅勒額眞屯泰率師南征，策自湖廣下江西贛南入廣東，諭諸將悉受有德節制。是時明桂王稱號，湖廣總督何騰蛟駐湘陰，諸將李赤心、黄朝宣、劉承胤、袁宗第、王進才、馬進忠等分屯湖南北，號「十三鎭」，大抵自成餘黨及左良玉舊部。

四年春，有德師至，進才自長沙走湖北，騰蛟亦棄湘陰單騎奔衡州。有德遣梅勒額眞卓羅、藍拜等躡進才，與所部水師遇，擊敗之。有德進次湘潭，朝宣以十三萬人屯燕子窩。有德率藍拜等將水師，可喜及卓羅等將陸師，分道並入，破明將徐松節。朝宣走衡州，有德以師從之，獲朝宣。有德令仲明、金礪、卓羅等將水師還詣長沙，明將楊國棟以二千人屯天津湖，巴牙喇甲喇章京張國柱、札薩藍等與戰，國棟自牛皮灘遁去。有德令金礪留駐衡州，復與仲明及卓羅等率師越熊飛嶺克祁陽，遂破寶慶，擊殺明魯王世子乾生，總兵黃晉、李茂功、吳興等。時明桂王居武岡，倚承胤爲守。有德夜發寶慶，前隊梅勒章京黑成功等敗敵，焚木城，奪門入，明桂王走靖州，轉徙入桂林，承胤出降。

有德始自長沙下祁陽也，聞郝搖旗圍桂陽，令可喜及藍拜等別將兵赴援；郝搖旗部卒千四百人屯翙鳳鋪，令巴牙喇纛章京綫國安、固山大蘇朗等擊破之，搖旗引去。至是國安等遂趨靖州，追明桂王。明總兵蕭曠、姚有性以萬二千人守靖州，國安師薄城，奪門入，獲曠、有性等，又破明侍郎蓋光英軍。藍拜略黔陽，進攻沅州，明將張宣弼以三萬人出戰，我兵奮擊，遂克其城。自出師至此，凡獲明宗室桂王子爾珠等二十七人，降明將自承胤以下四十七人，偏裨二千餘人，馬步兵六萬八千有奇。捷聞，賜有德黃金二百五十兩，仲明、可喜各二百，志祥百，將士賚白金有差。

五年春，復進克辰州，湖南諸郡縣悉定。又旁取貴州黎平府、廣西全州，招降銅仁、全州、興安、灌陽苗峒二百九十有奇，復獲明宗室榮王子松等四十餘人，及所置總兵以下諸將吏甚衆。上命有德班師，至京師，宴勞，賜黑狐、紫貂、冠服、綵帛、鞍馬、黃金二百、白金二千。

六年五月，改封有德定南王，授金册金印，令將舊兵三千一百、新增兵萬六千九百，合爲二萬人，征廣西，設隨征總兵官一、左右翼總兵官各一，以授馬蛟麟、線國安、曹得先。同時仲明、可喜各將萬人征廣東，但設左右翼，制綱於有德。自有德師還，湖南諸郡縣復爲赤心、進才、宗第等侵據，上命鄭親王濟爾哈朗爲定遠大將軍，帥師討之，克長沙、寶慶、衡州諸府，獲騰蛟；而進忠猶據武岡，與曹志建、鄭思愛、劉祿、胡光榮、林國瑞、黃順祖、向文明等爲寇靖、永、郴諸州，窺寶慶。

十月，有德師至衡州，遣副將董英、何進勝擊思愛，戰於燕子窩，擒斬之；進克永州，擊走明將胡一青。七年春，復進破龍虎關，殲志建，遂攻武岡，陣獲祿、光榮等。進忠負創走，克其城，並下靖州。復進戰興寧，獲順祖、國瑞，招文明等以五萬人降。師入廣西境，克全州。十二月，遂拔桂林，明桂王走南寧，留守大學士瞿式耜死之，斬靖江王以下四百七十三人，降將吏一百四十七人。桂林、平樂諸屬縣皆下。

八年春正月，有德奏移藩屬駐桂林，遣蛟麟、國安取梧州、柳州，略旁近諸州縣。有德進駐賓陽，復遣國安等分三道進取，定思恩、慶遠，明將陳邦傅以潯州來降。明桂王走廣南，南寧亦下。

九年四月，有德疏言：「臣荷先帝節錄微勞，錫以王爵。恭遇聖主當陽，兩粵八閩未入版圖，臣謬辱廷推，駐防閩海。同時有固辭粵西之役者，蓋以其地最荒僻，民少山多，百蠻雜處，諸孽環集，底定難預期也。臣自念受恩至渥，必遠闢巖疆，始敢伸首丘夙願，故毅然以粵西爲請。受命以來，道過湖南，伏莽蔓延，六郡拮据，一載咸與掃除。乃進征粵西，仰藉威靈，所向克捷。賊黨或竄或降，雖土司猺、伶、俍、僮，古稱叛順靡常者，亦漸次招徠，受我戎索，粵西底定。臣生長北方，與南荒煙瘴不習。解衣自視，刀箭瘢痕，宛如刻畫。風雨之夕，骨痛痰湧，一昏幾絕。臣年邁子幼，乞恩敕能臣受代，俾臣得早覲天顏，優游終老。」疏入，得旨：「覽王奏，悉知功苦。但南疆未盡寧謐，還須少留，以俟大康。」

五月，有德率輕兵出河池，向貴州，留師柳州爲後援。是時張獻忠將孫可望降於明，窺伺楚、粵，有德請敕剿撫。將軍續順公沈永忠駐沅州，扼門戶。時國安擢廣西提督，馬雄爲左翼總兵，全節爲右翼總兵，分守南寧、慶遠、梧州。未幾，明將李定國、馮雙禮自黎平出靖州，馬進忠自鎮遠出沅州，會於武岡。永忠使乞援，有德遣兵赴之，至全州。永忠已棄寶慶，退保湘潭，有德因還桂林。七月，定國自西延大埠取間道疾驅擊破全州軍，薄桂林，驅象攻城。城兵寡，定國晝夜環攻，有德躬守陴，矢中額，仍指揮擊敵。敵奪城北山俯攻，有德令其孥以火殉，遂自經，妻白氏、李氏皆死於火。事聞，謚有德武壯。十一年六月，有德女四貞以其喪還京師，上命親王以下、阿思哈尼哈番以上，漢官尚書以下、三品官以上，郊迎，賜白金四千，官爲營葬，立碑紀績。尋復命建祠，祀春秋，以白氏、李氏配。

有德子廷訓，爲定國所掠，越六年，乃殺之。及我師克桂林，隨征總兵李茹春求得遺骼，以其死事狀上聞，命予卹。四貞至京師，賜白金萬，視和碩格格食俸，旋嫁有德部將孫龍子延齡，延齡叛應吳三桂，自有傳。國安、雄皆附延齡爲亂，附見延齡傳。

節，廣寧人。在明官參將。從有德降，授甲喇額眞。有德旣克桂林，以節爲右翼總兵。克慶遠，使節戍焉。降宜山、河池、思恩、荔浦諸縣。順治九年七月，有德遣兵援寶慶，令節移屯梧州；聞定國兵且至，復令節移屯平樂。節方至柳州，定國已破桂林，柳州副將鄭元勳等叛降定國，謀襲節。節間道走梧州，與國安、雄合軍。定國來攻，我師戰而敗，節負重傷潰圍出，乘舟至肇慶。可喜遣水師助節，乃還定梧州、藤縣、潯州。十年正月，復平樂。馬雄守梧州，而與國安共擊破明將陳經猷、王應龍，遂克桂林。明將胡一靑、龍韜、楊振威以數萬人屯陽朔、永福間，節屢戰破之。敍功，加都督，進三等精奇尼哈番。移屯武宣，平象州，獲明將韋文有、羅天舜。

十二年，移屯荔浦。時明宗室盛濃、盛添，明將李茂先、龔瑞屯富川，糾土寇王心、蔣乾相等及瑤、僮爲亂，跨湖南、貴州界，依山結寨，爲可望、定國聲援。節與國安等迭遣兵擊之，獲盛濃、盛添，諸瑤、僮百九十二寨皆下。十五年，上命國安征貴州，奏請令節移屯柳州。十六年，復督兵討茂先、瑞，戰融縣，獲茂先；戰懷遠，瑞降。康熙元年，改右翼總兵爲左江鎭總兵，即以命節。七年七月，卒，贈太子少保。

方定國破桂林也，節妻溫氏率妾婢自經，子成忠，年十一，被掠去。及洪承疇定貴州，得之降將趙三才所。至是，襲三等精奇尼哈番。

從有德降者，又有李尚友、徐元勳、胡璉、曹紹中、孟應春，皆受世職梅勒章京，分隸正黃、鑲黃二旗。

耿仲明，字雲臺，遼東人。初事明總兵毛文龍，文龍死，走登州依巡撫孫元化，皆與孔有德俱，元化以仲明爲中軍參將。時總兵黃龍鎭皮島，所部有李梅者，仲明黨也，通洋。事覺，龍繫之獄。仲明弟都司仲裕在龍軍，率部卒假索餉名，圍龍廨，擁之至演武場，折股去耳鼻，將殺之，諸將爲救免。龍乃執殺仲裕，疏請罪仲明。元化劾龍蝕餉致兵譁。明莊烈帝命充爲事官，而覈仲明主使狀。會有德已叛，還攻登州，仲明遂糾諸將同籍遼東者爲內應。城陷，推有德爲帥，受署置，稱總兵官。天津裨將孫應龍自誇與仲明兄弟善，能令縛有德以降。巡撫鄭宗周使將二千人自海道往。仲明僞爲有德首，紿之開水城，延使入，猝斬之，殲其衆，得巨艦，以爲舟師。明師攻登州急，天聰七年五月，從有德來降，上禮遇優異，授以總兵官，號其兵曰天祐兵。語並詳有德傳。

仲明侵漁所部，所部愬於有德。有德因劾仲明，仲明引咎，請以所部赴愬者移屬有德。上敕獎有德，令善撫之；亦諭仲明善撫部下，毋念舊惡。卽日並召入宮賜宴。越數日，又使賜羊酒，且諭之曰：「朕聞諸漢官從爾等教場角射，設筵饗爾等，意爾等必欲相酬報。爾等去家遠，可卽以此羊酒藉敎場爲答宴也。」旋命與有德同駐遼陽。崇德元年，封仲明懷順王。上屢出師伐明，討朝鮮，仲明皆從。七年八月，命隸正黃旗。九月，所部甲喇額眞石明雄訐仲明匿所獲松山、杏山人戶；有逃人被法，仲明爲收葬設祭；復妄殺無辜：鞫實，罰仲明白金千兩。八年十一月，甲喇額眞宋國輔、潘孝及明雄謀殺仲明，仲明以聞，鞫實，斬國輔等，籍其家畀仲明。順治初，從睿親王多爾袞入關，復從豫親王多鐸西討李自成，移師定江南。三年，有德爲平南大將軍，帥師南征，仲明等以所部從。與明將楊國棟戰於牛皮灘，大破之；克衡州、祁陽、武岡諸郡縣；獲明將郭肇基。皆仲明功也。六年，改封靖南王，賜金册金印。

仲明自降後，屢出征伐，恆與有德俱，未嘗獨將。是歲始與有德分道出師，有德征廣西，仲明與尚可喜征廣東。仲明將舊兵二千五百、新增兵七千五百，合爲萬人，以徐得功爲左翼總兵，連得成爲右翼總兵。師既行，刑部奏論仲明部下梅勒章京陳紹宗等縱部卒匿逃人，罪當死。上因諭仲明，察隨征將士攜逃人以往者，械歸毋隱。仲明察得三百餘人械歸，上疏請罪，吏議當奪爵，上命寬之，紹宗等亦貸死。仲明未聞命，十一月次吉安，自經死。

子繼茂，順治初授世職昂邦章京。仲明死，繼茂在軍中，代領其衆，請襲爵，睿親王方攝政，持不可。繼茂從可喜俱南，定廣東諸郡縣。語見可喜傳。八年，世祖親政，繼茂嗣爲王。九年，李定國陷桂林，孔有德死事。上聞報，命定遠大將軍敬謹親王尼堪自湖南移師赴之，敕可喜、繼茂俟尼堪至，合軍進攻，而繼茂先已與可喜遣兵赴援，復梧州及旁近諸郡。十年，潮州總兵郝尚久據城叛，繼茂與靖南將軍喀喀木、總兵吳六奇合軍討之，圍城逾月，城將王立功爲內應，樹雲梯以登，尚久入井死，餘賊盡殲。潮州及饒平、揭陽、澄海、普寧諸縣悉平。十一年二月，命內翰林秘書院學士郎廷佐齎敕慰勞，賜白金三千，分賚將士。是歲李定國徇高、雷、廉三府，進犯新會。繼茂、可喜與靖南將軍珠瑪喇合軍進擊，再戰皆捷。定國還據南寧，復出攻橫州，繼茂自梧州帥師赴之，解橫州圍。進攻南寧，定國走安隆，獲明將李先芳，斬裨將杜紀等。十三年，賜敕紀功，增藩俸歲千金。

初，繼茂與可喜攻下廣州，怒其民力守，盡殲其丁壯。即城中駐兵牧馬。營靖南、平南二藩府，東西相望，繼茂尤汰侈，廣徵材木，採石高要七星巖，工役無藝；復創設市井私稅：民咸苦之。廣東左布政使胡章自山東赴官，途中上疏，言：「臣聞靖南王耿繼茂、平南王尚可喜所部將士，掠辱士紳婦女，占居布政使官廨，並擅署置官吏。臣思古封建之制，天子使吏治其國而納其貢稅焉，不得暴彼民也。二王以功受封，宜仰體聖明憂民至意，以安百姓，乃所爲如是，臣安敢畏威緘默？乞敕二王還官廨，釋俘虜。」繼茂奏辯，可喜亦有疏自白，章坐誣論絞，上命貸死奪官。逾年，高要知縣楊雍建內遷給事中，疏陳廣東濫役、私稅諸大害，謂：「一省不堪兩藩，請量移他省。」朝議令繼茂移鎮桂林，未行。十六年三月，上命移四川。十七年七月，改命移福建。

時明將鄭成功據金門，窺伺閩、浙，繼茂既移鎮，與總督李率泰協謀征剿。康熙元年，成功死，子錦代領其軍。上命繼茂相機剿撫，繼茂疏報：「自順治十八年訖元年，招降將吏二百九十、兵四千三百三十四、家口四百六十七。」其後成功弟世襲、兄子纘緒及所置都督鄭賡先後出降，復得將吏七百有奇、兵七千六百有奇。二年十月，繼茂與率泰督兵渡海克廈門，水師提督施琅以荷蘭夾板船來會，乘勝取浯嶼、金門二島。錦與其將周全斌等走銅山，復入犯雲霄、陸鼇諸衞，總兵王進功與戰，大破之。三年三月，繼茂復與率泰及海澄公黃梧合軍，自八尺門出海克銅山，錦以數十舟走臺灣。捷聞，上嘉其功，復增歲俸千金。十年正月，疏陳疾劇，乞以長子精忠代治藩政，上允其請。五月，卒，謚忠敏。精忠嗣爲王，別有傳。

昭忠，繼茂次子；聚忠，繼茂第三子。順治間先後入侍世祖，授昭忠一等精奇尼哈番，以貝子蘇布圖女妻焉。昭忠例得多羅額駙，進秩視和碩額駙；聚忠尙柔嘉公主，爲和碩額駙：同加太子少保，旋又同進太子太保。康熙十三年，精忠叛，昭忠、聚忠率子姓請死，繫於家待命，逾年貰其罪，復秩如故。十四年，命聚忠齎敕招精忠，精忠拒不納。十五年，精忠降，授昭忠鎭平將軍，駐福州，代精忠治藩政。藩下參領徐鴻弼等訐精忠降後尙蓄逆謀，昭忠具以聞，並劾助逆曾養性等十餘人。上以精忠在軍，未卽發。十七年，命昭忠以其祖父之喪還葬蓋平。十九年，召精忠詣京師，昭忠、聚忠疏劾精忠背恩爲亂，違母周氏訓，蹙迫以死，誣祖仲明與吳三桂在山海關時先有成約，請予顯戮。尋命聚忠詣福州，議徙藩兵。聚忠疏陳藩兵當盡徙，稱旨，命以精忠家屬還京師。精忠旣誅，昭忠、聚忠疏陳家屬衆多，艱於養贍，請如漢軍例，披甲食糧。下部議，編五佐領，隸漢軍正黃旗。二十五年，昭忠卒，謚勤僖。二十六年，聚忠卒，謚慤敏。

尙可喜，遼東人。父學禮，明東江游擊，戰歿樓子山。明莊烈帝崇禎三年，擢副總兵黃龍爲東江總兵官，駐皮島，可喜隸部下。皮島兵亂，龍不能制，可喜率兵斬亂者，事乃定。後二年，孔有德等叛明，陷登州，旅順副將陳有時、廣鹿島副將毛承祿皆往從之。龍遣可喜及金聲桓等撫定諸島。有德黨高成友者據旅順，斷關、寧、天津援師，龍令游擊李維鸞偕可喜等擊走之，卽移軍駐其地。旋以可喜爲廣鹿島副將。明年秋七月，有德等從我師攻旅順，龍兵敗，自殺，部將尙可義戰死，蓋可喜兄弟行也。明以沈世奎代龍爲總兵，部校王庭瑞、袁安邦等搆可喜，誣以罪。世奎檄可喜詣皮島，可喜詗得其情，遂還據廣鹿島。

天聰七年十月，遣部校盧可用、金玉奎謁上乞降。上報使，賜以貂皮，並令車爾格等偵可喜蹤跡。八年正月，可喜舉兵略定長山、石城二島，行且至，上命諸貝勒集滿、漢、蒙古諸臣諭曰：「廣鹿島尙副將攜民來歸，非以我國衣食有餘也，承天眷佑，彼自來附。八家貝勒已出粟四千石，凡積粟之家，當量出佐餉，仍予以値。」二月，命貝勒多爾袞、薩哈廉往迓。三月，可喜至海州，上降敕慰勞。攻旅順時，獲可喜戚屬二十七人，至是，命歸諸可喜。四月，可喜入朝，上迎十里外，拜天畢，御黃幄，可喜遙行五拜禮，進至上前再拜，抱上膝以見，所部將士以次羅拜，可喜跪進賚。上與宴，賜蟒衣、鞓帶、帽韡、玄狐裘、雕鞍、馬、駝、羊，命諸貝勒以次設宴。旋授可喜總兵官，賜敕印，可用、玉奎皆爲甲喇章京，號其軍曰天助兵，命駐海州。

尋從伐明，自宣化入邊，略代州。崇德元年四月，封智順王。十二月，從伐朝鮮。二年，朝鮮降。從貝勒碩託帥師克皮島，斬世奎，師還，賚蟒服、黃白金。可喜家僮訐可喜私得人戶、金帛、牲畜，法司以奏。上曰：「此豈王自得，必散於衆兵耳。其勿問。」三年，從伐明，攻錦州，屢攻下臺堡，更番駐牧，敵至輒擊敗之。七年，錦州下，賜所俘及降戶。可喜與有德等疏請以所部屬烏真超哈，分隸鑲藍旗。八年，從伐明，取中後所、前屯衞諸城。

順治元年，從入關，擊李自成，追至慶都，斬自成將谷可成等。十月，命從英親王阿濟格西討自成，出邊自榆林趨綏德。二年二月，師次米脂。自成兄子錦猶據延安，用可喜議，令諸軍分道進，錦走，克其城。會豫親王多鐸已破潼關，定西安，上命可喜從英親王追擊自成，分兵克鄖陽、荆州、襄陽諸郡，降自成將王光恩、苗時化等。復與英親王合軍下九江，聞自成竄死九宮山，乃班師，賜可喜繡朝衣一襲、馬二，還鎭海州。

三年八月，授有德爲平南大將軍，征湖廣，命可喜率所部兵偕行。師次湘潭，明將黃朝宣以十三萬人屯燕子窩，可喜與梅勒章京卓羅等自陸路進擊，敗明將徐松節，遂逐斬朝宣。旣，聞郝搖旗攻桂陽急，可喜與梅勒章京藍拜帥師赴援。郝搖旗以千四百人屯翔鳳舖，巴牙喇纛章京線國安等與戰，郝搖旗敗走，桂陽圍解。湖南旣定，師還，與有德等同賜冠服、金幣、鞍馬。

六年五月，改封平南王，賜金册金印。旋命率舊兵二千三百、新增兵七千七百，合萬人，與耿仲明同征廣東，以許爾顯爲左翼總兵官，班志富爲右翼總兵官。仲明所部匿逃人，事發，因諭有德等檢校軍中得逃人悉送京師，仲明懼罪自裁。吏議可喜亦坐奪爵，上命納白金四千以贖。時明桂王駐肇慶，兩廣尙爲明守。是歲除夕，可喜潛兵襲南雄，城兵三千出西門迎戰，擊敗之，立雲梯以登。明守將江起龍棄城走，斬其部將楊傑、董洪信、鄭國林等三十餘人、兵六千有奇。

七年正月，進克韶州。明守將羅成耀聞南雄破，已先遁，明桂王走梧州。復進下英德、清遠、從化諸縣，明將吳六奇等迎降。二月，師薄廣州。廣州城三面臨水，李成棟之叛，於城西築兩翼，令附城外爲礮臺，水環其下。成棟死信豐，子元胤、建捷代將，元胤留肇慶，建捷守廣州。可喜令攻城，阻水不能進，乃鑿深壕，築堅壘，爲長圍困之。建捷拒戰甚力，暑雨鬱蒸，我師弓矢皆解膠，久相持不下。元胤與明將陳邦傅等分道援廣州，邦傅與杜永和等以萬餘人自淸遠赴戰，可喜擊敗之，獲裨將魏廷相等，明水師總兵梁標相來降，得戰船百五十助攻；復招潮州守將郝尙久、惠州守將黃應傑，皆以其城降，遣將士戍焉。圍合十閱月，永和部將范承恩助守廣州，約內應，決礮臺下水，可喜令諸軍皆舍騎藉薪行淖中以濟，遂得礮臺；據城西樓堞發礮擊城西北隅，城圮，師畢登，克廣州，俘承恩等，斬六千餘級，逐餘衆迫海濱，溺死者甚衆。明將宋裕昆自肇慶率所部來降。八年春，可喜遣爾顯等收肇慶，幷下羅定，部將徐成功克高州。梁標相叛，遣兵討平之。

九年春正月，可喜與耿繼茂帥師南下，降明將蔡奎，遂入廉州，遣部將呂應學等攻克欽州，戰於靈山，獲元胤及明將袁勝、周朝，陣斬明益陽王、明將上官星拱。師將下雷、瓊，永和及明西平王縛明將李明忠以降。於是高、雷、廉、瓊四府皆定。七月，李定國陷桂林，有德死之。梧州、南寧、平樂、潯州、橫州皆復爲明，東略化州、吳川。可喜遣兵與有德部將提督線國安，總兵馬雄、全節，合軍以進，廣西諸郡縣以次收復。十年八月，可喜別遣兵克化州、吳川。

十一年冬，定國以萬餘人侵廣東，擾高、雷、廉三府境，深入陷高明，分兵攻肇慶，圍新會，可喜與繼茂疏請發禁旅爲援。上已先命珠瑪喇爲靖南將軍，帥師援廣東。可喜等師次三水，遣兵援肇慶，破定國兵於四會河口，待珠瑪喇師至合軍擊定國，戰於珊洲，斬定國裨將一，俘十餘人，馘百五十餘，進薄新會。定國與其將吳子聖阻山而軍，馬步兵分屯嶺隘，可喜麾兵急擊，奪徑以登，斬獲甚衆。定國走，新會圍解。可喜與繼茂督軍攻高明，定國遣兵禦戰，獲其將武君禧等三十餘人，斬三百餘級，得馬贏、軍械無算。可喜遣梅勒章京畢力克圖等逐定國，戰於興業，定國敗走；復及於橫州江，殲馬步兵甚衆，獲象二。定國渡江焚橋引去，廣東高、雷、廉三府，廣西横州諸州縣悉平。十三年四月，又克揭陽、普寧、澂海三縣。閏五月，賜敕紀功，增歲俸千兩，並賚貂裘、鞍馬。自是明桂王徙雲南，定國等不復侵廣東，數歲無兵事。可喜與繼茂並開府廣州，所部頗放恣爲民害，自左布政胡章以論可喜等得罪，無復言者。

十七年，移繼茂福建，可喜專鎮廣東。廣東初定，又以令徙瀕海居民，民失業去爲盜。有鄧耀者據龍門，入掠雷陽；又有蕭國隆，與其徒洪彪、周祥、方泰、陳期新等分據恩平、開平、陽江、陽春諸山寨，掠廣州諸屬縣，並及肇慶。可喜先後遣兵討之，耀走死，斬彪、祥、泰、期新及其徒千五百人，國隆投水死。又有周玉，故疍戶，自號恢粵將軍，繒船數百，三帆八櫂，衝浪若飛，習水戰。鄭成功兵至，輒助剽掠。康熙二年，可喜遣兵討之，獲玉，焚其舟。四年，碣石總兵蘇利叛，可喜遣潮州總兵許龍以舟師進擊，利出降。玉餘黨譚琳高竄據東涌海島，疍戶黃明初等濟以米糧。可喜遣部將佟養謨擊琳高，舒雲護等捕明初，皆就誅。

初，可喜遣長子之信入侍。十年十一月，疏言有疾，請令還廣東暫領軍事，上允其請。十二年二月，遣侍衛古德、米哈納使廣東勞軍，齎御用貂帽，團龍天馬裘、藍蟒狐腋袍各一襲，束帶一圍，賜可喜。三月，可喜疏乞歸老海城，諭曰：「王自航海歸誠效力，累朝鎮守粵東，宣勞歲久。覽奏，年已七十，欲歸老遼東，恭謹能知大體，朕深嘉悅。」下議政王大臣及戶、兵二部集議，議盡撤所部移駐海城。於是吳三桂、耿精忠相繼上章乞撤藩，上皆允其請，分遣朝臣料量藩兵移徙，具舟役芻糗，戶部尚書梁清標如廣東。十一月，三桂反，命罷撤平南、靖南二藩，召清標還。

十三年，精忠及定南王孔有德壻孫延齡反應三桂。三月，可喜疏言：「延齡檄並舉三藩，精忠復叛，臣與精忠爲婚姻，不能不踧踖於中。臣叨忝王爵，年已七十餘，雖至愚豈肯向逆賊求富貴乎？惟知矢志捐軀，保固嶺南，以表臣始終之誠。」上溫旨嘉獎，並命與總督金光祖同心合力籌戰守。四月，潮州總兵劉進忠叛應三桂，可喜遣次子都統之孝帥師討之。疏言：「諸子中惟之孝端愼寬厚，可繼臣職。」上卽命之孝襲王爵，之孝辭。可喜復疏言：「三桂遣兵二萬人屯黃沙河，若與延齡兵合，勢益猖獗，請遣將合軍進討。」上授副都統根特平寇將軍，自江西帥師赴廣東，與可喜合軍進討，並命兵部以各道進兵狀移告可喜。五月，上敕獎可喜忠貞，並諭與光祖等策討延齡。十月，可喜討平廣州土寇李三、官七。上命廣東督、撫、提、鎭俱聽可喜節制，遴補將吏，調遣兵馬，均得便宜從事。根特自長沙下廣西，卒於軍，上復授安親王岳樂爲定遠平寇大將軍，率禁旅赴廣東。三桂、精忠方連兵寇江西，安親王師至，轉戰不能遽達。十二月，復命鎭南將軍尼雅翰率所部協守廣東。

十四年正月，進封可喜平南親王，以之孝襲爵，並授平南大將軍。廣東當寇衝，盜賊並起，博羅、河源、長寧、增城、從化諸縣先後告警，可喜輒分兵剿定。總兵張星耀等戰樂昌，俘斬千餘；副將李印香等戰碣石、白沙湖諸處，燬敵舟百餘：皆下部敍功。鄭錦自臺灣以兵攻海澄，進圍漳州，可喜疏聞，復請發重兵策應。尼雅翰亦言：「可喜年衰，臣才短，設有警，慮不支。」上命前鋒統領覺羅舒恕自江西帥師援廣東，旋代尼雅翰爲鎭南將軍。

先是，之孝討進忠，復程鄉、大埔諸縣，遂克潮州。鄭錦遣其將劉國軒以萬人赴之，勢復張。之孝退保惠州，叛將祖澤淸引延齡將馬雄、三桂將王宏勳等入高州，並陷雷、廉二郡。可喜疏言：「廣東十郡已失其四，將軍舒恕、總督金光祖退保肇慶，事勢危急，請敕安親王赴廣東辦賊。」上方責安親王定江西即下長沙取三桂，揚威大將軍簡親王喇布自江寧移師屯南昌，遂命簡親王發兵應可喜。師未至，十五年正月，錦攻陷漳州，三桂兵逼肇慶。可喜初請以長子之信襲爵，繼惡之信酗酒嗜殺，請更授次子之孝。之信陰通三桂，三桂兵日迫。之孝與進忠相持，上敕還廣州，不時至，二月，之信發兵圍可喜第，叛。可喜臥疾不能制，憤甚，自經，左右救之甦，疾益甚，十月卒。可喜疾亟，猶服太宗所賜朝衣，遺令葬海城。十六年，之信降，上敕部卹可喜，謚曰敬。及之信既誅，二十年五月，之孝乞迎可喜喪歸葬。九月，喪至，遣大臣覺羅塔達、學士庫勒納、侍衞敦柱至丁字沽親奠，諭曰：「王素矢忠貞，若人人盡能如王，天下安得有事？每念王懷誠事主，至老彌篤，朕甚悼焉！」可喜諸子，之信自有傳。

之孝初授可喜藩下都統，襲平南親王。授平南大將軍，帥師討劉進忠。上敕還廣州，未聞命，之信叛，脅之孝罷惠州軍，之孝還廣州侍可喜疾，及可喜卒，從之信居廣州。之信降，遣之孝還京師，上命以內大臣入直，秩視一品，食正一品俸。之孝請自效，授宣義將軍，駐南昌，募兵詣簡親王軍聽調遣，擊吳三桂軍吉安、贛州間，降其將林興隆、王國贊等；進次汀州，復擊破其將楊一豹、江機。江西定，召還京師，留所募兵編入綠旗營。之信誅，上貸之孝毋連坐，以內大臣入直如故。二十二年，奏乞守陵，議政大臣等劾削職。三十五年正月，卒。

之隆，可喜第七子。官至領侍衞內大臣。聖祖既誅之信，命有司還可喜海城田宅，置佐領二，以其一爲可喜守墓，從之隆請也。

沈志祥，遼東人。毛文龍所部有沈世奎者，本市儈，倚女爲文龍妾，横行島中。累遷副總兵。及黃龍敗沒，明以世奎代龍爲總兵官，鎭東江。時旅順已破，尚可喜又以廣鹿島降，世奎勢孤甚。後三年，太宗伐朝鮮，因移師克皮島，世奎戰敗，率舟師走，我師從之，副總兵金日觀戰死。登萊總兵陳洪範來援，不敢進，世奎亦戰死，志祥其從子也，時官副將，收潰兵保石城島，欲得世奎敕印，監軍者靳弗予，遂自稱總兵，明發兵討之。

崇德二年九月，太宗遣使齎書招志祥。三年二月，志祥遣所部將吳朝佐、金光裕詣盛京上疏請降，時上方出獵奎屯布喇克，留守諸王與宴，使貝勒杜度等轉粟迓志祥。志祥自黃石島至安山城，杜度等令駐沙河堡待命。從志祥降者，副將九、參將八、游擊十八、都司三十一、守備三十、千總四十、諸生二、軍民二千五百有奇。上獵還，命學士胡球、承政馬福塔等勞志祥，且令於鐵嶺、撫順自擇屯軍所。志祥言願駐撫順，畀以車騎，令率所攜軍民往。至，復爲具屋宇，庀服物，俾得安處。七月，上聞志祥所攜軍民有亡去者，遣學士羅碩等諭其衆曰：「爾曹航海來歸，以朕能育爾曹也。朕不能育爾曹，任爾曹亡去未晚。爾曹初至，朕適出獵，故未及加恩，爾曹何去之速也！朕蒙天眷，朝鮮已平，蒙古、瓦爾喀諸部皆附，惟明僅存。倘天復垂佑，以明畀我，爾曹將安之？爾曹雖逃，爲諸邊邏卒所得，不免於殺戮，朕心實所不忍。今後毋更逃，有貧不能自給者，朕爲撫育之。」志祥入謁上，上御崇政殿受朝，授志祥總兵官，賚蟒衣，涼帽，玲瓏鞓帶，貂、猞猁猻、狐、豹裘各一襲，撒袋，弓、矢、雕鞍，甲、胄、駝、馬。初宴禮部，再宴宮中，命諸貝勒各與宴；及還鎭，遣官送五里外，復賜宴。四年正月，封續順公。九月，授志祥兄子永忠及所部許天寵等二十八人世職。

六年十月，命率所部助圍錦州。七年，師還，分賜俘獲。旋與孔有德等合疏請以所部屬烏眞超哈，志祥隸正白旗。順治元年，從入關，逐李自成，至慶都。上至京師，賜志祥等貂蟒朝衣。十月，上御皇極門宴凱旋諸王大臣，志祥與焉，復賜鞍馬。三年，授孔有德平南大將軍，征湖廣，志祥率所部從。五年，湖南定，賜志祥黃金百、白金二千。尋卒，無子。

永忠，其兄子也，襲爵。五月，有德及耿仲明、尚可喜復分道出師征兩廣，亦命永忠率部將總兵官許天寵、郝効忠等徇湖南。六年，効忠遣參將馬如松將兵禦孫可望，戰於托口，俘其將李應元等。八年，天寵及阿達哈哈番張彥宏、護軍統領宋文科等擊敗明師，獲明將席世賢等一百七人，降牛萬才等二百五十六人、兵一萬八千有奇。可望等攻陷沅州，効忠遣守備吳進功等分屯要隘爲備，復親將兵攻下黎平，屯四鄉所。可望詗我兵寡，驟以兵至，効忠力戰，馬蹶被執，不屈，死。効忠，遼東人。明副將，屬左良玉軍。良玉死，從其子夢庚來降，隸漢軍正白旗，授三等阿達哈哈番。至是，永忠以死事狀聞，上命予卹。

永忠退保湘潭，敕令激勵將士，相度險要，以同心併力，堅守疆土，毋輕戰，毋退縮。旋聞桂林陷，孔有德戰死，復敕令留屯寶慶，與總兵柯永盛合軍固守。十年二月，授永忠剿撫湖南將軍，鎭湖南。十一年，孫可望兵入湖南，沅、靖、武岡諸州皆陷，進攻辰、永。永忠還軍長沙。給事中魏裔介劾：「永忠手握重兵，望風宵遁，乞亟賜罷斥，毋俾誤及封疆。」十二年，議政王大臣議永忠喪師失地罪，當斬，來降有功，免死奪爵，上從其議。十七年，復命永忠爲掛印將軍，鎭廣東。康熙初，命駐潮州。旋卒。

瑞，永忠子。方永忠之黜也，以從弟永興襲爵。永興卒，以瑞襲爵。時瑞方八歲，所部副都統鄧廣明駐潮州如故。十三年，潮州總兵官劉進忠叛應三桂，瑞部兵與巷戰三日，進忠引鄭錦兵入城，執瑞、廣明，驅將卒家屬二千餘人徙福建，置諸漳浦。十六年，復執瑞送臺灣。康親王傑書師定福建，疏言：「瑞所部及其孥無所統屬，應令有地得以總集。」上命副都統張夢吉、宋文科統其衆駐潮州，同將軍賴塔等協守，當給俸餉，令督餉侍郎達都視舊例從厚。夢吉等尋疏請送孥留京師，傑書又請以所部分隸督、撫、提、鎭，而處其孥於山西諸省。聖祖諭謂：「瑞及所部官兵素懷忠義，特以衆寡不敵，爲賊所脅。」令駐潮州如故。

錦得瑞，爵以侯。瑞不願附錦，謀待我師至爲內應。二十年十一月，錦將朱友以瑞謀告錦，錦遂幽瑞，瑞及妻鄭皆自殺，錦盡殺其孥。臺灣平，聖祖聞瑞死事狀，下廷臣議，求其族，以瑞從姪沈熊昭襲爵。

祖大壽，字復宇，遼東人。仕明爲靖東營游擊。經略熊廷弼奏奬忠勤諸將，大壽與焉。天啓初，廣寧巡撫王化貞以爲中軍游擊。廣寧破，大壽走覺華島。大學士孫承宗出督師，以大壽佐參將金冠守島。承宗用參政道袁崇煥議，城寧遠，令爲高廣，大壽董其役。方竟，太祖師至，穴地而攻，大壽佐城守，發巨砲傷數百人。太祖攻不下，偏師略覺華島，斬冠，殪士卒萬餘。太宗即位，伐明，略寧遠，崇煥令大壽將精兵四千人繞出我師後，總兵滿桂、

尤世威等以兵來赴，戰寧遠城下。會溽暑，我師移攻錦州，不克，遂引還。明人謂之寧錦大捷。

明莊烈帝立，用崇煥督師，擢大壽前鋒總兵，掛征遼前鋒將軍印，駐錦州。太宗嘗與大壽書，議遣使弔明熹宗之喪，且賀新君，大壽答書拒之。越二年，太宗伐明，薄明都。崇煥率大壽入衞，莊烈帝召見平臺，慰勞，令列營城東南拒戰。崇煥中太宗間，朝臣復論其「引敵脅和」，莊烈帝意移，復召入詰責，縛下獄。大壽在側股慄，懼併誅，出，又聞滿桂爲武經略，統寧遠將卒，不肯受節制，遂帥所部東走，毀山海關出，遠近大震。莊烈帝取崇煥獄中書招之，孫承宗亦使撫慰，密令上章自列，請立功贖崇煥罪。大壽如其言，莊烈帝優旨答之。明年春，我師克永平等四城，太宗聞大壽族人居永平三十里村，命往收之，得大壽兄子一、子二及其戚屬，授宅居之，以兵監焉。師出塞，貝勒阿敏等護諸將戍四城。承宗令大壽與山西總兵馬世龍、山東總兵楊紹基會師率副將祖大樂、祖可法、張弘謨、劉天祿、曹恭誠、孟道等攻灤州，灤州下，遂逼永平，阿敏等棄四城引兵還。大壽復駐錦州。

又明年七月，大壽督兵城大凌河。太宗策及其工未竟攻之，自將渡遼河，出廣寧大道，貝勒德格類等率偏師出義州。八月，師至城下，上曰：「攻城慮多傷士卒，不若爲長圍困之。城兵出，我則與戰；援師至，我則迎擊。」乃分命諸貝勒諸將環城而軍：冷格里當城北迤西，達爾哈當城北迤東，阿巴泰在其後；覺羅色勒當城正南，莽古爾泰、德格類在其後；篇古當城南迤西，濟爾哈朗在其後；武納格當城南迤東，喀克篤禮當城東迤北，多鐸在其後；伊爾登當城東迤南，多爾袞在其後；和碩圖當城西迤北，代善在其後；鄂本兌當城正西，葉臣當城西迤南，岳託在其後。諸蒙古貝勒各率所部彌其隙。佟養性率烏真超哈載砲跨錦州大道而營，諸將各就分地，周城爲壕，深廣各丈許。壕外爲牆，高丈許，施睥睨；距牆內五丈又爲壕，廣五尺，深七尺五寸。營外又各爲壕，深廣皆五尺。上陟城南岡，顧謂降將麻登雲、黑雲龍曰：「明善射精兵盡在此城。關內兵强弱，朕所素悉。」登雲對曰：「此城之兵，猶槍之有鋒，鋒挫柄存，亦復何濟？」上命射書城中，招蒙古兵出降。諸將攻撫城外諸臺堡，以次悉下；城兵出樵採，輒爲我軍擒馘。圍合十餘日，上以書諭大壽，言願與明媾和，大壽置不報。

明援師自松山至，阿山、勞薩、圖魯什擊敗之；自錦州至，貝勒阿濟格等擊敗之。九月，遼東巡撫邱禾嘉，總兵官吳襄、鍾緯，合軍七千人赴援，上親率貝勒多鐸及圖魯什等以巴牙喇兵二百渡小凌河，乘銳擊破之。圍合已月餘，上度大壽必期援師至，出城兵夾攻，乃令厮卒去城十里所，發砲樹幟，驟馬揚塵，若爲援兵自錦州至者，而親率巴牙喇兵入山爲伏。大壽果以城兵出攻城西南隅臺，篇古、葉臣及蒙古諸貝勒督所部禦戰，上親率巴牙喇兵自山上騰躍下。大壽知墮計，急收兵入城，死傷百餘人。自是閉城不復出。越數日，明監軍道張春及襄、緯等合馬步兵四萬來援，渡小凌河，爲嚴陣徐進，上與貝勒代善等以二萬人禦之。上率兩翼騎兵直入敵營，發矢射明軍。明軍發槍砲，上督騎兵縱橫馳突，矢雨集，明軍遂敗。襄先奔，佟養性屯敵營東發砲。黑雲起天際，風從西來，明軍縱火，勢甚熾，將逼我陣，忽驟雨，反風向明軍，明軍益亂。右翼兵入春營，逐北三十餘里，獲春及副將張弘謨、楊華徵、薛大湖，參將姜新等三十三人，斬副將張吉甫、滿庫、王之敬，襄等皆遁走。

十月，上復使招大壽，並命弘謨等各以己意爲書勸降，大壽率將吏見使者城外，曰：「我寧死於此，不能降也！」上復與大壽書諭降，許以不殺。旋有王世龍者，越城出降，言城中糧竭，商賈諸雜役多死，存者人相食，馬斃殆盡。參將王景又以于子章臺降。我師克傍城諸堡，收糗糧，葺壕壘。大壽欲突圍，不得出。上復遣姜新招大壽，大壽見新於城外，遣游擊韓棟與新偕還，棟恍我師嚴整，歸以白大壽，大壽始決降。遂令其子可法出質，要石廷柱往議，上遣庫爾纏、龍什、寧完我與廷柱偕。廷柱度壕見大壽，大壽曰：「人安得不死？今不能忠於國，亦欲全身保妻子耳。我妻子在錦州，上將以何策俾我得與妻子相見耶？」上復令廷柱與達海往諭，卽令大壽爲計。大壽遣其中軍副將施大勇來，言降後欲率從者詐逃入錦州，伺隙以城獻。是時大凌河諸將皆願降，獨副將何可剛不從，大壽乃令掖以出城殺之。大壽使以誓書至，上率諸貝勒誓曰：「明朝總兵官祖大壽，副將劉天祿、張存仁、祖澤洪、祖澤潤、祖可法、曹恭誠、韓大勳、孫定遼、裴國珍、陳邦選、李雲、鄧長春、劉毓英、竇承武，參將游擊吳良輔、高光輝、劉士英、盛忠、祖澤遠、胡弘先、祖克勇、祖邦武、施大勇、夏得勝、李一忠、劉良臣、張可範、蕭永祚、韓棟、段學孔、張廉、吳泰成、方一元、塗應乾、陳變武、方獻可、劉武元、楊名世等，今以大凌河城降。凡此將吏兵民罔或誅夷，將吏兵民亦罔或詐虞。有違此盟，天必譴之！」誓畢，上使龍什告大壽，大壽卽日出謁，上與語良久，定取錦州策，以御服黑狐帽、貂裘、金玲瓏鞓帶、緞韈、雕鞍、白馬賜之。

次日，命貝勒阿巴泰等將四千人爲漢裝，從大壽取錦州，會大霧，不果行。又次日爲十一月朔，大壽以從子澤遠及從者二十六人入錦州，石廷柱、庫爾纏送之，夜渡小凌河，徒步去。上令大凌河將吏兵民薙髮，斂軍中餘粟分賚之。方大凌河築城時，軍士、工役、商賈都三萬餘人，至是僅存萬一千六百八十二人，馬三十有二。後數日，大壽自錦州傳語諸裨將：「前日行倉猝，從者少。撫按防禦嚴，客軍衆，未得卽舉事。」又遣使以告上，上報以書，誡毋忘前約。命隳大淩河城，引師還，至瀋陽，命達海傳諭慰諸降將，大壽諸子孫賜宅以居，厚撫之。用貝勒岳託議，將以雪遼東、永平多殺謗也。

大壽初入錦州，詭言突圍出，遼東巡撫邱禾嘉知其納欵狀，密聞於朝。莊烈帝欲羈縻之，因爲用，置勿問；惟以蒙古將桑噶爾塞等赴援，戰不力，敗又先奔，令大壽誅之。桑噶爾塞等將執大壽來降，大壽與之盟乃定。莊烈帝召大壽入朝，使三至，辭不往。上自大淩河師還，略宣府，克旅順。居二年，遣阿山、譚泰、圖爾格先後徇錦州。又明年，上使貝勒多鐸帥師攻錦州，多鐸令阿山、石廷柱、圖賴、吳拜、郎球、察哈喇等以四百人前驅。大壽令副將劉應選、穆祿、吳三桂，參將桑噶爾塞、張國忠、王命世、支明顯將二千七百人出禦，松山城守副將劉成功、趙國志率八百人來會。阿山等與遇大淩河西，多鐸引後軍自山下，塵起蔽天，應選等軍潰，殲五百人，獲游擊曹得功等，得馬二百餘、甲胄無算。多鐸旋引軍還。

又明年，改元崇德，行封賞，授澤潤三等昂邦章京，澤洪、可法一等梅勒章京，予世襲敕書。設都察院、六部，滿、漢、蒙古各置承政。漢承政皆授諸降將：可法、張存仁都察院，澤洪吏部，韓大勳戶部，姜新禮部，澤潤兵部，李雲刑部，裴國珍工部。二年，更定部院官制，但置滿承政。諸降將改授左右參政，並以鄧長春代大勳，陳邦選代新。是時上北撫喀爾喀，南定朝鮮，敕大壽使密陳進兵策，大壽不報。

三年十月，上自將伐明，率鄭親王濟爾哈朗、豫親王多鐸出寧遠、錦州大道；睿親王多爾衮爲左翼，自青山關入；貝勒岳託爲右翼，自牆子嶺入。大壽方屯中後所，以兵襲多鐸，土默特之衆先奔，多鐸師敗績。次日，與濟爾哈朗合兵出，大壽斂兵不復戰。上親率師至中後所，使諭大壽曰：「自大凌河別後，今已數載。朕不憚辛苦而來，冀與將軍相見。至於去留，終不相强。曩則釋之，今乃誘而留之，何以取信於天下乎？將軍雖屢與我兵相角，爲將固應爾，朕絕不以此介意。將軍勿自疑！」次日，又縱俘齎敕往曰：「曩大凌河釋汝，朕之諸臣每謂朕昧於知人。今將軍宜出城相見，若懷疑懼，朕與將軍可各將親信一二人於中途面語。朕欲相見者，蓋爲朕解嘲，亦使將軍子姪及大凌河諸將吏謂將軍能踐言也。」大壽終不敢出。石廷柱、馬光遠、孔有德等攻克旁近諸臺堡，上乃命還師。左右翼深入，師大捷。

四年二月，上復自將伐明，以武英郡王阿濟格爲前鋒，親督軍圍松山，分兵攻連山、塔山、杏山。明莊烈帝方召大壽入援，大壽甫行，我師至，乃還守寧遠。時澤遠守杏山，大壽遣部將三、兵九百自水道赴援，半入城。我噶布什賢兵躡其後，縱擊，得舟一，殺五十人。上遣使至錦州諭大壽妻，令以利害導大壽來降。大壽選蒙、漢兵各三百，授祖克勇及副將楊震、徐昌永等取道邊外趨錦州，至烏欣河口；阿爾薩蘭以滿、蒙兵一百六十戍焉，與戰，獲震，斬級八十四，得馬百五十。克勇等依山爲寨，上親督巴牙喇兵破其寨，斬昌永，獲克勇，斬級三百十一，得馬四百十一。我兵攻松山，不克，會左右翼師還，上命罷攻還盛京。大壽復入錦州。是歲屢出師略錦州、寧遠、松山、杏山，皆未竟攻，得俘獲即引退。

五年三月，命鄭親王濟爾哈朗、貝勒多鐸率師屯田義州。五月，上幸義州視師，蒙古蘇班岱等牧杏山城西，使請降，上命濟爾哈朗等率巴牙喇兵千五百人往迓。大壽偵我師寡，令游擊戴明與松山總兵吳三桂、杏山總兵劉周智合兵七千人邀擊，濟爾哈朗引退以致敵，還擊，大敗之。上親閱錦州城，攻城東五里臺、城北晾馬臺，皆下，刈其禾而還。上命多爾袞、濟爾哈朗等將兵更番攻錦州。六年三月，濟爾哈朗令諸軍環城而營，大壽令蒙古守陴。邏卒至城下，蒙古兵自城上呼與語曰：「我城中積粟可支二三年，爾曹爲長圍，豈遂足困我乎？」邏卒曰：「我師圍不解，自二三年至四五年，爾曹復何取食？」蒙古兵聞之皆懼。貝勒諾木齊等遂遣使約降，啓郛東門納我師。及期，大壽聞變，以兵出子城，蒙古兵與戰，我師逼城外，蒙古兵垂繩，援以登，吹角夾攻，大壽退保子城。我師入其郛，得裨將十餘及蒙、漢民男婦五千三百六十七人。明援兵自杏山至，濟爾哈朗爲二伏，敗明兵，斬級一百七十，俘四千三百七十四人，得馬百十六、甲七十六。

五月，洪承疇督軍來援。六月，多爾袞番代。上遣學士羅碩以澤潤等書招大壽。七月，上自將破明師，降承疇。語見承疇傳。大壽弟總兵大樂，游擊大名、大成從承疇軍，被獲，上命釋大成，縱之入錦州。大壽使詣軍，言得見大樂，當降；既令相見，大壽再使請盟。濟爾哈朗怒曰：「城旦夕可下，安用盟爲？」趣攻之。大壽乃遣澤遠及其中軍葛勳詣我師引罪。翌日，大壽率將吏出降，即日諸固山額眞率兵入城，實崇德七年三月初八日也。上聞捷，使濟爾哈朗、多爾袞慰諭大壽，並令招杏山、塔山二城降，濟爾哈朗、多爾袞帥師駐焉。

阿濟格、阿達禮等以大壽等還，上御崇政殿召見，大壽謝死罪，上曰：「爾背我爲爾主，爲爾妻子宗族耳。朕嘗語內院諸臣，謂祖大壽必不能死，後且復降，然朕決不加誅。往事已畢，自後能竭力事朕則善矣。」又諭澤遠曰：「爾不復來歸，視大壽耳。曩朕蒞視杏山，爾明知爲朕，而特舉礮，豈非背恩，爾舉礮能傷幾人耶？朕見人過，即爲明言，不復省念。大壽且無責，爾復何誅？爾年方少壯，努力戰陣可已。」澤遠感激泣下。六月，烏眞超哈分設八旗，以澤潤爲正黃旗固山額眞，可法、澤洪、國珍、澤遠爲正黃、正紅、鑲藍、鑲白諸旗梅勒額眞。大凌河諸降將初但領部院，至是始以典軍。大壽隸正黃旗，命仍爲總兵，上遇之厚，賜賚優渥。存仁上言：「大壽悔盟負約，勢窮來歸。即欲生之，待以不殺足矣，勿宜復任使。」降將顧用極且謂其反覆，慮蹈大凌河故轍。上方欲寵大壽諷明諸邊將，使大壽書招明寧遠總兵吳三桂，三桂，大壽甥也，答書不從。大壽因疏請發兵取中後所，收三桂家族。八年十月，濟爾哈朗帥師伐明，克中前所，幷取前屯衞、中後所。明年，世祖定鼎京師，大壽從入關。子澤溥在明官左都督，至是亦降。十三年，大壽卒。

大壽初未有子，撫從子澤潤爲後。其後舉三子，澤溥、澤洪、澤清。澤清叛應吳三桂，語見三桂傳。

澤潤初授三等昂邦章京。順治中，以從征叛將姜瓖，並遇恩詔，進一等精奇尼哈番又一拖沙喇哈番。從阿爾津帥師鎭湖南，卒於軍。乾隆初，定封一等子兼一雲騎尉。

澤溥初降，授一等侍衞。累遷福建總督。乞休，卒。

澤洪分隸鑲黃旗。順治元年，改參政爲侍郎，澤洪仍任吏部。入關追擊李自成，斬其將陳永福；克太原，復擊敗叛將賀珍、姜瓖。敍功，並遇恩詔，累進一等精奇尼哈番，兼授內弘文院學士。以疾解任，卒。

子良璧，襲爵，授參領，兼佐領。從裕親王福全征噶爾丹，擢西安副都統；復從撫遠大將軍費揚古出西路討噶爾丹，駐翁吉督餉。噶爾丹從子丹濟拉襲翁吉，良璧擊之，敗走。遷福州將軍，署福州總督。卒。乾隆初，定封一等男兼一雲騎尉。

可法，大壽養子。初質於我師。及降，授副將，隸正黃旗。順治初，從入關，擊走李自成，命以右都督充河南衞輝總兵。自成兵掠濟源、懷慶，總兵金玉和戰死，可法赴援力戰，自成兵乃引去。進都督，充鎭守湖廣總兵，駐武昌。以疾解任，卒，謚順僖。

澤遠，順治間，積功，並遇恩詔，授世職一等阿達哈哈番。累遷湖廣總督，加太子太保。京察左遷。尋卒。

論曰：有德、仲明，毛文龍部曲；可喜，東江偏將；志祥又文龍部曲之餘也。文龍不死，諸人者非明邊將之良歟？大壽大淩河既敗，錦州復守，相持至十年。明兵能力援，殘疆可盡守也。太宗撫有德等，恩紀周至，終收績效。其於大壽，不惟不加罪，並謂其「能久守者，讀書明理之效」。推誠以得人，節善以勵衆，其諸爲興王之度也歟！

清史稿卷二百三十五

列傳二十二

圖賴　準塔　伊爾德　努山　阿濟格尼堪　佟圖賴

圖賴，費英東第七子也。初隸鑲黃旗，後與兄納蓋、弟蘇完顏改屬正黃旗。天聰元年，太宗伐明，略寧遠，二年，伐察哈爾，圖賴皆從。三年，復伐明，薄明都，明大同總兵滿桂入援，屯德勝門，圖賴與戰，所殺傷甚衆。師還，授世職備禦。四年，從貝勒阿敏守永平，明兵救灤州，阿敏遣巴都禮赴援，圖賴及梅勒額眞阿山皆在行。及阿敏棄永平出邊，明將率步卒百人追擊，圖賴以十六人殿，還戰，盡殲之，進世職游擊。

五年，上伐明，圍大凌河城，命巴牙喇纛章京楊善、鞏阿岱等駐軍壕外，待敵度壕卽與戰，而令圖賴與南褚、哈克薩哈當兩旗間，衞樵採；城兵出挑戰，圖賴銳入陣，達爾哈以所部繼，貝勒多爾袞亦督兵進，我師薄壕，舍騎步戰，敵阻壕與城上兵爭發礮矢。師退，副將穆克譚、屯布祿，備禦多貝、戈里等皆戰死，圖賴亦被創。上怒曰：「圖賴輕進，諸軍從之入，朕弟亦衝鋒而進，有不測，將磔爾等食之！敵如狐處穴，更將焉往？朕兵天所授，皇考所遺，欲善用之，勿使勞苦。穆克譚我舊臣，死非其地，豈不可惜？」因誡諸臣毋視圖賴創，揚古利、鞏阿岱偕往存問，上復切責之。明監軍道張春等以四萬人來援，次長山，上率諸貝勒禦之，圖賴當右翼，躍馬突陣，敵潰走，遂覆其師。

七年，從攻旅順口。八年，從伐明，徇大同，攻朔州，拔靈丘，進世職二等。旋追論攻朔州時越界出略，又不赴期會地，奪俘獲入官。九年，授巴牙喇纛章京，從貝勒多鐸等伐明。多鐸旣入廣寧，令圖賴與固山額眞阿山等以四百人爲前鋒向錦州，擊殺明將劉應選，破其軍。師還，以功得優賚。崇德二年，授議政大臣。三年，上命睿親王多爾袞、貝勒岳託率師分道伐明。圖賴從岳託爲前驅，踰牆子嶺入邊，克十一臺，遂南略山東。明將以八千人拒戰，蒙古阿藍泰旁卻，圖賴方督所部馳擊，敵百騎突至，圖賴搏戰陷堅，敵敗去。明大學士劉宇亮綴我師而北至通州，圖賴與固山額眞譚泰擊破之，拔四城，進三等梅勒章京。六年，從鄭親王濟爾哈朗等伐明，圍錦州。明總兵祖大壽爲明守，蒙古吳巴什、諾木齊等謀內應，事洩，大壽以兵攻吳巴什等，圖賴入其郛，力戰，援諾木齊出。先後破杏山、松山援兵，遂督烏眞超哈拔塔山、杏山二城，進一等梅勒章京。師還，追論攻錦州時巴牙喇兵有怯退者，圖賴當罰鍰，上命寬之。八年，從伐明，拔中後所、前屯衞，進三等昂邦章京。

順治元年，從睿親王多爾袞帥師伐明，明將吳三桂迎師。四月戊寅，師距山海關十里，李自成遣其將唐通率數百騎出關，是夕遇於一片石，圖賴督巴牙喇兵與戰，通敗走。己卯，入關，從大軍擊破自成。自成還京師西遁，圖賴復從諸軍追擊，敗之於慶都。二年，敍功，超授三等公。時圖賴方從定國大將軍豫親王多鐸西討自成，豫親王師自懷慶而南，圖賴至孟津，率精兵渡河，明守將黃士欣等皆走，降瀕河寨堡十五。

明總兵許定國等以所部來附，進薄潼關。自成將劉宗閔據山爲陣拒我師。噶布什賢章京努山、鄂碩等率兵向敵，敵迎戰，圖賴率百四十騎直前掩殺，一以當百，俘馘過半。是歲正月，自成將劉方亮以千餘人出關覘我師，圖賴與阿濟格尼堪等令正黃、正紅、鑲白、鑲紅、鑲藍等五旗各牛彔出巴牙喇兵，率以擊敵，大敗之。自成聞敗，親率馬步兵拒戰，又徵鑲黃、正藍、正白三旗兵相助，賊連夕攻我壘，皆敗走，遂破潼關。

陝西既定，豫親王移師下江南。四月，至揚州，令圖賴與拜音圖、阿山等攻之，克其城，執明大學士史可法殺之。進攻明南京，復令圖賴與拜音圖、阿山率舟師列江西岸助攻。南京既下，從貝勒尼堪等逐明福王至蕪湖。福王登舟，將渡江，圖賴扼江斷渡，明將田雄、馬得功以福王降。師還，圖賴上書攝政睿親王，略言：「圖賴昔年事太宗，王之所知也。今圖賴事上，亦猶昔事太宗時。不避諸王貝勒嫌怨，見有異心，不爲容默；大臣以下、牛彔章京以上，亦不爲隱惡。圖賴誓於天，必盡忠事上。圖賴有過失，王若不言，恐不免於罪戾。王幸毋姑息，不我教誡也！」

初，圖賴在軍，固山額眞譚泰方從英親王阿濟格西征，遣使告圖賴曰：「我軍道迂險，故後至。請留南京畀我軍取之。」圖賴以其語告豫親王，別作書遣塞爾特報索尼，將使索尼啓攝政王。塞爾特以書示牛彔希思翰，希思翰慮書達，譚泰且得罪，令沉諸河。圖賴至京師，繫塞爾特索前書，塞爾特詭言已達索尼。事聞於攝政王。三年正月，下諸大臣審勘，將罪索尼。攝政王親鞫塞爾特，始自承沉書狀。攝政王坐午門議譚泰罪，三日猶未決。圖賴詰王，語甚厲，攝政王怒曰：「爾亦過妄矣！曩逐流賊至慶都，議分道進兵。因諸將爭先，爾誚讓肅、豫、英諸親王，不顧而唾。今又以語淩我。似此怒色疾聲，將逞威於誰乎？予與諸王非先帝子弟乎！」語畢，遂還邸。諸王因執圖賴將罪之，王復返曰：「圖賴雖聲色過厲，然非退有後言者。且爲我矢勤效忠，無他咎也。」命解其縛。獄既定，侍衞阿里馬私誚圖賴庇索尼，圖賴以告攝政王，王令捕阿里馬及其二弟索泥岱、鎖寧。阿里馬故驍勇，與索泥岱拔刀力拒。皆殺之，而釋鎖寧。尋授本旗固山額眞。

二月，以貝勒博洛爲征南大將軍，圖賴副之，帥師徇浙江、福建。五月，論破流賊及定河南、江南功，進圖賴一等公。是月，師至杭州，明魯王駐紹興，其將方國安等屯錢塘江東岸，綿亙二百里，艤舟拒我軍。我軍舟未具，會潮落沙漲，圖賴率諸將士策馬自上流逕渡，江廣十餘里，人馬無溺者。國安望見，驚，棄戰艦走還紹興，將劫魯王以降，魯王走台州，圖賴師從之，獲其將武景科等。進克金華，殺明督師大學士朱大典。七月，復進克衢州，殺明蜀王盛濃及明將吳凱、項鳴斯等。浙江平。八月，博洛令諸軍分道入福建，圖賴自衢州出仙霞關，擊破明大學士黃鳴駿等。師度嶺，克浦城，分遣署巴牙喇纛章京杜爾德、噶布什賢章京拜尹岱等攻克建寧、延平諸府。明唐王自延平走汀州，復遣巴牙喇纛章京阿濟格尼堪、杜爾德等帥師追擊，克其城，執唐王及其宗室諸王送福州。明將姜正希以二萬人夜襲汀州，已登陴，我軍出禦，擊殺過半；別軍自廣信出分水關，克崇安。共撫定興化、漳州、泉州諸府。福建平。師還，至金華，圖賴卒於軍。子輝塞，襲爵。貝子屯齊等訐鄭親王濟爾哈朗，因及圖賴嘗謀立肅親王豪格，及上卽位，復附和鄭親王，輝塞坐奪爵。八年，上親政，念圖賴舊功，命配享太廟，諡昭勳，立碑紀績，輝塞復襲爵。雍正九年三月，定封一等雄勇公。

準塔，滿洲正白旗人，扈爾漢第四子也。天聰間，授世職牛彔章京，官甲喇額眞。嘗與鰲拜共率師略明錦州，復與勞薩共率師迎護察哈爾來降諸宰桑。崇德二年四月，從武英郡王阿濟格攻明皮島，敵守堅。阿濟格集諸將問策，準塔與鰲拜對曰：「我二人誓必克之！不克，不復見王。」遂先衆連舟渡海，舉火招諸軍，敵倚堡爲陣以拒，與鰲拜犯矢石力戰，卒取其島。論功，進世職三等梅勒章京，襲十二次，賜號「巴圖魯」，敕增紀其績。

三年八月，授蒙古固山額眞。九月，從揚武大將軍貝勒岳託等伐明，攻密雲牆子嶺，準塔先據嶺，導諸軍毀邊牆以入，擊敗明太監馮永盛、總兵侯世祿等；又與武賴敗三屯營援兵，復進戰於董家口，破敵，行略地，克城二。師還，進世職二等梅勒章京。六年二月，從睿親王多爾袞攻錦州，以阿王指，遣士卒歸，又離城遠駐，議罪，當奪官籍沒，上命罰鍰以贖。八月，上自將攻錦州，九月，還盛京，命準塔從貝勒杜度等爲長圍困之。七年三月，錦州旣下，上命貝勒阿巴泰率師留戍。旋令準塔與固山額眞葉臣等番代。

先是圍錦州時，城兵出犯鑲黃旗汛地，巴牙喇兵退入壕內，王貝勒等袒不舉，準塔坐阿附，議罪當罰鍰，上命貸之。十月，從阿巴泰、圖爾格帥師伐明，略山東，與葉克書等分兵攻孟家臺，不克，士卒有死者，準塔又妄稱嘗陷陣。師還，議罪，奪巴圖魯號，降世職一等甲喇章京，仍罰鍰。十二月，復命鎭錦州。

順治元年，從睿親王多爾袞入關擊李自成，遂至慶都，大破之；又與譚泰等率噶布什賢兵逐至眞定，又破之。自成焚輜重，倉皇西走，於是京師以北、居庸關內外諸城堡，及畿南諸州縣悉定。論功，復三等梅勒章京。

二年正月，以饒餘郡王阿巴泰爲帥，準塔將左翼，譚布將右翼，帥師徇山東。二月，聞明福王遣兵渡河，阿巴泰令準塔等迎戰。明兵方攻沛縣李家樓，馬步二千餘屯徐州，距城十五里，準塔師破其壘，斬其將六，明兵赴河死者無算，遂克徐州。五月，復自徐州南下，明總兵劉澤清遣其將高祐以舟師攻宿遷，擊破之，進次清河縣。黃河自西來，至縣境，淮水及清河皆入焉。澤清遣其將馬化豹、張思義等將兵四萬、舟千餘，據三水交匯處，連營十里。準塔遣梅勒章京康喀賴，游擊范炳、吉天相等率兵渡清河，結營相拒，發礮擊敵舟；復遣都司楚進功將步兵六百人屯黃河北岸，鳴礮相應；又分其兵爲二：一出清河上游，一隔水，擊破明馬步軍；兵復合，逐入淮安界，斬其將三。師次淸江浦，澤清引去，明將吏栢永馥、范鳴珂出降，遂克淮安。

明新昌王入海據雲臺山，糾衆陷興化，準塔遣將擊斬之，通州、如皋、泰興諸城皆下；鳳陽、廬州亦降。凡降明將吏二百十三，得舟五百餘、馬九百餘、橐駝二十五、礮一百二十。捷聞，進準塔三等昂邦章京，復巴圖魯號，命以固山額眞鎭守廬、鳳、淮陽諸處。準塔帥師巡行諸州縣，安撫居民，設置官吏。江、淮間悉定。澤清尋亦以所部降。

三年正月，從肅親王豪格帥師徇陜西。時叛將賀珍據漢中，武大定、石國璽等分屯徽、階諸州，遙與相應。豪格師自西安向漢中，珍走西鄉。七月，令準塔與貝子滿達海等攻大定、國璽等，大定、國璽等以其衆七百人降。十一月，豪格擊張獻忠於西充，準塔指揮諸軍合戰，俘馘甚衆。四年八月，復與貝勒尼堪、貝子滿達海等分兵下遵義、夔州、茂州、榮昌、富順、內江、資陽諸郡縣。四川平，師還。尋卒。論功，進世職一等精奇尼哈番。十二年，追謚襄毅，立碑紀績。

準塔無子，弟阿拉密襲。遇恩詔，進三等伯。康熙中，準塔兄子舒書降襲一等精奇尼哈番。乾隆初，定封一等子。

伊爾德，滿洲正黃旗人，揚古利族姪也。天聰三年，從揚古利率師入明邊，略錦州、寧遠。既，復從攻北京。師還，敗山海關援兵於灤州，出塞爲前驅，斬明兵守隘者。五年，從上圍大凌河城，城兵突出，伊爾德衝鋒殺敵，逐敵迫壕，乃引還。敵騎挾弓矢將犯御營，伊爾德馳斬之。秋，復略前屯衛，將十五人，捕敵軍邏卒。值別將噶思哈爲敵困，奮擊，援之出。積功，授世職備禦。尋擢巴牙喇纛章京。

崇德二年，從貝勒阿巴泰築都爾弼城，將巴牙喇兵四百人護工役。五年，從圍錦州，敵出戰，伊爾德領纛追擊，敗之。督屯田錦州、松山間，明人縱牧於野，伊爾德設伏烏欣河，驅其牲畜以歸。敵襲我軍後，伊爾德還擊，斬獲無算。超進世職三等梅勒章京。屢坐事當削世職，命罰鍰以贖。七年，復從圍錦州，明兵來奪礮，擊敗之，進一等。

順治元年，命駐防錦州。二年，加半箇前程。世祖召伊爾德，命從豫親王多鐸南征，與尚書宗室韓岱等將蒙古兵自南陽下歸德，招撫甚衆。至揚州，獲戰艦百餘，渡江先驅，破南京。明福王由崧走蕪湖，與固山額眞阿哈尼堪等追擊，敗明將黃得功。三年，進世職一等昂邦章京。六年，偕大將軍譚泰討叛將金聲桓，下南昌，誅聲桓。師進，叛將李成棟陷信豐，攻克之，成棟夜遁，馬蹶，溺水死。分兵定撫州、建昌，破其將楊奇盛。江西悉平。師還，復移剿保定土寇。論功，進世職一等精奇尼哈番。八年，巴牙喇纛章京鼇拜訐伊爾德値上幸內苑擅令門直員役更番，私減守門護軍額數，又嫉忌鼇拜等，鞫實，論死，上貸之，命降世職一級，罰鍰以贖。尋授本旗固山額眞。九年，三遇恩詔，累進一等伯兼拖沙喇哈番。從敬謹親王尼堪征湖南，師敗績，王沒於陣。十一年，師還，論罪，奪職籍沒。

初，明魯王以海與其將阮進等據舟山，以海走入海。至是，其將陳六御、阮思等復據舟山爲寇。十二年，上授伊爾德寧海大將軍，率師討之。六御等遣所置總兵王長樹、毛光祚、沈爾序等登陸掠大嵐山。伊爾德遣巴牙喇纛額眞車爾布、梅勒額眞碩祿古、總兵張承恩引兵趨夏關，抵斗門，連擊敗之，斬長樹等；而自率師攻寧波，乘舟趨定海，分三道並進。六御等列舟望江口山下以待，伊爾德揮衆進擊，敗之；追至衡水洋，斬六御等，遂取舟山。十四年，師還，上命貝勒杜蘭等郊勞，復世職，論功，進一等伯。十五年，從信郡王多尼南征，自貴陽至盤江，擊斬明將，進克雲南。十八年，卒於軍，謚襄敏。

孫巴琿岱，襲。自散秩大臣遷正黃旗滿洲都統。夏逢龍之亂，出爲荆州將軍。聖祖征噶爾丹，參贊大將軍馬斯喀軍務。卒，謚恪恭。子馬哈達，降二等伯，世襲。乾隆中，加封號宣義。

努山，扎庫塔氏，世居鄂里。父塔克都，歸太祖，太祖命籍其衆爲牛彔，以其長子瑚什屯爲牛彔額眞。旗制定，隸滿洲正黃旗。積功，授世職游擊。卒，無子，以努山子渾岱爲後，襲職，而努山代爲牛彔額眞。從征伐，輒先驅覘敵。有功，授噶布什賢章京。太宗嘉其能，以瑚什屯世職改命努山，諭曰：「弟之子不若弟親也。」時爲天聰八年五月。

尋從伐明，攻大同，努山與甲喇額眞席特庫、納海執邏卒以獻。崇德元年，率甲士行邊，至冷口，遇明邏卒十四，斬三人，俘一人，獲馬十餘。三年，從貝勒岳託伐明，將入邊，遇明兵，斬四十人，俘三人。發明兵所置火藥。度牆子嶺，明總兵吳阿衡將六千人迎戰，擊之敗。與噶布什賢噶喇依昂邦勞薩逐明兵，獲馬數十及攻具。薄明都，破明兵爲伏者，而自設伏道側，挑明太監高起潛戰，伏起夾擊，多所俘馘。卽夕，起潛襲噶布什賢兵，努山與席特庫及甲喇額眞鄂克合兵戰，起潛兵敗走，逐北，迫會通河，明兵多入水死，遂次涿州；分道從睿親王多爾袞徇山東，克濟南。師還，出塞，復與勞薩共敗明兵。

六年七月，與侍衞穆章等詗敵董家口、喜峯口，遇明兵，斬百餘人，俘四人。從圍錦州，是時上自將駐軍松山、杏山道中，明兵擊噶布什賢兵，努山力戰，斬五十二人，獲馬三十。明總督洪承疇出戰，努山與勞薩等陣而前，戰良久，王貝勒等各以所部合戰，大破明兵。十月，擢噶布什賢噶喇依昂邦。是時武英郡王阿濟格駐軍杏山河岸，上命努山濟師。敵騎千自寧遠至，猝與努山值，驚潰，努山逐之，至連山，斬三十人，獲馬三十有二。七年三月，與噶布什賢噶喇依昂邦吳拜共略寧遠，敵騎五十自中後所至，率噶布什賢兵縱擊，明兵四百人來援，幷擊敗之；薄寧遠，守者背城陣，努山等與戰，俘二十三人；進世職二等甲喇章京。八年，上以貝勒阿巴泰等略山東未還，命努山率甲喇額眞四、侍衞四、兵九十至界嶺口，詗師行距邊遠近，遇明兵，斬守備一、兵三百餘，俘數十人，獲馬驘二百餘。八月，與巴牙喇纛章京阿濟格尼堪帥師戍錦州。

順治元年，世祖旣定鼎，命努山將左翼噶布什賢兵從豫親王多鐸西討李自成，自成兵出潼關拒戰，努山自間道劘其壘，斬殺過半，自成兵潰走。二年，移師定河南，下揚州，克明南京。明福王由崧走蕪湖，努山與諸將以師從之，得福王以歸。三年，從貝勒博洛徇浙江，明總兵方國安屯錢塘江東岸，以舟師出戰。努山從固山額眞圖賴自上游渡，擊國安，敗之，盡得其舟；進略福建，擊斬明巡撫楊廷淸、李暄。時巴牙喇纛章京都爾德等攻下建寧、延平諸府，明唐王聿鍵走汀州，努山馳七晝夜追及之，唐王入城守，令銳卒以巨木撞其門，後軍繼至，遂克之。

五年，從鄭親王濟爾哈朗定湖廣。明桂王由榔據廣西，其總督何騰蛟，總兵王進才、馬進忠、袁宗第等，分屯湖南諸郡邑。六年正月，努山至長沙，時席特庫亦還噶布什賢噶喇依昂邦，將右翼噶布什賢兵，共簡精銳攻湘潭，與固山額眞阿濟格尼堪等破北門入，騰蛟死之。四月，兵部尚書阿哈尼堪等徇寶慶，未至七十里，進才、進忠合軍出禦，努山令所部舍騎步戰，明兵敗，薄城東門，進才等棄城走，逐之至武岡，殲進忠所將步兵三千，破進才及宗第等寨十餘，分克沅州、靖州；再進克全州，斬明閣部楊鰲及副將以下四十餘。累進二等阿思哈尼哈番。十三年，擢內大臣。十五年，卒。

阿濟格尼堪，滿洲正白旗人，達音布子。達音布戰死，長子阿哈尼堪襲三等甲喇章京，旋卒。阿濟格尼堪繼襲，授甲喇額眞。從太宗伐察哈爾，自大同入明境，與雅賴共擊敗明兵於嶍縣。崇德元年，從太宗伐朝鮮，擊敗明寧遠守邊兵。三年，從貝勒岳託伐明，擊破總兵侯世祿，得其印及騎。四年，擢巴牙喇纛章京。從肅親王豪格攻錦州，設伏於連山，俘五人，獲馬七。

六年，從鄭親王濟爾哈朗攻錦州，以七十人爲伏，敗敵；進攻杏山，領纛直入敵壘，敵大潰。時錦州有蒙古諾木齊等願降，明總兵祖大壽發其謀，以兵圍之，不得出。阿濟格尼堪詗知之，乘夜薄城，力戰先登，入其郛，援諾木齊等皆出。進攻松山，戰屢捷。上以阿濟格尼堪少年能殺敵，進一等參將，賚白金四百。是年八月，明總督洪承疇集諸鎮兵救錦州，上自將屯松山、杏山道中，絕餉道。明總兵吳三桂、唐通等皆潛引去。上召阿濟格尼堪親授策，與鰲拜等追擊，大敗之。八年八月，命戍錦州。九月，鄭親王取中後所、前屯衞，阿濟格尼堪率所部及蒙古兵攻中前所，拔其城，俘明潰兵，無得脫者，加半個前程。

順治元年四月，從睿親王多爾袞入關，破李自成，追至慶都，進一等梅勒章京。十月，從豫親王多鐸帥師西討自成，渡孟津，薄潼關。賊鑿重壕爲固，自成將劉方亮率千餘人出拒，阿濟格尼堪與圖賴、阿爾津等奮戰，方亮敗退。至夜，復來犯，阿濟格尼堪力戰卻之，連破賊二壘，遂麾兵踰壕，冒矢石先登，賊驚潰降竄，師入關。二年正月，克西安，自成自商州入湖廣。

豫親王移師下江南，四月，至淮安，遣阿濟格尼堪率所部趨揚州，屯城北，與親軍合攻，城遂下，獲戰艦二百餘；渡江克明南都，追擊明福王由崧於蕪湖，敗其舟師：進三等昂邦章京。三年，從端重親王博洛定浙江，徇金華、衢州，破仙霞關，略建寧、延平。明唐王聿鍵走汀州，阿濟格尼堪與都爾德進擊至城下，率精銳先登，遂克汀州。其總兵姜正希以二萬人赴援，阿濟格尼堪出禦，所殺傷過半。進一等精奇尼哈番，賜敕世襲。五年，授正白旗滿洲都統。

六年，鄭親王濟爾哈朗征湖廣，以阿濟格尼堪參贊軍事。是時明總督何騰蛟，總兵王進才、馬進忠等，守湖南：騰蛟軍湘潭；進才、進忠軍寶慶。阿濟格尼堪至長沙，與兵部尙書阿哈尼堪爲前鋒，攻湘潭，破北門入，執騰蛟。逐明潰兵至湘鄉，盡殲之，遂趨寶慶。未至七十里，進才、進忠合軍拒戰，阿濟格尼堪令步騎番進，薄寶慶東郭，進才等敗遁。遂下沅、靖，進克全州。七年正月，師還，進三等伯，賚白金五百，授議政大臣。四月，卒，諡勇敏。乾隆間，加封號襄寧。子宜理布，自有傳。

佟圖賴，漢軍鑲黃旗人。父養眞。太祖克撫順，養眞以從弟養性已降，挈其族來歸。從攻遼陽，以功授世職游擊。命駐鎭江，守將陳良策以城叛，養眞及長子豐年皆死。

佟圖賴初名盛年，其次子也，襲世職，事太宗。天聰五年，從攻大凌河，破明監軍道張春兵，進世職二等參將。崇德三年，授兵部右參政。五年，從攻錦州，取白官兒屯台。六年，復從攻錦州，取金塔口三台。七年，從攻松山，明師以騎兵突陣，將奪我師礮，佟圖賴擊卻之；又敗其步兵，取塔山、杏山諸台，遂克其城二；以功進世職一等。是歲始分漢軍爲八旗，授正藍旗固山額眞。師出略明邊，佟圖賴與固山額眞李國翰等奏請直取燕京，上以「未取關外四城，何能卽克山海」，優旨開諭之。八年，從鄭親王濟爾哈朗收前屯衞、中後所二城，加半箇前程。

順治元年，從入關，調鑲白旗，與固山額眞巴哈納、石廷柱等招降山東府四、州七、縣三十二。復移師下太原，招降山西府九、州二十七、縣一百四十一。師還，賜白金四百。尋從豫親王多鐸西討李自成，定河南。二年，移師徇江南，先後克揚州、嘉興，皆在行，進世職二等梅勒章京，賜蟒服、黃金三十、白金千五百。五年，授定南將軍，與固山額眞劉之源率左翼漢軍駐寶慶。時馬進忠等寇衡、湘、辰、永間，陷寶慶。佟圖賴師至，克之。

六年，鄭親王濟爾哈朗徇湖廣，佟圖賴與固山額眞碩詹等分兵趨衡州，陣斬明將陶養用，拔其城。時明將胡一清猶屯城南爲七營，乘勝疾擊破之；逐一清，戰於望公嶺山峪口，又破之；一清走入廣西境，距全州三十里，立六營自保，與努山、阿濟格尼堪合軍奮擊，破之，遂下全州。師還，駐衡州。明兵犯常寧，遣牛彔額眞陳天謨等馳援，破明兵石鼓洞，斬其渠。八年，師還，宴勞。授禮部侍郎。復調正藍旗固山額眞。世職累進至三等精奇尼哈番。十三年，以疾乞休，世祖命加太子太保致仕。十五年，卒，賜祭葬，贈少保，仍兼太子太保，謚勤襄。

康熙間，以孝康章皇后推恩所生，贈一等公，並命改隸滿洲。世宗即位，追封佟養正一等公，謚忠烈，與佟圖賴並加太師。養眞改曰養正，避世宗嫌名也。

論曰：圖賴忠鯁類父，督師南征，破福、唐二王，三江、閩、浙，以次底定，仍世侑饗，允哉！準塔綏徠畿輔，戡定江、淮；伊爾德橫海殺敵，破魯王餘衆，功與相並。努山、阿濟格尼堪、佟圖賴佐定江表，又合軍徇湘南。戮力佐創業，績亦偉矣！

清史稿卷二百三十六

列傳二十三

陳泰　阿爾津　李國翰子海爾圖　桑額　卓布泰弟巴哈

卓羅四世孫永慶　愛星阿子富善　遜塔子馬錫泰　從弟都爾德

陳泰，滿洲鑲黃旗人，額亦都孫，徹爾格子也。初授巴牙喇甲喇章京。從伐明，攻錦州，明兵自寧遠來援。陳泰先衆直入敵陣，斬執纛者，得纛以歸。天聰三年，從太宗伐明，薄明都，屯德勝門外，攻袁崇煥壘，遇伏，奮擊，多所俘馘。五年，從圍大凌河城，明監軍道張春赴援，陳泰設伏，擒其邏卒，復以步軍戰，殲敵。

崇德元年，從伐朝鮮，與梅勒額眞薩穆什喀夜襲破黃州守將營。三年，伐明，敗明兵於豐潤，攻太監馮永盛、總兵侯世祿營，拔之；又以巴牙喇兵三十敗明騎卒百餘。五年，從圍錦州，攻杏山，敗敵兵，獲牲畜。六年，復圍錦州，敗松山兵。我兵出樵採，爲敵困，陳泰率兵六援之出，敵襲我後隊，迭戰破敵，遂克其郛。予世職，自牛彔章京進三等甲喇章京。七年，復圍錦州，掘塹困松山。明兵夜犯正黃旗蒙古營，赴援，擊之走。八年，從伐明，敗總兵馬科於渾河，築浮橋濟師。明總督范志完拒戰，擊敗之。下山東，陳泰以偏師克東阿、汶上、寧陽三縣，進世職二等。

順治元年，從入關，擊破李自成，進世職一等。四年，授禮部侍郎。從平南大將軍孔有德征湖廣，戰荊州，擊破流賊一隻虎。時明魯王遣其將鄭彩、阮進等寇福建，先後陷府三、州一、縣二十七。上授陳泰靖南將軍，與梅勒額眞棟阿賚率師討之，擊破魯王將曹大鎬、張耀星，克同安、平和二縣。五年三月，復克興化。彩遁入海，復克長樂、連江，獲所置總督顧世臣等十一人，斬之。魯王所陷諸府州縣以次盡復，福建平。師還，授巴牙喇纛章京，進二等阿思哈尼哈番。遇恩詔，累進三等精奇尼哈番兼拜他喇布勒哈番。遷刑部尚書。八年，移吏部尚書，授國史院大學士。以加上皇太后尊號恩詔誤增赦款罷任，並以吏部覃恩陞襲過濫，降世職一等阿達哈哈番。九年，起禮部尚書，充會試主考官，授鑲黃旗滿洲固山額眞，特命進世職二等精奇尼哈番。

十年，上以湖廣未定，大學士洪承疇再出經略，至軍，疏言：「孫可望等戰湖南，郝搖旗、一隻虎等擾湖北。湖南駐重兵，各郡寫遠，不免首尾難顧。」上授陳泰寧南靖寇大將軍，與固山額眞藍拜、濟席哈，巴牙喇纛章京蘇克薩哈等統兵鎭湖南。臨行，上諭之曰：「師行有一定紀律，大小將佐，爲國盡力，豈致挫衄？上册藐視主帥，下當撫勵士卒，能愛衆而得其心，遇敵未有不爭先效命者也。」十一年，復授吏部尙書。十二年，孫可望遣其將劉文秀、盧明臣、馮雙禮等以舟師六萬分犯岳州、武昌。文秀引精兵攻常德，陳泰遣蘇克薩哈設伏以待。甲喇額眞呼尼牙羅和當前鋒，挫敵；甲喇額眞蘇拜、希福等以舟師迎擊；大軍繼進，三合三勝。敵復列艦拒戰，伏起，縱火焚其舟，敵大敗，別遣兵擊敵德山下。師進次龍陽，敵集二千人來犯，我兵奮擊，潰奔，明臣赴水死。雙禮被創，與文秀幷遁。降所置裨將四十餘、兵三千餘。論功，進一等精奇尼哈番兼拖沙喇哈番。未幾，卒於軍。

師還，明年正月，世祖宴諸將，追悼陳泰，揮淚酌酒，諭學士麻勒吉、侍衞覺羅塔大曰：「大將軍班師還，朕將親酌酒以慰勞之。不幸中道棄捐，不復相見。爾等以此觴奠大將軍靈次，抒朕追悼。」諸將及侍從皆感涕。賜祭葬，謚忠襄。乾隆初，定封一等子。

阿爾津，伊爾根覺羅氏。父齊瑪塔，與從子阿山歸太祖，官侍衞。旗制定，與阿山同隸正藍旗。阿山自有傳。

阿爾津積戰功，授甲喇額眞，世職二等參將。天聰四年，從固山額眞納穆泰等守灤州。

納穆泰等引還，論罪，上以阿爾津力戰殺敵，特貰之。九年，伐察哈爾，阿爾津從貝勒岳託駐歸化城。博碩克圖汗子陰結喀爾喀等部貳於明，阿爾津獲其使者，進世職一等甲喇章京。

崇德元年，上自將伐朝鮮，朝鮮國王李倧走南漢山城，阿爾津簡精騎追躡，破其援兵。二年，略鐵山，獲明邏卒。授議政大臣，領巴牙喇纛章京。三年，從豫親王多鐸伐明，過中後所，明將祖大壽發兵追襲，阿爾津爲殿，戰不力，所部多戰死者，又棄其骨不收，坐削世職，籍家產之半，仍領巴牙喇纛章京如故。五年，從圍錦州，以離城遠駐，坐罰鍰。六年，攻松山，擊明總督洪承疇軍，克臺一、壘三，殲守臺敵兵，出我師被圍者。上嘉其善戰，復授三等甲喇章京。七年，從伐明，攻寧遠。八年，與巴牙喇纛章京哈寧阿等伐虎爾哈部，下七屯，俘獲無算。

順治元年，從入關，擊李自成，追及於安肅，大破之，進二等甲喇章京，兼半個前程。尋從豫親王多鐸西破潼關，還定江南，進三等梅勒章京。三年，與巴牙喇纛章京鰲拜等徇漢中，擊叛將賀珍，破流賊張獻忠，進攻敍州，所向克捷。五年，進一等阿思哈尼哈番。尋率師定宣化叛兵。八年，與固山額眞額克靑等發武英親王阿濟格罪狀，語詳阿濟格傳。敍功，遇恩詔，進一等精奇尼哈番兼拖沙喇哈番。九年，授西安將軍，鎭漢中。尋改授定南將軍，移師徇湖廣。十一年，自巴牙喇纛章京遷固山額眞。

十二年八月，授寧南靖寇大將軍，與固山額眞卓羅等率師駐荊州。時土寇姚黃等據歸州，出沒宜昌、襄陽間，阿爾津督兵搜捕，安集兵民，枝江、松滋諸縣悉定。十三年，與卓羅等率師渡江，十月，克辰州。寶慶、永順諸土司率官吏，具版籍，詣軍前降。時雲南、貴州尙爲明守，阿爾津議移常德鎭兵守辰州，別移兵屯常德爲應援，自辰州下沅、靖，進取滇、黔。經略大學士洪承疇與異議，事聞，上召阿爾津還京師，以宗室羅託代之。

十五年正月，授信郡王多尼爲安遠靖寇大將軍，征雲南，命阿爾津率本旗兵以從。五月，卒於軍，贈太子太保，謚端果。乾隆初，定封三等子。

李國翰，漢軍鑲藍旗人，其先居淸河。父繼學，初爲商，從明經略楊鎬軍，嘗通使於我。天命六年，克遼陽，繼學來歸，授都司。以副將劉興祚婪賄，劾罷之。屢獲明諜，捕逃人，授世職三等副將。請老，國翰襲世職。事太宗，授侍衞，賜號「墨爾根」。

天聰三年，從伐明，薄明都。還攻永平，戰先衆。五年，圍大凌河，城兵突出，國翰督兵擊之退；明兵自錦州赴援，又擊之，敗走。九年，以善拊循所領人戶，進世職一等梅勒章京。崇德三年，授刑部理事官。從伐明，入邊，明兵千餘據山列陣，國翰督兵奮擊，敗之，獲馬四十；進克牆子嶺，轉戰至山東，克濟南。師還，攻慶都、獲鹿，發礮毀其垣。四年，授鑲藍旗漢軍梅勒額眞。五年，從攻錦州，克呂洪山臺。七年，攻下塔山、杏山，擢鑲藍旗漢軍固山額眞。八年，從克前屯衞、中後所。世職累進三等昂邦章京。

順治元年，從入關，國翰與固山額眞劉之源、祖澤潤等率兵勦饒陽土寇康文斗、郭壯畿等，師進征山西。時李自成走陝西，其黨猶分據太原、平陽諸府，國翰與固山額眞葉臣謀曰：「自成新敗，賊無固志，當以大兵直搗太原。太原既下，分道略定諸郡縣，餘賊非降卽就馘耳。」乃合兵進拔太原，分道略定諸郡縣。師還，賚白金五百。尋又從大將軍英親王阿濟格征陝西，自成走湖廣，師從之，戰應山，進攻武昌，與固山額眞金礪等奪舟數百。

二年，命偕固山額眞巴顏率兵下四川，次西安，叛將賀珍自漢中來犯，國翰與駐防西安內大臣和洛輝分兵夾擊，大破之，進世職二等。三年，大將軍肅親王豪格師至，令國翰與巴顏逐捕延安餘寇，寇保張果老崖，掘壕困之，乘夜攻克其寨，殲其渠，獲馬二百餘。遂從肅親王下四川，殲張獻忠，復率兵渡涪江，擊破獻忠將袁韜，進世職一等。

五年四月，授定西將軍，同平西王吳三桂鎭漢中。六年，明宗室朱森滏與其將趙榮貴以萬餘人犯階州，國翰督兵赴援，戰必先衆陷陣。諸將請曰：「將軍任討賊之重，柰何輕身犯鋒鏑？脫有不戒，憂及全軍。」國翰曰：「吾固知此。然賊鋒頗銳，戰不利，勢將蔓延。吾故以力戰挫其鋒。明之失機，率由主兵者怯戰耗時，賊以坐大。覆轍可復蹈耶？」遂戰，陣斬森滏、榮貴；復擊破其將王永强，斬級數千，獲駝馬數百，復宜君、同官、蒲城、宜川、安塞、清澗等縣。上深嘉其勇略，諭以「自後但發縱指示，不必身先士卒」。叛將姜瓖據大同，其將劉登樓、張鳳翼、任一貴、謝汝德、萬鍊等分據附近諸郡縣，國翰遣兵會勦，殲賊甚衆，撫定河東；進克府谷，擒斬所置經略高有才以下三百餘人，降其將郝自德等：進一等伯。

九年，與三桂督兵復成都、嘉定，遣將徇重慶、敍州，皆下。明將王復臣等糾倮儸萬餘人犯保寧，列象陣攻城，國翰自緜州赴援，督兵横擊敵，陣斬復臣，殲其衆。捷聞，進三等侯，賞紫貂冠服、鍍金甲胄、櫜鞬、鞍馬。十年，以四川平，命與三桂還鎭漢中。十四年，明將譚文等與自成餘黨劉二虎等爲寇，陷重慶，使所置都督杜子香守之。十五年，國翰與三桂進討之，自西充下合州，子香迎戰，敗遁，復重慶，道桐梓，趨遵義。明將李定國遣其將劉正國等據險拒戰，擊之潰，自水西走雲南，取遵義及所屬州縣；復進克開州，並招降水西土司。時大將軍羅託、經略洪承疇已取貴陽，國翰還駐遵義，策會師取雲南。七月，卒於軍。喪至京，命内大臣致奠，贈太子太保，謚敏壯，侯爵襲三次，循例改襲三等伯。乾隆中，加封號懋烈。

海爾圖，國翰長子。初從國翰軍擊賀珍，破袁韜，皆在行，授兵部理事官、牛彔額眞。擢鑲藍旗漢軍梅勒額眞，授戶部侍郎，坐事罷。遷本旗固山額眞。康熙初，襲三等侯爵。定西將軍貝勒董鄂討叛將王輔臣，命海爾圖運礮赴軍前，並參贊軍務。尋以運礮遲誤，解參贊，留駐鳳翔。從征雲、貴，二十年，卒於軍。

桑額，國翰第三子。康熙初，自參領擢寧夏總兵。遷雲南提督，未上官，吳三桂反，留駐荊州。改湖廣提督，移守武昌。從攻岳州，師進城陵磯，發礮沈敵艦，加右都督。三桂兵自洞庭湖出，桑額擊之卻，逐至岳州城下，三桂兵引去，收萬容、石首、安鄉諸縣，加左都督。詔趣進師，復以桑額爲雲南提督，奏改湖廣提標兵爲雲南提標，率之進克辰龍關，克辰州、沅州；復進克鎭遠、平越，下貴陽，趨鷄公背。三桂兵焚鐵索橋走，桑額督土司沙起龍等築浮橋濟師。旋從大將軍貝子彰泰攻下雲南省城，其將馬寶、胡國柱自四川還救，桑額與副都統託岱等破寶於楚雄，寶走降；又與都統希福困國柱於永昌，國柱自經死。雲南平。

初，桑額標兵中道有潰散者，上遣左都御史哲勒肯按治，疏言標兵家口在武昌，無資養贍，逃回者千餘人。上切責桑額不恤士卒，部議奪職，命留任，敍功復職。二十五年，卒。

卓布泰，瓜爾佳氏，滿洲鑲黃旗人。父衞齊，費英東第九弟。事太祖，從特爾晉等率兵伐虎爾哈，得五百戶以歸，授世職備禦。天聰初，從太宗伐明，略遵化，進世職游擊。上統大軍出征，每令衞齊留守盛京，任八門提督。卒。順治間，追謚端勤。子鰲拜，自有傳。

卓布泰，其次子也。事太宗，授牛彔額眞。崇德四年，從承政薩穆什喀、索海伐瑚爾哈部，鐸陳、阿薩津二城以兵四百逆戰，卓布泰與牛彔額眞薩弼圖率甲士九十人擊敗之，斬級五十。敵復與索倫部長博穆博果爾合兵以拒，卓布泰率先邀擊，俘六十餘人。五年，擢甲喇額眞。六年，從伐明，圍錦州，明總督洪承疇屯山口拒守。卓布泰與梅勒額眞翁阿岱迎戰，明兵敗走，大軍合擊，復與翁阿岱力戰破敵。師還，敵躡我後，翁阿岱中創仆，卓布泰還殲敵，掖翁阿岱乘馬歸。七年，從伐明，徇山東至青州，屢敗明兵。明將張登科、和應薦等合八鎭兵來拒，卓布泰率兵奮擊，大破之，復乘夜襲破餘兵。八年，師還，賚白金，兼任兵部理事官。順治元年，偕甲喇額眞沙爾瑚達略黑龍江，克圖瑚勒禪城，俘二百餘人。

是冬，從大將軍豫親王多鐸西討李自成，次潼關，與固山額眞恩格圖等迭戰破敵。二年，進克西安，自成走湖廣，與巴牙喇纛章京敦拜、阿爾津等追擊，殲敵騎三百。移師下江南，從貝勒博洛徇浙江，敗敵於杭州、於海寧、於平湖，得戰艦百餘。三年，復從徇福建，署梅勒額眞。次延平，明唐王聿鍵走汀州，師從之，卓布泰別將兵攻克福州。敍功并考滿，進世職三等阿達哈哈番。

五年，從鄭親王濟爾哈朗下湖廣。六年，復署梅勒額眞，與固山額眞佟圖賴等自湘潭進克衡州。明將胡一清以步騎萬餘踞城南山岡，列七營，與佟圖賴合攻之，潰走；復進克道州、靖州。師還，優賚，授刑部侍郎。累擢內大臣、鑲黃旗滿洲固山額眞，進世職二等阿思哈尼哈番。

十四年，授征南將軍，率師至廣西會湖南、四川兩軍規取雲、貴。十五年九月，師次獨山，與信郡王多尼及吳三桂會約師期，語詳洪承疇傳。卓布泰率兵自都匀進次盤江，明兵聞師至，沉舟，潛匿山谷中。卓布泰用土司岑繼魯言，渡下流取所沉舟，中夜濟師。明將李承爵以萬餘人屯涼水井，師進擊破之，攻雙河口山寨。明將李定國以象陣拒戰，擊潰之。定國悉衆爲三十營，列柵固守，卓布泰分軍爲三隊，張左右翼以進，再戰皆勝，追奔四十餘里，獲其象、馬。聞明兵尚堅守鐵索橋，乃自普安間道進羅平，會信郡王等軍攻克雲南省城，明桂王奔永昌。十六年二月，從貝勒尚善等進軍鎭南，破白文選於玉龍關，渡瀾滄江，取永昌，明桂王奔騰越，師復進，渡潞江。定國以六千人伏磨盤山，卓布泰分兵爲八隊，以火器發其伏，掩擊，斬殺過半，遂克騰越。明桂王奔緬甸，卓布泰乘勝追擊，越南甸至猛卯而還。捷聞，賚蟒服、鞍馬。

康熙元年二月，師還，上命內大臣迎勞。尋追論在軍勘將士功罪不實，與議政王貝勒爭辨語怨望，論絞籍沒，上命寬之，奪世職，罷都統。三年，復世職。八年，復以弟鰲拜得罪，奪世職。十六年，再復世職。十七年，卒，謚武襄。

巴哈，卓布泰弟。事太宗，以一等侍衞授議政大臣。順治初，入關，從肅親王豪格征張獻忠有功，世職累進一等甲喇章京。睿親王討姜瓖，巴哈請從征，王勿許，拂衣起，坐論死，命罰鍰以贖。睿親王攝政，巴哈兄弟獨不附。肅親王卒於獄，子富綬尚幼，尚書宗室鞏阿岱議殺之，巴哈及內大臣哈什屯持不可，乃止。鞏阿岱因與弟錫翰及內大臣西訥布庫等欲搆陷以罪，聞上嘉其勤勞，議乃寢。世祖親政，使證鞏阿岱等罪狀，皆坐誅。復命爲議政大臣，世職累進一等阿思哈尼哈番，加少傅兼太子太傅，授領侍衞內大臣。鰲拜得罪，坐罷官奪世職。卒。

蘇勒達，巴哈子。事聖祖，授侍衞。累遷鑲黃旗蒙古都統、領侍衞內大臣。上親征噶爾丹，從行，贊議進擊，復扈上巡行塞北，賜內廄馬。卒，謚恪僖。

卓羅，滿洲正白旗人，巴篤理子也。卓羅襲三等副將，兼任牛彔額眞。崇德三年，從伐明，薄明都，明太監楊永盛出戰，卓羅以三百人擊敗之，遂進略山東。四年，圍錦州，入其郛，獲守備一。六年，復圍錦州，擊敗明總督洪承疇。八年，授刑部參政。

順治初，從入關，破李自成，進世職一等梅勒章京，擢正白旗梅勒額眞。三年，從大將軍順承郡王勒克德渾下湖廣，敗自成黨一隻虎於荆州。師還，賚黃金十兩、白金三百兩。是時明桂王由榔駐武岡，其將王進才等分守長沙、衡州、寶慶。大將軍恭順王孔有德等收湖南諸郡縣，命卓羅及梅勒額眞藍拜率師益有德。四年，自岳州趨長沙，進才棄城走，卓羅等追擊敗之。遂與智順王尙可喜共擊敗明總兵徐松節，率舟師還長沙。遣甲喇額眞張國柱、札蘇藍等以偏師擊敗明總兵楊國棟於天心湖。卓羅會有德下祁陽，道熊羆嶺，克其城。進攻武岡，擊敗明將劉承胤於夕陽橋，承胤降。明桂王走桂林，遂取武岡。五年，師還，上賚如自荆州還時。累擢吏部尙書，兼鑲白旗滿洲固山額眞，進一等精奇尼哈番兼拖沙喇哈番。九年十一月，授靖南將軍，下廣東。旋以廣東垂定，罷。

十二年八月，命與固山額眞阿爾津帥師屯荆州，時張獻忠將孫可望、李定國、白文選等降於明，屯辰州。十三年八月，卓羅與阿爾津道澧州、常德，下辰州，可望焚舟夜遁，卓羅與梅勒額眞泰什哈、巴牙喇纛章京費雅思哈等率兵渡江攻之，遂克辰州。十四年，可望詣長沙降，定國、文選等從明桂王入雲南。

十五年，規取雲南，吳三桂自四川，征南將軍卓布泰自廣西，卓羅從信郡王多尼自湖南，三道幷進。十六年正月，合攻雲南，克之，屢敗文選、定國兵，收永昌、騰越，追擊至南甸。命卓羅守雲南，賚蟒服、鞍馬。明桂王奔緬甸，定國屯孟艮，以印劄招元江土司那嵩。十月，卓羅與噶布什賢噶喇昂邦白爾赫圖等共擊之，克其城，那嵩自焚死。十八年，定西將軍愛星阿與三桂帥師入緬甸，卓羅仍守雲南。緬甸執明桂王詣軍，雲南平。康熙元年，召卓羅振旅還京，進二等伯。七年，卒，謚忠襄。乾隆間，定封號曰昭毅。

永慶，卓羅四世孫。乾隆間，以護軍參領降襲三等伯。旋擢副都統。從征準噶爾有功，加雲騎尉，仍進二等伯。出爲烏魯木齊副都統。遷江寧將軍，移綏遠城將軍。召還，擢禮部尚書。罷，授內大臣。嘉慶十年七月，卒，謚敬僖。旋以在綏遠城嘗受賕，事露，奪謚。

愛星阿，滿洲正黃旗人，揚古利孫也。父塔瞻，襲封一等公，卒，愛星阿襲封。世祖念揚古利舊勞，命加給三等阿達哈哈番俸。順治八年，授領侍衞內大臣。

明桂王由榔與其將沐天波等奔緬甸，李定國居孟艮，白文選屯木邦，皆在雲南邊外。上命吳三桂鎭雲南，三桂疏請發兵入緬甸取由榔。十七年，授愛星阿定西將軍，與都統卓羅、果爾欽、遜塔，護軍統領畢力克圖、費雅思哈，前鋒統領白爾赫圖率禁旅會三桂南征。十八年，師行，聞世祖大行，三桂猶豫不進。愛星阿曰：「君命不可棄。」督兵先行，三日，三桂乃發。九月，師次大理，休兵秣馬。逾月，出騰越，道南甸、隴川、猛卯。十一月，至木邦，獲文選將馮國恩，訊知文選屯錫箔江濱，定國與不協，走景線。愛星阿令白爾赫圖等簡精銳，疾馳三百餘里至江濱，文選已毀橋走茶山。大軍至，結筏以濟，遣總兵馬寧、沈應時追之。愛星阿與三桂督師趨緬甸，時緬甸酋盡殺桂王從官天波以下數十人，密使人守之，謀擒以歸我師。十二月，師次舊晚坡，去其庭六十里，緬甸使詣軍前請遣兵薄城，當以桂王獻。愛星阿遣白爾赫圖將前鋒百人進，次蘭鳩江濱；復令畢力克圖等將護軍二百人繼其後，緬甸以舟載桂王及其孥並故從官妻女獻軍前。寧、應時追文選及於猛養，文選度不能脫，遂降。定國走死猛獵。捷聞，聖祖諭嘉獎，命以愛星阿所俘獲畀三桂區處，振旅還京師。加太保兼太子太保，敕書增紀軍功。

康熙三年二月，卒，謚敬康。

子富善，襲。授領侍衞內大臣。聖祖親征噶爾丹，富善將鑲紅旗兵扈上出中路，進次克魯倫河，閱選駝馬，徵輸芻粟，皆當上意。師還，加太子太保。卒。乾隆初，追謚恭懿。

遜塔，滿洲鑲藍旗人，安費揚古孫也。父碩爾輝。安費揚古既卒，太祖以所屬人戶分編牛彔，授碩爾輝牛彔額眞。卒，遜塔嗣。太宗嘉其能，予世職牛彔章京。崇德三年，授戶部副理事官。是冬伐明，貝勒岳託將右翼自牆子嶺入邊，遜塔署甲喇額眞，從噶布什賢噶喇依昂邦席特庫等擊破明總督吳阿衡軍，遂越明都，略山東。明年春，師出邊，明兵躡我後，遜塔從巴牙喇纛章京圖賴等奮戰卻之。明兵侵喀喇沁營，遜塔移兵赴援，明兵潰走。六年，圍錦州，明總督洪承疇赴援，屯松山，遜塔與甲喇額眞藍拜率兵擊之，破三壘。明兵乘陰雨犯我師右翼，復與藍拜步戰卻敵。八年，授甲喇額眞。

順治元年，從入關，破李自成，進世職三等甲喇章京。三年，從大將軍肅親王豪格西討張獻忠，道漢中，與固山額眞巴哈納等擊破叛將賀珍，進次西充。獻忠率其徒拒戰，遜塔與固山額眞李國翰等迭擊破之。五年，師還，兼任刑部理事官。命率師駐防淮安。六年，莒州土寇曹良臣破海州，知州張懋勳、州同李士麟死之。遜塔督兵赴援，良臣走保馬鬐山，進擊破之。時設浙淮鹽務理事、兼戶部侍郎銜，上以命遜塔，駐揚州。七年，改督理漕運戶部侍郎，仍駐淮安。八年，官裁，遜塔還京，授鑲藍旗滿洲梅勒額眞。遇恩詔，進世職三等阿思哈尼哈番。

十三年，授工部尚書。十五年，監修壇殿工成，進世職二等。尋兼授鑲藍旗蒙古固山額眞。十七年，罷尚書，專任都統。旋命從定西大將軍愛星阿率師下雲南，明年十一月，會師木邦，趨緬甸，得明桂王以歸。敍功，進世職一等拖沙喇哈番。四年，調本旗滿洲都統。十二月，卒，謚忠襄。

子馬錫泰，襲世職，授佐領，兼前鋒參領。康熙間，從信郡王鄂札征察哈爾布爾尼，師次達祿，布爾尼屯山岡，列火器拒戰，馬錫泰率前鋒薄險，四戰皆捷，進世職三等精奇尼哈番。又從討吳三桂，遷本旗滿洲副都統。自湖廣出廣西，下雲南，石門坎、黃草壩諸戰，皆在行間。進破雲南省城，逐賊楚雄，降三桂將馬寶、巴養元等。師還，進世職一等。卒，孫德彝，降襲一等阿思哈尼哈番。乾隆初，定封一等男。

都爾德，亦安費揚古孫。父阿爾岱，以牛彔額眞事太宗，駐耀州，禦明兵有功。從攻大凌河，戰死，贈世職備禦，都爾德襲。順治初，授刑部理事官。從入關，擊李自成，署巴牙喇纛章京。從豫親王多鐸西征，戰陝州，督兵陟山拔其壘，復破敵潼關。尋自河南下江南，逐明福王由崧至蕪湖，截江而戰，大敗之。復從端重親王博洛定浙江，徇福建，偕巴牙喇纛章京阿濟格尼堪攻汀州，破明唐王聿鍵。復從鄭親王濟爾哈朗略湖廣，討李自成餘黨李錦等。師還，眞除巴牙喇纛章京，授議政大臣，世職累進一等阿思哈尼哈番。康熙三年，卒，賜祭葬，謚忠襄。

論曰：順治初，取福、唐二王，不再朞而定。桂王勢更蹙，以有闖、獻餘衆死寇力戰，支拄十餘年。陳泰定湖北，兵力至常、岳，阿爾津繼之，奄有湖南。李國翰略四川、貴州，卓布泰下雲南，卓羅從信郡王爲之佐；愛星阿繼之，遜塔爲之佐；與吳三桂合軍，深入緬甸取桂王：明宗至是始盡燼矣。

清史稿卷二百三十七

列傳二十四

洪承疇 夏成德　孟喬芳 張文衡　張存仁

洪承疇，字亨九，福建南安人。明萬曆四十四年進士。累遷陝西布政使參政。崇禎初，流賊大起，明莊烈帝以承疇能軍，遷延綏巡撫、陝西三邊總督，屢擊斬賊渠，加太子太保、兵部尙書，兼督河南、山、陝、川、湖軍務。時諸賊渠高迎祥最强，號闖王，李自成屬焉，承疇與戰，敗績。莊烈帝擢盧象昇總理河北、河南、山、陝、川、湖軍務，令承疇專督關中，復與自成戰臨潼，大破之，迎祥就俘。自成號闖王，分道入四川，承疇與屢戰輒勝。自成還走潼關，承疇使總兵曹變蛟設伏邀擊，自成大敗，以十八騎走商洛。關中賊略盡。是歲爲崇德三年。

太宗伐明，師薄明都，莊烈帝徵承疇入衞。明年春，移承疇總督薊、遼軍務，帥秦兵以東，授鑾蛟東協總兵、王廷臣遼東總兵、白廣恩援剿總兵，與山海馬科、寧遠吳三桂二鎭合軍；復命宣府楊國柱、大同王樸、密雲唐通各以其兵至：凡八總兵，兵十三萬，馬四萬，咸隸承疇。太宗師下大凌河，祖大壽入錦州爲明守，松山、杏山、塔山三城相與爲犄角。承疇至軍，莊烈帝遣職方郎中張若麒趣戰，乃進次松山，國柱戰死，以山西總兵李輔明代。

六年八月，太宗自將禦之。上度松山、杏山間，自烏忻河南山至海，當大道立營。承疇及遼東巡撫邱民仰率諸將駐松山城北乳峯山，步兵分屯乳峯山至松山道中爲七營，馬兵分屯松山東、西、北三方，戰敗，移步兵近松山城爲營，復戰又敗。上誡諸將曰：「今夕明師其遁！」命諸軍當分地爲汛以守，敵遁，視其衆寡，遣兵追擊，至塔山而止；分遣諸將截塔山、杏山道及桑噶爾寨堡，又自小凌河西直抵海濱，絕歸路。是夜三桂、樸、通、科、廣恩、輔明皆率所部循海引退，爲我師掩殺，死者不可勝計。承疇、民仰率將吏入松山城守，上移軍松山，議合圍。鑾蛟夜棄乳峯山寨，悉引所部馬步兵犯鑲黃旗汛地者一，犯正黃旗汛地者四，直攻上營，殊死戰，鑾蛟中創，奔還松山。三桂、樸引餘兵入杏山。上遣諸將爲伏於高橋及桑噶爾寨堡，明兵自杏山出奔寧遠，遇伏，殪强半。三桂、樸僅以身免。承疇師十三萬，死五萬有奇，諸將潰遁，惟鑾蛟、廷臣以殘兵萬餘從。

城圍旣合，上以敕諭承疇降。九月，上還盛京，命貝勒多鐸等留護諸軍。承疇悉衆突圍，攻鑲黃旗擺牙喇阿禮哈超哈，戰敗，不能出。十月，命肅郡王豪格、公滿達海駐松山。十二月，承疇聞關內援師且至，復遣將以兵六千夜出攻正紅旗擺牙喇阿禮哈超哈及正黃旗蒙古營，戰敗，城閉不得入，强半降我師。餘衆潰走杏山，道遇伏，死。莊烈帝初以楊繩武督師援承疇，繩武卒，以范志完代，皆畏我師强，宿留不進。承疇被圍閱六月，食且盡。明年二月，松山城守副將夏成德使其弟景海通款，以子舒爲質。我師夜就所守堞樹雲梯，阿山部卒班布里、何洛會部卒羅洛科先登，遂克其城，獲承疇、民仰、變蛟、廷臣及諸將吏，降殘卒三千有奇。時爲崇德七年二月壬戌。上命殺民仰、變蛟、廷臣，而送承疇盛京。

上欲收承疇爲用，命范文程諭降。承疇方科跣謾罵，文程徐與語，泛及今古事，梁間塵偶落，著承疇衣，承疇拂去之。文程遽歸，告上曰：「承疇必不死，惜其衣，況其身乎？」上自臨視，解所御貂裘衣之，曰：「先生得無寒乎？」承疇瞠視久，歎曰：「眞命世之主也！」乃叩頭請降。上大悅，卽日賞賚無算，置酒陳百戲，諸將或不悅，曰：「上何待承疇之重也！」上進諸將曰：「吾曹櫛風沐雨數十年，將欲何爲？」諸將曰：「欲得中原耳。」上笑曰：「譬諸行道，吾等皆瞽。今獲一導者，吾安得不樂？」

居月餘，都察院參政張存仁上言：「承疇歡然倖生，宜令薙髮備任使。」五月，上御崇政殿，召承疇及諸降將祖大壽等入見。承疇跪大清門外，奏言：「臣爲明將兵十三萬援錦州，上至而兵敗。臣入守松山，城破被獲，自分當死，上不殺而恩育焉。今令朝見，臣知罪，不敢遽入。」上使諭曰：「承疇言誠是。爾時與我交戰，各爲其主，朕豈介意？且朕所以戰勝明兵，遂克松山、錦州諸城，皆天也。天道好生，故朕亦恩爾。爾知朕恩，當盡力以事朕。朕昔獲張春，亦嘗遇以恩，彼不能死明，又不能事朕，卒無所成而死，爾毋彼若也！」承疇等乃入朝見，命上殿坐，賜茶。上語承疇曰：「朕觀爾明主，宗室被俘，置若罔聞。將帥力戰見獲，或力屈而降，必誅其妻子，否亦沒爲奴。此舊制乎，抑新制乎？」承疇對曰：「舊無此制。邇日諸朝臣各陳所見以聞於上，始若此爾。」上因歎謂：「君闇臣蔽，遂多枉殺。將帥以力戰沒敵，斥府庫財贖而還之可也，奈何罪其孥？其虐無辜亦甚矣！」承疇垂涕叩首曰：「上此諭眞至仁之言也！」上還宮，命宴承疇等於殿上。宴畢，使大學士希福等諭曰：「朕方有元妃之喪，未躬賜宴。爾等勿以爲意！」承疇等復叩首謝。莊烈帝初聞承疇死，予祭十六壇，建祠都城外，與邱民仰並列。莊烈帝將親臨奠，俄聞承疇降，乃止。承疇旣降，隸鑲黃旗漢軍，太宗遇之厚。然終太宗世，未嘗命以官。

順治元年四月，睿親王多爾袞帥師伐明，承疇從。旣定京師，命承疇仍以太子太保、兵部尙書兼右副都御史，同內院官佐理機務。旋與同官馮銓啓睿親王，復明內閣故事，題奏皆下內閣擬旨，分下六科，鈔發各部院。九月，上至京師，與銓及謝陞奏定郊廟樂章。

二年，豫親王多鐸師下江南。閏六月，命承疇以原官總督軍務，招撫江南各省，鑄「招撫南方總督軍務大學士」印，賜敕便宜行事。是時明唐王聿鍵稱號福建，其大學士黃道周率師道廣信、衢州向徽州，左僉都御史金聲家休寧，募鄉兵十餘萬屯績溪；諸宗姓高安王常淇保徽州，蘄水王術鎧子常彩自號樊山王屯潛山、太湖間，由榛號金華王據饒州，誼石號樂安王、誼泐號瑞安王分屯溧陽、金壇、興化諸縣；荆本徹以舟師駐太湖，敗，復入崇明：皆爲明守。承疇至官，招撫江南寧國、徽州，江西南昌、南康、九江、瑞州、撫州、饒州、臨江、吉安、廣信、建昌、袁州諸府。十月，遣提督張天祿，總兵卜從善、李仲興、劉澤泳等攻破績溪。十二月，進破道周於婺源，聲、道周見獲，皆不屈，送江寧殺之；總兵李成棟破崇明，本徹走入海，殺其將李守庫、徐君美。三年二月，遣總兵馬得功、卜從善等擊破司空寨，斬守寨石應璉、應璧等五人，獲常彩。

既，誼石、誼泐合兵二萬犯江寧。承疇先事誅內應西溝池萬德華、郭世彥、尤琚等八十餘人。誼石等攻神策門，我分兵出朝陽、太平二門，截誼石等後，乃啓神策門出城兵奮擊，破之，追及攝山，斬馘無算。承疇疏請還京，以江南未大定，不允，賜其妻白金百、貂皮二百。八月，征南大將軍貝勒博洛克金華，獲誼石。九月，誼泐復犯江寧，承疇出禦，追獲誼泐及所置經略韋爾韜、總兵楊三貫、夏含章。十二月，天祿搜婺源嚴杭山，獲常淇及所置監軍道江于東、職方司許文玠等。四年二月，從善及總兵黃鼎攻宿松，獲誼泐弟瑞昌王誼貴及所置軍師趙正；下饒州，獲由榷及其族人常涔、常沘、常涫：並請命斬之。江南衆郡縣以次定。

明魯王以海轉徙浙、閩海中，號監國，明諸遺臣猶密與相聞。是年四月，明給事中陳子龍家華亭，陰受魯王官，謀集太湖潰兵舉事。承疇遣章京索布圖往捕，子龍投水死。是月，柘林游擊陳可獲諜者謝堯文，得魯王敕封承疇國公，江寧巡撫土國寶爲侯；又得魯王將黃斌卿與承疇、國寶書；鎭守江寧昂邦章京巴山、張大猷以聞。上獎巴山等嚴察亂萌，命與承疇會鞫諜者，別敕慰諭承疇。

粤僧函可者，爲故明尙書韓日纘子，日纘於承疇爲師生。函可將還里，乞承疇畀以印牌護行出城，守者譏察笥中，得文字觸忌諱。巴山、張大猷以聞，承疇疏引咎，部議當奪職，上命貰之。

承疇聞父喪，請解任守制，上許承疇請急歸，命治喪畢入內院治事。五年四月，還京師。六年，加少傅兼太子太傅，疏請定會推督、撫、提、鎭行保舉連坐法。得旨：「自後用督、撫、提、鎭，內院九卿咸舉所知。得人者賞，誤舉者連坐。」

八年閏二月，命管都察院左都御史。尋甄別諸御史爲六等，魏琯等二十二人差用，陳昌言等二人內陞，張煊等十一人外轉，王世功等十七人外調，降黜有差。煊疏劾吏部尚書陳名夏，因及承疇嘗與名夏及尚書陳之遴集火神廟，屛左右密議逃叛；承疇又嘗私送其母歸里。疏入，上方狩塞外，巽親王滿達海居守，集諸王大臣會鞫。承疇言：「火神廟集議，卽議甄別諸御史定等差，非有他也。」並以送母未請旨引罪。名夏亦列辨，因坐煊誣奏，論死。未幾，上雪煊寃，黜名夏。因諭：「承疇火神廟集議，事雖可疑，難以懸擬；送母歸原籍未奏聞，爲親甘罪，情尙可原。留任責後效。」九年五月，承疇聞母喪，命入直如故，私居持服，賜其母祭葬。九月，達賴喇嘛來朝，上將幸代噶，待喇嘛至入覲。承疇及大學士陳之遴疏諫，上爲罷行，並遣內大臣索尼傳諭曰：「卿等以賢能贊密勿，有所見聞，當以時入告。朕生長深宮，無自洞悉民隱。凡有所奏，可行卽行；縱不可行，朕亦不爾責也。」

十年正月，調內翰林弘文院大學士。明桂王由榔稱號肇慶，頻年轉戰，兵燹地蹙，至是居安隆所，雲南、貴州二省尙爲明守。諸將李定國、孫可望等四出侵略，南攻湖南南境諸州縣，東陷桂林，西據成都，兵連不得息。五月，上授承疇太保兼太子太師、內翰林國史院大學士、兵部尙書兼都察院右副都御史，經略湖廣、廣東、廣西、雲南、貴州等處地方，總督軍務兼理糧餉。敕諭撫鎭以下咸聽節制，攻守便宜行事。滿兵當留當撤，卽行具奏。命內院以特假便宜條款詳列敕書，宣示中外；並允承疇疏薦，起原任大學士李率泰督兩廣。以江西寇未盡，命承疇兼領，鑄「經略大學士」印授之。臨發，賜蟒朝衣、冠帶、鞾韈、松石嵌撒袋、弓矢、馬五、鞍轡二，諸將李本深等八十七人朝衣、冠帶、撒袋、弓矢、刀馬、鞍轡有差。

承疇至軍，疏言：「湖南駐重兵足備防剿，而各郡窵遠，兵力所不及。郝搖旗、一隻虎等竊伏湖北荊、襄諸郡，倘南窺澧、岳，則我軍腹背受敵。臣與督臣、議臣宜往來長沙四應調度。督臣率提標兵駐荊州，別遣兵增武昌城守，以壯聲援。」又疏言：「桂林雖復，李定國軍距桂林僅二百里，滿洲援剿官兵豈能定留？克復州縣，何以分守？又使孫可望詗我兵出援，潛自靖、沅截粵西險道，則我首尾難顧。置孤軍於徼外，其危易見。臣已分兵馳赴，俾佐戰守，且當親歷衡、永，察機宜以聞。」十二月，上授固山額眞陳泰爲寧南靖寇大將軍，及固山額眞藍拜、濟席哈，擺牙喇纛章京蘇克薩哈等率師鎭湖南；十一年二月，命靖南王耿繼茂率所部自廣州移鎭桂林：皆承疇疏發之也。

是歲孫可望劫桂王，殺大學士吳貞毓等，方內訌。十二年六月，可望遣劉文秀攻常德，分兵使盧明臣、馮雙禮攻武昌、岳州。承疇、陳泰遣蘇克薩哈迎擊，破之。明臣墮水死。文秀、雙禮皆走貴州。陳泰旋卒於軍，以固山額眞阿爾津爲寧南靖寇大將軍，率固山額眞卓羅、祖澤潤等分駐荊州、長沙。十三年，考滿，加太傅，仍兼太子太師。李定國奉明桂王入雲南，湖廣無兵事。阿爾津議以重兵駐辰州，謀自沅、靖入滇、黔，承疇與異議。上召阿爾津還京師，以宗室羅託代。十四年，可望叛其主，舉兵攻雲南，與定國戰而敗；十一月，詣長沙降。時上已允承疇解任還京師養疴，至是命承疇留任，督所部與羅託等規取貴州，並命平西大將軍吳三桂自四川、征南將軍卓布泰自廣西分道入。

十五年正月，復命信郡王多尼爲安遠靖寇大將軍，帥師南征，於是承疇與羅託會師常德，道沅州、靖州入貴州境，克鎭遠。卓布泰招南丹、那地、撫寧諸土司，下獨山州，會克貴陽。三桂亦自重慶取遵義進攻開州、桐梓，以其師來會。承疇上疏籌軍食，言：「貴州諸府、州、縣、衞、所僅留空城，卽有餘糧，兵過輒罄。惟省倉存米七千餘石、穀四千餘石，足支一月糧。臣所部兵，令分駐鎭遠、偏橋、興隆、淸平、平越諸處。降兵暫駐三五日，改屯天柱、會同、黔陽諸縣及湖南沅州。四川兵駐遵義，廣西兵駐獨山，使分地就糧。聞信郡王大兵自六月初發荆州，需糧多且倍蓰。貴州山深地寒，收穫皆在九月。臣方遣吏勸諭軍民須納今歲秋糧之半，並檄下沅州運糧儲鎭遠，又令常德道府具布囊、欆套、木架、繩索，思南、石阡諸府、州、縣、衞、所及諸土司募夫役，具工糈，以赴軍輿。」九月，授武英殿大學士。

信郡王多尼師至，駐平越楊老堡，承疇、三桂、卓布泰皆會，議多尼軍出中路，經關嶺鐵索橋至雲南省城，行一千餘里；三桂軍自遵義經七星關，凡一千五百餘里，先中路十日行；卓布泰以南寧方有寇，自貴州、廣西邊境平浪、永順壩、威透山，出安隆所、黃草壩、羅平州，凡一千八百餘里，先四川兵十五日行。既定議，承疇還貴陽，與羅託駐守，遣提督張勇等從多尼軍。明將李定國等拒戰皆敗，明桂王奔永昌。十六年正月乙未，三路師會，克雲南省城，明桂王奔緬甸。承疇如雲南，疏言：「雲南險遠，請如元、明故事，以王公坐鎮。」上以命三桂。

三月，承疇至雲南，疏言：「信郡王令貝子尙善及三桂等追剿至永昌、騰越。明將賀九義、李成爵、李如碧、廖魚、鄒自貴、馬得鳴輩收集潰兵，分遁元江、順寧、雲龍、瀾滄、麗江，處處窺伺。民間遭兵火，重以饑饉，近永昌諸處被禍更烈，周數百里杳無人烟，省城米價石至十三兩有奇。諸軍就糧宜良、富民、羅次、姚安、賓川、臨安、新興、澂江、陸涼諸處。上明察萬里，自有宸斷，俾邊臣得以遵奉。」疏入，上命戶部發帑三十萬，以十五萬賑兩省貧民，十五萬命承疇收貯，備軍餉不給。

八月，承疇疏言：「兵部密咨令速攻緬甸。臣受任經略，目擊民生彫敝，及土司降卒尙懷觀望，以爲須先安內，乃可剿外。李定國等竄伏孟艮諸處，山川險阻，兼瘴毒爲害，必待霜降始消，明年二月青草將生，瘴卽復起，其間可以用師不過四月，慮未能窮追。定國等覬自景東、元江復入廣西，要結諸土司，私授劄印，歃血爲盟。若聞我師西進，必且避實就虛，合力內犯。我軍相隔已遠，不能回顧；省城留兵，亦未遑堵禦：致定國等縱逸，所關非細。

臣審度時勢，權其輕重，謂今歲秋冬宜暫停進兵，俾雲南迤西殘黎，稍藉秋收以延餘喘；明年盡力春耕，漸圖生聚。我軍亦得養銳蓄威，居中制外，俾定國等不能窺動靜以潛逃，諸土司不能伺間隙以思逞。絕殘兵之勾結，斷降卒之反側，則飢飽勞逸皆在於我。定國等潛藏邊界，無居無食，瘴癘相侵，內變易生，機有可乘。是時芻糧輳備，苗、蠻輯服，調發將卒，次第齊集，然後進兵，庶爲一勞永逸、安內剿外長計。」疏下議政王、貝勒、大臣會議，如所請暫停進兵。

十月，以目疾乞解任，命回京調理。明年，三桂進兵攻緬甸，獲明桂王以歸。語見三桂傳。聖祖卽位，承疇乞致仕，予三等阿達哈哈番世職。康熙四年二月，卒，謚文襄。子士欽，順治十二年進士，官至太常寺少卿。

夏成德，廣寧人。旣，以松山降，隸正白旗漢軍。順治初，授三等昂邦章京。其弟景海，授一等甲喇章京。出爲山東沂水總兵，嘗疏請收沂州明大學士張四知等財產，又越職乞頒方印，皆不得請。旋以縱所部越境暴掠，與青州道韓方昭互揭，還京師，卒。乾隆初，定封三等子。

孟喬芳，字心亭，直隸永平人。父國用，明寧夏總兵官。喬芳仕明爲副將，坐事罷，家居。

天聰四年，太宗克永平，喬芳及知縣張養初、家居兵備道白養粹、罷職副將楊文魁、遊擊楊聲遠等十五人出降，命以養粹爲巡撫，養初爲知府，喬芳、文魁仍爲副將，率降兵從諸貝勒城守。上移軍向山海關，諸貝勒率喬芳、文魁、聲遠入謁行營，上召三人者酌以金巵，且諭之曰：「朕不似爾明主，凡我臣僚，皆令侍坐，吐衷曲，同飲食也。」喬芳使詗陽和，而明總兵祖大壽亦使詣喬芳詗我師，喬芳縛以獻。五月，明兵取灤州，貝勒阿敏棄永平出塞。瀕發，屠城民，諸降官養粹、養初等死者十一人，喬芳、文魁、聲遠及郎中陳此心得免。喬芳從師還，隸烏眞超哈爲牛彔額眞。五年七月，置六部，以喬芳爲刑部漢承政，授世職二等參將。

崇德三年，更定官制，改左參政。四年，烏眞超哈析置八旗四固山，以喬芳兼領正紅、鑲紅兩旗梅勒額眞。七年，從伐明，克塔山城。烏眞超哈八旗復析置八固山，改鑲紅旗梅勒額眞，遂爲漢軍鑲紅旗人。八年，或訴貝勒羅洛渾家人奪金，喬芳置不問，坐瞻徇，降世職三等甲喇章京。旋以從克前屯衞、中後所二城，加半箇前程。

順治元年，入關，改左侍郎。從諸軍西討。二年四月，以兵部右侍郎兼右副都御史，總督陝西三邊。時張獻忠尙據四川，關中羣盜並起，叛將賀珍躪漢中、興安諸府。是年冬，武大定叛固原，徒黨甚衆。初，上命內大臣何洛會帥師鎭西安，至是就拜定西大將軍，遣固山額眞巴顏、李國翰將禁旅濟師。三年，復敕靖遠大將軍肅親王豪格帥師督諸將自漢中、興安入四川取獻忠，喬芳於其間亦分遣所部四出捕治。初上官，長安民胡守龍者挾左道惑民，妄改元淸光，將爲亂，喬芳遣副將陳德捕誅守龍，散其脅從。是年春，賀珍與其徒孫守法、胡向化等以七萬人攻西安。何洛會主城守，喬芳遣德軍西門，副將任珍軍北門，往來衝突，會李國翰師至，賀珍敗走。三年十月，肅親王豪格師旣入川，喬芳亦遣總兵官范蘇等攻獻忠部衆，爲伏蒛溪第溝子，戰白水、靑川，屢破之；復以反間殺其渠況益勤等，遂收龍安。

四年五月，喬芳帥師出駐固原，討大定之黨，分遣諸將任珍擊斬白天爵等；劉芳名攻寧夏，俘王元、焦浴；陳德攻鎭原，降姬蛟、王總管：於是固原西北悉定。復遣珍、德及副將馬寧、王平徇興安，討賀珍之黨，戰蕎麥山，再戰板橋，斬胡向宸；困椒溝，破藥箭寨，斬孫守法；破漫營山寨，擒米國軫、李世英：於是興安定。是年秋，馬德亂寧夏，復遣馬寧會寧夏兵共討之。戰亂麻川，逐至河兒坪，斬德。又遣張勇、劉友元攻鐵角城，復戰安家川，擒賀宏器；攻李明義寨，擒明義：於是環慶亦定。乃益遣陳德、王平等招降靑嘴寨渠折自明，三十六寨渠王希榮，轆轤寨渠高一祥，擊斬天峯寨渠張貴人，於是關中羣盜垂盡。五年四月，流賊一朵雲、馬上飛等攻西鄉，喬芳遣任珍等討之，斬所署監軍許不惑，凡千餘級，生致其渠。

河西回米喇印、丁國棟挾明延長王識鎊爲亂，既陷甘、涼，渡河東，殘岷、蘭、洮、河諸州，薄鞏昌。喬芳帥師出駐秦州，遣趙光瑞、馬寧等赴援，城兵出，夾擊，斬百餘級。寧等復戰廣武坡，逐北七十餘里，斬三千餘級，鞏昌圍解。喇印、國棟之黨數百人，分擾臨洮、岷州內官營。喬芳部勒諸將，令張勇、陳萬略向臨洮，馬寧、劉友元取內官營，趙光瑞、佟透徇岷、洮、河三州。勇等敗賊馬韓山，斬級七百，進復臨洮。光瑞等敗賊梅嶺，得其渠丁光射，斬級三千。岷、洮、河三州皆下。寧等直擊內官營，斬級八百。喇印、國棟之徒退據蘭州。閏四月，喬芳與侍郎額塞率師自鞏昌薄蘭州。勇敗賊馬家坪，獲識鎊，與寧、光瑞會師蘭州城下，攻拔之。別遣光瑞克舊洮州，其渠丁嘉升走死，師渡河。七月，定涼州。八月，攻甘州，喬芳遣張勇夜攻城，而與昂邦章京傅喀禪及寧、光瑞等爲繼。喇印等食盡，皆出降。

六年，徵諸道兵下四川。喇印降後授副將，在蘭州軍中，覘鎮兵憚遠征，因惎中軍參將蔣國泰，戕甘肅巡撫張文衡等，據甘州以叛。國棟亦攻陷涼、肅二州。喬芳帥師自蘭州渡河而西，與傅喀禪等會師合圍，攻不下，深溝堅壘以困之。喇印等食盡夜遁，喬芳遣兵追及之水泉，擊殺喇印。國棟復與纏頭回土倫泰等據肅州，號倫泰王，而國棟自署總兵官，城守，出掠武威、張掖、酒泉。會平陽盜渠虞允、韓昭宣等應大同叛將姜瓖爲亂，以三十萬人陷蒲州，上命喬芳與額塞還軍禦之。喬芳留勇、寧等圍肅州，率師逐東。八月，師自潼關濟，督協領根特、副將趙光瑞等克蒲州，斬級七千。進次寧晉，瓖將白璋等六千人往攻滎河，光瑞等擊破之，斬級二千有奇。璋北走，師從之，迫河，賊多入水死，遂擊斬璋。餘賊入孫吉鎭，殲焉。復進向猗氏，行十餘里，瓖所置監軍道衞登方以數千人依山拒我師，其將張萬全又以四千人助戰。光瑞等擊斬萬全，乃還攻，獲登方，斬其將王國賢等三十餘人、級三千有奇。又令章京杜敏等攻解州，破其渠邊王張五、黨自成等。滎河、猗氏、解州皆下。杜敏等殲餘寇。根特等又破所置都督郭中傑於侯馬驛。九月，光瑞等進克運城，斬允、昭宣。瓖之徒內犯者皆盡誅。十一月，勇、寧克肅州，誅國棟、倫泰及其黨黑承印等，斬五千餘級。河西平。

七年三月，論功，加兵部尙書，進世職一等阿達哈哈番。十二月，喬芳遣任珍擊斬興安寇何可亮。是年，遣趙光瑞等討北山寇劉宏才，戰保安，擒其軍師苗惠民；戰合水，擒斬宏才。八年，遣游擊陳明順等擊敗雒南寇何柴山，游擊仰九明詗紫陽山寇孫守全；復令光瑞等會興安鎭兵擊斬守全及其徒翹興寧、趙定國、謝天奇等，犁其寨。

喬芳督陝西十年，破滅羣盜，降其脅從，前後十七萬六千有奇。獎拔諸將，不限資格，如張勇、馬寧、趙光瑞、陳德、狄應魁、劉友元輩，皆自偏裨至專閫。諸寇既殄，疏言：「陝西寇劇，多荒田，請蠲其賦。分兵徠民，行屯田法。」乃遣諸將白士麟等分屯延慶、平固諸地，歲得粟四萬二千石有奇，以佐軍糈。恩詔累進三等阿思哈尼哈番，加太子太保。

十年二月，命兼督四川兵馬錢糧，疏言：「陝西七鎮及督撫各標爲兵九萬八千有奇，合滿洲四旗及平西王吳三桂、固山額眞李國翰兩軍，歲餉三百六十萬而弱，而陝西賦入一百八十六萬，不足者殆半，後將難繼。甘肅處邊遠興安界，三省兵當循舊額。延綏、寧夏、固原、臨鞏四鎮鎮留三千人，慶陽協五百人，餘五千五百人可省也。漢羌既駐三桂、國翰兩軍，宜裁總兵官。興鎮置副，留千人，陽平關、黑水峪、漢陰縣各五百人，餘二千五百人可省也。提督駐省會，留二千人，餘二千人亦可省也。各道標兵悉令屯田，延鎮、定邊、神木三道無屯田，止用守兵，計所省又二千餘人。都省兵一萬二千人，省餉歲三十一萬。今四川未定，當令右路總兵官馬寧率精兵三千駐保寧，以步兵五千分駐保寧迤北廣元、昭化間，以屯田爲持久。三桂駐漢中，相爲犄角，規取四川。」既，復疏言：「師進取四川，宜隨在留兵駐防，以樹干城，謀生聚。師行，當人給馬三、伴丁一，攜甲仗，以利攸往。」上褒其謀當。

十月，西寧回謀爲亂，遣狄應魁捕治，得其渠祁敖、牙固子等以歸。喬芳屢乞退，至是以疾告，加少保，召還京師。十二月，命未至而喬芳卒，謚忠毅。太宗拔用諸降將，從入關，出領方面，喬芳績最顯，張存仁亞焉。聖祖嘗誡漢軍諸官吏，因曰：「祖宗定鼎初，委任漢軍諸官吏，與滿洲一體。其間頗有宣猷效力如喬芳、存仁輩，朝廷亦得其用」云。

張文衡，遼東開平衛人。明諸生。天聰八年閏八月，太宗自將伐明，入宣府。文衡自大同詣軍前求見，言在明爲代王參謀。明諸臣方尙貪酷，虐民罔上，必有聖主應天而興，故徒步上謁。旋疏言：「大同城小而堅，師攻當先闕而後城，攻闕宜穴地。宣府城大破碎，宜決洋河灌之。」九年正月，復疏策進取，言：「明文武將吏皆以賂得，無謀無勇；又以貪故，餉減器窳，兵不用命。所以能拒我者，不過畏殺、畏掠、畏父母妻子離散，乃倚火器以死禦我。今宣、大新被兵，山、陜、川、湖陷於流賊。賊半天下，兵亦半天下。惟東南無事，又困於新餉。上不及此時進兵，明不恆弱，我不恆强，節短勢險，人有鼎立之志。豈非自失其機，反貽異日憂乎？願上毋負天生上之心也。」疏入，上曰：「待朕思之。」二月，遣貝勒多爾袞帥師收察哈爾。文衡又言：「宜率蒙古入偏岢，略太原，假中國物力以富蒙古；且張軍威，並可近招流賊，併力並進。」上授文衡秘書院副理事官，賜田宅、銀幣，以大臣雅希禪女妻焉。隸鑲黃旗漢軍。

順治元年，出爲山東青州知府。初上官，總兵官柯永盛以戍青州之兵徇高密，而侍郎王鰲永以招撫至，主餉。趙應元者，從李自成爲旗鼓，覘青州兵寡，陽就鰲永降，請置孥於城。既入，遂執殺鰲永。文衡見應元，爲好語，具疏請留鎭。應元喜，攫庫金，羣酗。會梅勒額眞和託、李率泰率禁旅略登、萊，道青州，營城西北。文衡甚應元出謁和託等，慰勞遣還，密令兵從入，夜起戮應元及其黨數十人。青州平。

二年，移淮安府知府。豫親王多鐸下揚州，道淮安。文衡請禁將吏毋擾市，糗糧芻秣應期立辦。三遷，巡撫甘肅。五年二月上官，逾月而遘米喇印之亂。變未作，喇印詭言要文衡造其家集議。文衡行未至，賊環射殺之。總兵劉良臣，副將毛鑌、潘雲騰，游擊黃得成、金印，都司王之雋，守備胡大年、李廷試、李承澤、陳九功皆死。參將翟大有與戰，沒於陣。賊挾西寧道副使林維造至北關，搤殺之。越日，陷涼州，戕西寧道參議張鵬翼。賊四出侵掠，破鞏昌，戕臨鞏兵備道李絜飛；破岷州，戕知州杜樾哲、王札；破蘭州，戕同知趙衝學，知州趙狆，訓導白旗、國學錦；破臨洮，戕同知徐養奇；破渭源，戕知縣李淐；戰通渭，圍子山，知縣周盛時被創死。事平，皆贈卹如例。

張存仁，遼陽人。明寧遠副將，與總兵祖大壽同守大凌河。天聰五年，太宗自將攻大凌河，從大壽出降，仍授副將。六年正月，存仁與副將張洪謨、參將高光輝、游擊方獻可合疏請乘時進取，參將姜新別疏請令副將祖可法、劉天祿先取松、杏二城，則錦州自下。七年五月，新復請進兵，洪謨等及新皆大凌河降將也。

崇德元年五月，始設都察院，班六部上。以存仁爲承政，並授世職一等梅勒章京。越數日，存仁上言：「臣自歸國，默察諸臣賢否，政事得失，但不敢出位妄論列。今上創立此官，而以命臣。臣而正直，後之人正直必有過於臣者；臣而邪佞，後之人邪佞亦必有甚於臣者。所慮臣本心而行事，人不敢彈劾而臣彈劾之，人不敢更張而臣更張之，舉國必共攻臣，使臣上無以報主恩，下無以伸己志，獲戾滋甚。臣雖愚，豈不知隨衆然諾，其事甚易；發姦擿伏，其事甚難。誠見不如此，不足以盡職。敢於受任之始，瀝誠以請：如臣苟且塞責，畏首畏尾，請以負君之罪殺臣；如臣假公行私，瞻顧情面，請以欺君之罪殺臣；如臣貪財受賄，私家利己，請以貪婪之罪殺臣。苟臣無此三罪，而奸邪誣陷，亦願上申乾斷，以儆讒嫉。」上曰：「此或知有其人而爲是言。朕素不聽讒，惟親見者始信之。且朕志定於上，而諸臣蒙澤於下，縱有奸邪，孰能售其術哉？」越數日，以阿什達爾漢爲都察院滿承政，尼堪爲蒙古承政，並增置祖可法爲漢承政。上御淸寧宮，阿什達爾漢等前奏事，上因諭曰：「朕有過，親王以下壞法亂紀，民左道惑衆，皆當不時以聞。若舉細而遺大，非忠直也。」可法對曰：「臣等惟上是懼，他復何忌？有聞必以奏。」存仁曰：「可法言非是。臣誠忠直爲國，上前且犯顏直諫，況他人乎？」上曰：「然。人果正直，天地鬼神不能搖動，人主焉得而奪之？」是歲，都察院劾刑部承政郎球貪汙，論罪；劾工部奪民居授降人，復別造宅償民，勞民非制。上以諸臣多未更事，事事加罪，反令惶惑，但誡毋更違令。

三年正月，可法、存仁疏言：「禮部行考試，令奴僕不得與。上前歲試士，奴僕有中式者，別以人畀其主。今忽更此制，臣等竊謂奴僕宜令與試，但限以十人爲額。苟十人皆才，何惜以十人易之？」上曰：「昔取遼東，良民多爲奴僕。朕令諸王下至民家，皆察而出之，復爲良民。又許應試，少通文藝，拔爲儒生。今滿洲家奴僕，非先時濫占者比。或有一二諸生，非攻城破敵血戰而得，卽以戰死被賚。昨歲克皮島，滿洲官兵爭効命，漢官兵坐視不救。此行所得之人，苟無故奪之，彼死戰之勞，捐軀之義，何忍棄也？若別以人相易，易者無罪，强令爲奴，獨非人乎？爾等但愛漢人，不知惜滿洲有功將士及見易而爲奴者也。」可法、存仁引罪謝。旣，復論戶部承政韓大勳盜帑，大勳坐奪職。四月，疏請敕戶部立四柱年册，再疏請誅大勳，又劾吏部、刑部復用贓吏違旨壞法，皆與可法合疏上，上皆嘉納之。七月，更定官制，可法、存仁皆改都察院右參政。漢軍旗制定，隸鑲藍旗。

大壽旣降，復入錦州爲明守，攻數年不克。五年正月，存仁疏請屯兵廣寧，扼寧遠、錦州門戶。四月，又疏言：「臣覩今日情勢，錦州所必爭。但略地得利易，圍城見功難。願上振軍心，與之堅持。截彼詗察，禁我逃亡。遠不過一歲，近不過一月，當有機可乘。兵法全城爲上，蓋貴得人得地，不貴得空城也。我師壓境，彼必棄錦州，保寧遠；再急，彼必棄寧遠，保山海關。大壽跋扈畏罪，豈肯輕去其窟？事緩則計持久，事急則慮身家。大壽背恩失信，人皆以爲無顏再降。臣深知其心無定，惟便是圖，急則悉置不顧。況彼所恃者蒙古耳，今蒙古多慕化而來，彼必疑而防之。防之嚴則思離，離則思變。伏願以屯耕爲本務，率精銳薄城，顯檄蒙古，縱俘宣諭，未有不相率出降者。此攻心之策，得人得地之術也。」十二月，復言：「兵事有時、有形、有勢，三者變化無定，而用之在人。松山、杏山、塔山三城，乃錦州之羽翼，寧遠之咽喉。塔山城倚西山之麓，自其巔發礮俯擊，城易破也。既得此城，羽翼折，咽喉塞矣。兵法困堅城者，必留其隙。錦州雖不甚堅，當留山海關以爲之隙。錦州遼兵少，西兵多，一人負箭入，羣驚而思遁。能善用巧，山海關可下。」疏末並言烏眞超哈每遇番上，輒令奴僕代，上爲申禁。

六年，師屢破明兵松山、杏山間，存仁復疏請相機度勢，以時進兵。七年，既克錦州，存仁請招吳三桂降。上頒御劄撫諭，並命存仁遺以私書，略言：「明運將終，重臣大帥就俘歸命。將軍祖氏甥，雖欲逃罪，無以自明。大厦將傾，一木不能支。縱苟延歲月，智竭力窮，終蹈舅氏故轍。何若未困先降，勳名俱重？」六月，烏眞超哈四旗始分置八固山，授存仁鑲藍旗梅勒額眞。八年，從鄭親王濟爾哈朗取前屯衞、中後所，加半個前程。

順治元年，從入關，與固山額眞葉臣率師徇山西，下府六、州二十四、縣一百三十一，遂克太原。又從豫親王多鐸略河南，下江南，督所部以礮戰，屢有克捷。二年六月，從貝勒博洛定浙江，以存仁領浙江總督。兵後民流亡，存仁集士紳使撫諭，民復其所。七月，疏言：「近有薙髮之令，民或假此號召爲逆。若反形旣著，重勞大兵，莫若速遣提學，開科取士，下令免積逋，減額賦，使讀書者希仕進，力田者逭追呼，則莫肯相從爲逆矣。」得旨，謂「誠安民急務也」，令新定諸行省皆準恩詔施行。

十一月，授兵部右侍郎，兼都察院右副都御史，總督浙江、福建。時明魯王以海保紹興，號「監國」，其將方國安鎭嚴州。故明福王由崧倚大學士馬士英，用以亡國，士英走依國安。是歲九月，國安自富陽渡錢塘江窺杭州，存仁遣副將張杰、王定國率師禦之，斬四千餘級。國安退保富陽。又令定國出屯餘杭，遇國安兵，與戰，自關頭至小嶺，逐北二十里，斬國安子士衍。十月，士英復以兵至，去杭州十里爲壘五。平南大將軍貝勒勒克德渾帥師赴之，未至，士英引去，存仁與總兵官田雄追擊之，斬五百餘級。十一月，士英、國安復以兵至，存仁與梅勒額眞季什哈及雄等帥師擊之，敵溺江死者無算。十二月，士英、國安屯赭山，掠朱橋、范村諸處。存仁與梅勒額眞朱瑪喇及雄、杰等分兵與戰，國安所將水師數萬人殲焉，餘衆俘馘殆盡。三年二月，有姚志卓者，爲亂於昌化，與國安相應。存仁遣杰等擊走志卓，復昌化。五月，敍功，進三等昂邦章京。六月，遣副將張國勳等破敵太湖，獲士英等，戮之。十一月，存仁請設水師五千，備錢塘江禦海寇。四年五月，遣副將滿進忠等收福州鎮東衞，破海寇周鶴芝；遣副將李繡援浦城，逐鶴芝黨岑本高。十二月，遣副將馬成龍等破敵處州，克景寧、雲和、龍泉三縣。五年正月，明宜春王議衍率衆自江西入福建，保汀州山寨，總兵官于永綬擊破之。二月，分兵克連城、順昌、將樂三縣，獲明侍郎趙士冕、總兵黃鍾靈等。存仁自至浙江，屢以疾乞休，至是始得請，受代以去。

六年八月，起授兵部尚書，兼右副都御史，總督直隸、山東、河南三行省，巡撫保定諸府，提督紫金諸關，兼領海防。盜發榆園，爲大名諸縣害。存仁聞歸德侯方域才，貽書咨治盜策，方域具以對。存仁用其計，盜悉平。七年，上令疆吏考校諸守令，以文藝最高下。存仁出按諸府縣，廉能吏有一二語通曉，即注上考；非然者，文雖工亦乙之。監司請其故，存仁曰：「我武臣也，上命我校文，我第考實，文有僞，實難欺也。況諸守令多從龍之士，未嘗敎之，遽以文藝校短長，不寒廉能吏心乎？」屢遇恩詔，進一等精奇尼哈番兼拖沙喇哈番。九年，卒，贈太子太保，謚忠勤，祀直隸、山東、河南、浙江、福建五行省名宦。乾隆初，定封三等子。

存仁弟子瑞午，康熙間爲福建邵武府知府。耿精忠叛，徇諸郡邑，瑞午不爲下，死之。

子玘、瑛、珍、珖、玳、瑜，子婦王、李皆從死。事定，贈瑞午太僕寺卿。存仁孫璲，康熙間以佐領從軍，鄭成功將劉國軒攻海澄，戰死，贈拖沙喇哈番。

論曰：國初諸大政，皆定自太祖、太宗朝。世謂承疇實成之，誣矣。承疇再出經略，江南、湖廣以逮滇、黔，皆所勘定；桂王既入緬甸，不欲窮追，以是罷兵柄。孟喬芳撫綏隴右，在當日疆臣中樹績最烈。張存仁通達公方，洞達政本。二人皆明將。明世武臣，未有改文秩任節鉞者，而二人建樹顧如此。資格固不足以限人歟，抑所遭之時異也？